Walter M. Weiss • NACHBARN ENTDECKEN – Tschechien

Walter M. Weiss

Nachbarn entdecken
Tschechien

Wien · Muenchen · Zuerich
Orac

BILDQUELLENNACHWEIS

Avedon, s.r.o, Mikulov: 6 o.
Informatční Centrum Jablonec nad Nisou: 135 u.
Městské muzeum Město nad Metují: 35, 112, 128 (3), 129 o. (2)
Museum für Glas und Bijouterie in Jablonec nad Nisou: 135 o., 136 o.,
Ostböhmisches Museum in Pardubice (Východočeské muzeum v Pardubicích): 121 m., 121 u., 122 o., 184
Österreichische Nationalbibliothek, Bildarchiv: 10, 20 u., 25, 26, 27 o., 29, 30, 32 (2), 132 o.
Prager Informationsdienst, Marian S Sucha: 9 u., 24 u., 38 (2), 39 u., 40 u., 41 o.r., 42 m.r., m.u., 43 u., 44 (2), 45 u., 46 o.r., 48 u., 49 m., 49 u., 51 (2), 52 (2), 53 (3), 170, 181
Schloss Friedland/Clam Gallas: 137
Stadt Liberec: 134 (3)
Stadt Zlín: 164 (2)
Tschechischer Tourismusverband CzechTourism, Wien und Prag: 7 (2), 11, 12, 16 u., 21 u., 24 o., 35 (4), 36, 39 o., 39 m., 40 o., 41 o.l., 41 u., 42 o., 43 o., 43 m., 45 o., 45 m., 46 o.l., 46 o.m., 47 (3), 48 o., 49 o., 50 u., 54 (2), 55, 56 (2), 57, 58, 60 (2), 61, 62, 63 o.r., 64, 65, 68 (3), 70 (2), 71(3), 72 (2), 73, 75, 77 (2), 80, 81, 82, 83 (3), 84 (2), 85 (2), 86 m., 87 m., 87 u., 88, 90 o., 91 o.l., 92 o., 93, 94 (3), 95 (3), 96, 99 o., 100 m., 101 m., 101 u., 102 u., 103 o., 104 (2), 105, 107 (2), 111, 114 o., 115 o., 116 o. (2), 117 o., 120, 121 o., 125, 126 (2), 127 o.l., 127 o.r., 132 u., 133 (2), 136 u., 138 o., 140, 143 u., 147 (3), 148 o., 149, 150 (2), 151, 152, 154, 155, 156 (2), 165 o., 167 l., 169 o., 172, 175, 177, 178
Vladimír Hrabák: 66 (2), 67 o. (2)
Walter M. Weiss: 13 o., 14 o., 17 o., 20 o., 23 (2), 28, 31, 33, 50 o., 63 o.l., 67 u., 68 (2), 74 (2), 86 o., 86 u., 87 o., 91 m., 91 u., 98 (2), 99 u., 100 o., 100 u., 101 o., 102 o., 102 m., 103 u., 106 o.l., 106 o.l., 108 (2), 109, 114 u., 115 u., 116 u., 117 u., 118 o.r., 119, 122 u., 123 (2), 124 (2), 127 u., 129 u., 130, 138 u., 139, 148 m., 148 u., 153 (3), 157 (2), 158, 159 (3), 160 (3), 161 (2), 162, 165 u., 166 (3), 167 r., 168, 169 u.
Wilhelm Wagner: 6 u.
www.ubytovani.cz: 76, 110, 131 (5), 142, 143 o., 144, 145 (2), 146
Znojemský regionálmí rozvoj, o.p.s.: 35, 78, 89 (2), 90 u., 91 o.r., 92 u.

DANKSAGUNG

Autor und Verlag danken dem Tschechischen Tourismusverband Czech Tourism, www.czechtourism.com, und seinen Mitarbeitern in Wien und Prag sowie der diversen Regionalbüros für die Unterstützung während der Recherche und für das zur Verfügung gestellte Bildmaterial. Dank auch an Diane Naar-Elphee und Franziskus Kerssenbrock für die helfende Hand.

ISBN 3-7015-0470-9

Kartengestaltung und Illustration: Emin T. Balic
Einband, Layout, Satz und Litho: Media & Grafik, Wien
Fotos auf dem Einband: Außen: CzechTourism; innen: Prager Informationsdienst (oben), CzechTourism (2), Emin T. Balic (unten).
Druck und Bindung: Druckerei Theiss GmbH, St. Stefan im Lavanttal

INHALT

Die Geschichte im Zeitraffer

Eine Ikone allerfrühester menschlicher Kreativität: die 25.000 Jahre alte „Venus von Westonitz".

Ein aus Lehm, Stroh und geflochtenen Ruten erbautes Langhaus, wie es Bauern auf ostmitteleuropäischem Boden bereits im 6. Jh. vor Christus bewohnten.

Skelettfunde bei Stramberk und Ochoz bezeugen die Gegenwart von Neandertalern im Raum des heutigen Tschechien vor rund 60.000 Jahren. Vor rund 30.000 Jahren erscheint der Cromagnon-Mensch. Im südmährischen Dolní Věstonice entdeckten Archäologen zwischen den Resten erlegter Mammuts Venusstatuetten aus Elfenbein und die älteste Keramik der Welt, die feuergebrannte, 25.000 Jahre alte „Venus von Westonitz".

In der Jungsteinzeit (ca. 6000–2000 v. Chr.) beginnen die Menschen, die noch keiner Ethnie zuordenbar sind, Ackerbau zu treiben, Tiere zu domestizieren und Handwerk auszuüben. Ab etwa 5000 v. Chr. entwickelt sich die Donaukultur, die sich durch hölzerne Langhäuser und Bandkeramik auszeichnet. Aus dieser Zeit stammen reichhaltige Funde von Tonidolen. Eine der wichtigsten frühbronzezeitlichen Kulturgruppen Mitteleuropas entwickelt sich zwischen 1900 und 1500 v. Chr. rund um eine Kupferlagerstätte bei Unětice nahe Prag, die Aunjetitzer Kultur: In ihrer Spätphase steht sie über die Bernsteinstraße in reger Handelsverbindung mit dem griechischen Mykene.

In der Hallstattzeit (ca. 750–500 v. Chr.) dringen erstmals keltische Völker in den Raum vor und besiedeln ihn. Ab 500 v. Chr. siedeln sich die Boier an, von ihnen leitet sich der heutige Begriff „Böhmen" ab. Sie leben in befestigten Siedlungen, schlagen Goldmünzen und kultivieren die Gebiete zwischen Eger und Theiß.

Etwa zur Zeitenwende verdrängen die germanischen Völker der Markomannen und Quaden die Boier und werden zu einem steten und gefährlichen Gegenspieler der Römer entlang der Donaugrenze. 169 n. Chr. stoßen sie bis nach Italien vor, müssen sich aber Kaiser Marc Aurel geschlagen gegeben.

4./5. Jh. n. Chr. Im Zuge des Hunneneinfalls 375 n. Chr. verschwinden Markomannen und Quaden. Unklar ist, ob sie in den bajuwarischen Stämmen aufgehen oder von ihnen verdrängt werden. Böhmen und Mähren werden zur Zeit der Völkerwanderung zu einem Durchzugsgebiet verschiedener meist germanischer Völkerschaften.

5./6. Jh. Slawische Stämme nehmen den weitgehend unbesiedelten Raum nach und nach in Besitz. In der zweiten Hälfte des 6. Jahrhunderts gründen die Awaren auf dem Gebiet des heutigen Ungarn ein Reich und machen die umwohnenden Slawen tributpflichtig.

623/624 n. Chr. Der fränkische Kaufmann Samo vereinigt mehrere slawische Stämme und löst Böhmen und Mähren aus dem awarischen Herrschaftsbereich. Es entsteht das erste slawische Großreich, das von Thüringen bis Slowenien reicht. Nach seinem Tod (658) zerfällt das Reich.

Nach 790 Karl der Große zerschlägt das Reich der Awaren. Es entsteht das Großmährische Reich, welches Teile Böhmens, Ungarns, Polens und der Slowakei umfasst. Zum ersten Mal in der Geschichte sind Tschechen und Slowaken in einer politischen Entität vereint. Fürst Svatopluk (871–894) verschafft dem Reich seine größte territoriale Ausdehnung. Vor allem aber verweist er die Anhänger der Slawenapostel Kyrill und Method des Landes und ebnet damit der Papstkirche den Weg. Zwei Jahre nach dem Tod Svatopluks zerbricht das Großmährische Reich unter dem Ansturm der Magyaren. Die Slawen westlich der March huldigen dem fränkischen Kaiser, jene östlich der March finden sich unter magyarischer Herrschaft.
Im Gegensatz zu Mähren besteht Böhmen aus mehreren Stammesherzogtümern, die sich nach und nach zusammenschließen. Eine zentrale Rolle kommt dabei der tschechischen Dynastie der Přemysliden im Gebiet der Moldau zu. Historisch verbürgt ist Herzog Bořivoj, der sich 870 vom Slawenapostel Methodius taufen lässt. Er verlegt seinen Herrschaftssitz nach Prag, wo er auf dem Hradschin eine Burg errichtet.

Die St.-Martins-Rotunde auf dem Vyšehrad in Prag: ein rares Relikt der Romanik aus der Zeit um 1100.

921 Václav I. wird Herzog von Böhmen. Unter seiner Herrschaft wird die Christianisierung Böhmens forciert. 929 oder 935 fällt Václav einem Mordanschlag seines Bruders Boleslav zum Opfer. Er wird noch im 10. Jh. heiliggesprochen und in weiterer Folge zu Böhmens Nationalheiligem. Seine Nachfolger bauen die Macht der Přemysliden aus.

950 Kaiser Otto führt einen Heerzug nach Böhmen, Boleslav I. leistet den Lehnseid, sein Land wird ein den anderen Herzogtümern gleichgestelltes Glied des Heiligen Römischen Reichs, sein Herrscher einer von sieben Kurfürsten.

Typisch für die Zeit der Klostergründungen: das spätromanische Portal der Abtei Porta coeli in Předklášteří bei Brünn.

Nach 1212 Ottokar I. erhält von Kaiser Friedrich II. die „Goldene Bulle Böhmens“. Darin wird Böhmen eine Reihe von Privilegien zugestanden, seine Herrscher werden Erbkönige. In diese Zeit fällt die erste Ansiedelung deutscher Handwerker, Bauern und Kaufleute im Land an der Moldau. Die neuen Siedlungen formen sich meist nach Nürnberger oder Magdeburger Stadtrecht.
Ihren Höhepunkt erreicht die böhmische Machtposition in Europa unter **Ottokar II. Přemysl** (1253–1278). Er sichert sich nach dem Tod des letzten Babenbergerherzogs, Friedrich des Streitbaren, Österreich (1251), die Steiermark und Teile der heutigen Slowakei (1260), das Egerland (1266), Kärnten und Krain (1269). Wohl auch weil er den anderen Fürsten als zu mächtig erscheint, wählen diese 1273 nicht Ot-

tokar, sondern den Habsburger Rudolf I. zum deutschen König. Ottokar verweigert diesem die Huldigung wie auch die Herausgabe der erworbenen Länder. 1278 stirbt Ottokar in der Schlacht bei Dürnkrut, das babenbergische Erbe fällt nun an die Habsburger. 1307 stirbt mit Václav III. die Dynastie der Přemysliden im männlichen Stamm aus.

Die Prager Burg und die Stadt, gesehen vom Letná-Berg, zur Zeit Rudolfs II. (aus: Civitates Orbis Terrarum von G. Braun und F. Hogenberg).

Nach 1310 Böhmische Adelige, Kleriker und Bürger bieten **Johann von Luxemburg** (1310–1346), dem Sohn König Heinrich VII., die böhmische Krone an. Der neue König sichert die Herrschaft Böhmens über Schlesien.
Sein Sohn **Karl IV.** (1346–1378) war bereits 1333 als Statthalter nach Prag entsandt worden. Dort setzt er Rechtssicherheit durch und bringt die zerrütteten Finanzen wieder in Ordnung. 1341 wird er von Adeligen, Prälaten, Bürgern und Rittern zum Erben und Nachfolger in den böhmischen Ländern gewählt. Am 11. Juli 1346 küren ihn zudem die Reichsfürsten zum König des Heiligen Römischen Reichs. 1347 wird er zum König Böhmens gekrönt, 1355 zieht er nach Italien, wird König der Langobarden und empfängt in Rom vom Papst die Kaiserkrone.
Als deutscher König und römischer Kaiser wählt Karl IV. erstmals in der Geschichte mit Prag eine ständige Hauptstadt. Er lässt den Hradschin umgestalten und den St.-Veits-Dom errichten. Seine Residenz wird zum politischen, wirtschaftlichen und geistigen Mittelpunkt des Reichs. 1348 gründet er die Prager Universität, die erste Mitteleuropas. Gleichzeitig fördert er die Kirche und in dieser die Verwendung des Tschechischen als Volkssprache. Durch Bibelübersetzungen wird das Tschechische auch zur Schriftsprache. Die Regentschaft Karls IV. wird als das Goldene Zeitalter Böhmens wahrgenommen. Mit der „Goldenen Bulle" institutionalisiert er 1356 die Wahl des deutschen Königs durch sieben Kurfürsten und gibt damit dem Reich erstmals ein Grundgesetz, das bis 1806 gültig bleibt. Karl sichert seine Macht auch territorial ab, betreibt eine planmäßige Heiratspolitik (er selbst ist viermal verheiratet, seinen Sohn Sigismund verehelicht er mit der Tochter König Ludwigs von Ungarn und Polen), er schließt Erbverträge mit den Habsburgen und lässt 1363 seinen erst zweijährigen Sohn **Wenzel IV.** zum böhmischen, 1376 zum deutschen König krönen.

Der Pulverturm (Prašna brána) am Südostrand der Altstadt: ein Paradebau der Prager Hochgotik.

Wenzel (1378–1419) indes erweist sich als zu schwach, um mit den neuen Herausforderungen, dem Schisma der Kirche mit je einem Papst in Rom und Avignon sowie den Spannungen im Reich zwischen Städtebünden und Territorialherren fertig zu werden. Nach einer Meinungsverschiedenheit mit dem Erzbischof von Prag lässt er 1393 den Generalvikar Johannes von Pomuk (Johann Nepomuk) ermorden. Da-

raufhin formiert sich unter Führung der Rosenberger ein „Herrenbund“, der Wenzel gefangen nimmt. Erst nach dem Zugeständnis, seinen Halbbruder Sigismund, den König von Ungarn, zum böhmischen Thronfolger zu bestimmen, erlangt er wieder seine Freiheit. 1400 wird er von den Kurfürsten als deutscher König abgesetzt.
Wenzels unsichere Herrschaft zeitigt auch in Böhmen Folgen. Die Wirtschaftslage verschlechtert sich, es kommt zu Auseinandersetzungen zwischen tschechischen Handwerkern und deutschen Patriziern sowie zu Pogromen an Juden. Zudem führen die finanziellen Ansprüche der Klöster und Kirchen zu allgemeinem Unmut. In dieser Situation tritt der Universitätslehrer **Jan Hus** auf den Plan. Beeinflusst durch die Lehren des englischen Theologen John Wycliff fordert er Reformen innerhalb der Kirche und verbindet dies mit tschechischem Nationalstreben.

Frühes 15. Jh. 1411 wird Hus exkommuniziert, 1414 erscheint er vor dem Konzil in Konstanz. Trotzdem ihm Sigismund, der seit 1410 deutscher König ist, freies Geleit zugesichert hat, lässt ihn das Kardinalskollegium verhaften. 1415 wird er als Ketzer auf dem Scheiterhaufen verbrannt. In Böhmen lösen der Tod Hus' und der Vorwurf „Ketzer“ zu sein, allgemeine Empörung aus – auch unter Adeligen und Priestern. Sie beharren auf der vom Konzil verworfenen Kommunion in „beiderlei Form“, bei der auch der Wein von allen Laien genossen wird. Neben dem „Laienkelch“ fordern die Hussiten die Armut des Klerus, die Freiheit der Predigt und einen tschechischen Nationalstaat. 1419 kommt es zum ersten Prager Fenstersturz und König Wenzel stirbt an einem Schlaganfall. **König Sigismund** (1419–1437) tritt seine Nachfolge an, lässt sich in Brünn von den Ständen huldigen und stellt in Breslau ein Heer gegen die aufständischen Hussiten auf. 1420 belagert er Prag, erleidet aber eine empfindliche Niederlage. Drei weitere Kreuzzüge schlagen ebenso fehl wie ein Einfall des habsburgischen Herzogs Albrecht V. Statt dessen greifen die Hussiten nun ihre Nachbarländer an und verheeren Sachsen, Schlesien und Brandenburg, das nördliche Österreich, Bayern, Ungarn und sogar Polen. Ab 1431 setzt Sigismund auf Verhandlungen, wobei es zu einer Spaltung der Hussiten in die gemäßigten Anhänger des Laienkelchs (die Utraquisten) und die radikalen Bäuerlichen (die Taboriten) kommt. 1433 gesteht die Kirche den Utraquisten den „Laienkelch“ zu. Im darauf folgenden Jahr werden die Taboriten von den vereinten Katholiken und Utraquisten bei Lipany besiegt.

Auf der „Nationalen Gedenkstätte“ im Prager Stadtteil Žižkov: Eine 9 m hohe Reiterstatue Jan Žižka von Trocnovs erinnert an den Sieg der Hussiten über Kaiser Sigismund am 14. Juli 1420.

Weiteres 15. Jh. Nach dem Tod Sigismunds fällt die böhmische Krone erstmals an einen Habsburger – den 1438 auch zum deutschen König gewählten Albrecht II. Er stirbt im Jahr darauf, für seinen unmündigen Sohn Ladislaus Postumus regiert der Führer der Utraquisten, **Georg von Podebrad und Kunstat,** als Reichsverweser. Nach dem Tod Ladislaus' wird er 1458 vom böhmischen Landtag zum König gewählt. Ihm folgt 1471 **Vladislav II. Jagiello**, Sohn König Kasimirs IV. von Polen. Er tritt 1479 Mähren, Schlesien und die Lausitz an den Ungarnkönig Matthias Corvinus ab, erbt dafür aber nach dessen Tod die ungarische Königswürde und sichert im Gegenzug dem Haus Habsburg die Erbfolge in Böhmen und Ungarn zu. 1526 findet sein Sohn Ludwig, der mit Kaiser Maximilians Enkelin Anna verheiratet ist, in der Schlacht von Mohacs gegen die Türken den Tod. Damit fallen sowohl die Wenzels- wie auch die Stephanskrone an die Habsburger.

1526–1618 Erst nach umfangreichen Zugeständnissen wählen die böhmischen Stände **Ferdinand I.** (1526–1564) zum König und bestätigen die Erbfolge. Ferdinand I., ab 1531 deutscher König und ab 1556 Kaiser des Heiligen Römischen Reichs, versucht zwischen Katholiken und Protestanten einen Ausgleich herbeizuführen. Unter seinem Nachfolger **Maximilian II.** (1562–1576) verstärkt sich der Gegensatz zwischen Protestanten und Katholiken. Maximilian II. stimmt mündlich einer „Confessio Bohemica" zu, die den utraquistischen und protestantischen Adeligen größere Rechtssicherheit gibt.
Unter **Rudolf II.** (1576–1612) wird Prag zum zweiten Mal Mittelpunkt des Heiligen Römischen Reichs. Der Kaiser gesteht in einem Majestätsbrief den böhmischen Ständen volle Religionsfreiheit zu (1609) und holt Wissenschaftler und Künstler an seinen Hof, darunter Tycho Brahe und Johannes Kepler. Nach Jahren des steten Niedergangs erlebt Prag eine neuerliche Blüte. 1611 wird Rudolfs Bruder, **Matthias II.**, der bereits 1608 die Herrschaft in Österreich, Mähren und Ungarn übernommen hat, König von Böhmen. 1612 stirbt Rudolf II. in Prag. Matthias bestätigt vorerst den Majestätsbrief, versucht dann aber die Macht der Stände und der Protestanten und Utraquisten zurückzudrängen. In weiterer Folge suchen die protestantischen Fürsten Verbündete in der Union, die katholischen in der Liga. 1617 verlegt Matthias die Residenz von Prag nach Wien. Im selben Jahr wird Ferdinand II. (1619–1637) König von Böhmen.

Der „Zweite Prager Fenstersturz" in einer – beinahe – zeitgenössischen Darstellung. Der Sturm der Burg im Frühsommer 1618 markiert den Beginn des 30-jährigen Krieges.

1618–1648 Als Matthias Beschwerdebriefe der Protestanten zurückweist, kommt es am 23. Mai 1618 in Prag zu Unruhen. Demonstranten stürmen die Burg und stürzen zwei der zehn böhmischen Statthalter und einen Landtafelschreiber aus dem Fenster. Mit dem „Zweiten Prager Fenstersturz" datiert der Ausbruch des **Dreißigjährigen Krieges**.

Strebte Matthias II. noch einen Ausgleich mit den protestantischen Ständen an, so setzt **Ferdinand II.** allein auf die katholische Karte. Die Stände proklamieren Böhmen als Wahlkönigreich, setzen Ferdinand II. ab und wählen den Führer der protestantischen Liga, Friedrich von der Pfalz, zum König.

1620 schlägt ein Heer der katholischen Liga die Truppen der Union in der **Schlacht am Weißen Berg**. Friedrich flieht in die Niederlande. In Prag werden vor dem Altstädter Rathaus 27 Anführer der Aufständischen, Adelige und Bürger, Protestanten und Katholiken, Tschechen und Deutsche hingerichtet. Ferdinand II. zerreißt den Majestätsbrief und beginnt mit der Umverteilung des adeligen Grundbesitzes. Zwei Drittel des Bodens wechseln ihre Eigentümer, wovon böhmische Adelige sowie hohe Offiziere der kaiserlichen Armee profitieren. Die Universität wird den Jesuiten unterstellt, Bistümer und Kirchen erhalten ihre alten Besitzungen zurück. 1624 wird der Katholizismus zur einzigen anerkannten Religion erklärt. Die darauf folgende Massenauswanderung der Protestanten bedeutet einen schweren Verlust für das geistige und gesellschaftliche Leben Böhmens und Mährens. 1627 dekretiert Ferdinand II. mit der „Verneuerten Landesordnung", dass die Länder der böhmischen Krone Teil der habsburgischen Erbmonarchie sind. Die Mitwirkung der Stände wird aus-, die Gleichsetzung von Deutsch und Tschechisch als Landesprachen festgesetzt. In der Folge gewinnt das Deutsche als Hof- und Verwaltungssprache Oberhand, lediglich die Kirche bedient sich des Tschechischen als Landessprache.

Kalvarienberge mit Kreuzigungsgruppen als Abschluss wie dieser im südböhmischen Římov entstanden infolge des Sieges der Katholiken übers ganze Land verstreut zuhauf.

Währenddessen unterwerfen die Truppen der Liga große Teile Deutschlands, wobei sich vor allem der böhmische Adelige **Albrecht von Waldstein** (Wallenstein) als Feldherr hervortut. 1625 wird Waldstein zum Herzog von Friedland bestellt. Im selben Jahr stellt er ein eigenes Heer auf und vertreibt die Dänen aus Norddeutschland. 1630 entlässt Ferdinand II. auf Drängen der neidischen Reichsstände den allzu mächtigen Generalissimus.

1631 erobern sächsische und schwedische Truppen Böhmen. Angesichts der bedrohlichen Situation muss Ferdinand II. Waldstein um Hilfe bitten. Ausgestattet mit umfassenden Vollmachten und einem Heer von 50.000 Mann vertreibt Waldstein die protestantischen Truppen 1632 aus Böhmen. Als er jedoch verdächtigt wird, auf eigene Faust Außenpolitik zu betreiben, klagt Ferdinand ihn des Hochverrats an und lässt ihn 1634 in Eger ermorden. Sein umfangreicher Besitz wird umgehend unter einer großen Zahl weiterer Adelsfamilien aufgeteilt. Bis zum Ende des Dreißigjährigen Krieges wächst die Zahl der Herrenstandsfamilien von 194 auf 297.

In den Jahren bis zum Ende des Krieges werden Böhmen und Mähren wiederholt Kriegsschauplätze. 1648 erobern die Schweden die Prager Kleinseite und plündern – trotz des inzwischen geschlossenen Westfälischen Friedens – den Hradschin. Und erst 1650 verlassen die letzten schwedischen Truppen Olmütz.

Ein Symbol der von Habsburg vehement forcierten Gegenreformation waren die Dreifaltigkeits- und Mariensäulen. Im Bild: der krönende Abschluss des 32 m hohen Prachtexemplars auf dem Hauptplatz von Olomouc/Olmütz.

17./18. Jh. Mit den Siegen der Habsburger gehen die Gegenreformation und der Verlust der Selbstständigkeit Böhmens Hand in Hand. Gleichzeitig müssen die Länder der böhmischen Krone 60 bis 65 Prozent des gesamten Steueraufkommens der Erblande aufbringen. Während die Lage der Landbevölkerung als trostlos bezeichnet werden kann, prunken Adel und Klerus mit barocken Prachtbauten. Erst im 18. Jh. vollzieht sich der Übergang der aus dem Mittelalter stammenden Agrar- und Zunftgesellschaft in eine vom Merkantilismus getragene moderne Geldwirtschaft.

1740–1848 Trotz der „Pragmatischen Sanktion" (in der die Unteilbarkeit der Erblande und die Nachfolge auch im weiblichen Stamm festgehalten wird) sieht sich **Maria Theresia** nach dem Tod ihres Vaters Karl VI. (1711–1740) umfangreichen Gebietsforderungen gegenüber. Im Österreichischen Erbfolgekrieg (1740–1748) sowie in den Schlesischen Kriegen (1740–1742 und 1744/45) werden Böhmen und Mähren wieder zum Kriegsschauplatz. Zwar kann Maria Theresia sich gegen Bayern und Sachsen durchsetzen – 1743 wird sie in Prag zur Königin gekrönt –, an Preußen aber muss sie Schlesien abtreten. Damit endet die über vier Jahrhunderte dauernde Zugehörigkeit der Provinz zur böhmischen Krone.
Durch Maria Theresias „aufgeklärten Absolutismus" kommen auch Böhmen und Mähren in den Genuss ihrer Reformpolitik. Sie setzt die allgemeine Steuerpflicht durch, trennt Justiz und Verwaltung, vereinheitlicht Maße und Gewichte und führt die allgemeine Schulpflicht ein. **Joseph II.** (1765–1790) setzt die Reformen seiner Mutter fort. 1781 hebt er die Leibeigenschaft auf, erlässt sein „Toleranzpatent" (woraufhin sich allein in Böhmen 80.000 Menschen zum Protestantismus bekennen) und öffnet den Juden alle Gewerbe, Studienfächer und die Möglichkeit zum Grundbesitz. Auf heftigen Widerstand stößt in Böhmen, Mähren wie auch in Ungarn Josephs Verordnung, in der gesamten Monarchie Deutsch als Amtssprache einzuführen. Dennoch wird 1791 an der Prager Universität der erste Lehrstuhl für Tschechisch geschaffen.
In die Regierungszeit **Franz II./I.** (1792–1835) fallen die Jahre der französischen Revolution und der napoleonischen Kriege. 1804 proklamiert Franz II. das „Kaisertum Österreich" und legt zwei Jahre später die römisch-deutsche Kaiserkrone nieder. Damit erlischt auch die

Kurwürde Böhmens. Im Gegensatz zu den vorangegangenen Kriegen werden Böhmen und Mähren von den Feldzügen Napoleons kaum berührt. 1805 schlägt der französische Herrscher und Feldherr in der „Dreikaiserschlacht" von Austerlitz in Südmähren die Truppen des russischen Zaren Alexander I. und Kaiser Franz I. Die Zugehörigkeit der Länder der Wenzelskrone zu Österreich wird in dieser Zeit nie in Frage gestellt, und durch den Wiener Kongress (1815) noch einmal bestätigt.
In der ersten Hälfte des 19. Jahrhunderts, den repressiven Jahren der Ära Metternich, durchläuft Böhmen einen Prozess außerordentlicher Industrialisierung. Damit geht die Herausbildung einer tschechischen Bourgeoisie und Intelligenz einher, die wiederum ein tschechisches Nationalbewusstsein entwickelt. Die ursprüngliche Sympathie der jungen Nationalbewegung für Russland erfährt nach der blutigen Niederschlagung des polnischen Aufstands (1830) durch Zar Nikolaus I. einen herben Dämpfer. Statt dessen setzen viele auf die enge Zusammenarbeit der slawischen Völker in einem liberalen und erneuerten Österreich.

Das Denkmal für die 1805 östlich von Brünn geschlagene „Dreikaiserschlacht" bei Austerlitz (Slavkov). Der dortige Sieg Napoleons führte zur Auflösung des Hl. Römischen Reiches Deutscher Nation.

1848 Sorgte der Umsturz in Paris in Prag schon für Unruhe, so wird der Sturz Metternichs in Wien in Böhmen von Tschechen und Deutschen einhellig begrüßt. Die Gegensätze zwischen den beiden Volksgruppen werden aber schon bald anlässlich der Wahl zur Frankfurter Nationalversammlung offenbar. Während der tschechische Vertreter František Palacký die Zukunft der Länder der Wenzelskrone in einem von Deutschland unabhängigen Kaiserreich Österreich sieht und die Teilnahme an der Wahl ablehnt, entsenden die Deutschen Böhmens ihre Vertreter in die deutsche Nationalversammlung. Im Gefolge des „Slawenkongresses" im Juni (bei dem Palacký die Umwandlung des Kaiserreichs in einen „Bund von gleichberechtigten Völkern" fordert) kommt es in Prag zu Zusammenstößen und schließlich zu einem Aufstand. Nach mehrtägigen schweren Straßenkämpfen lässt Fürst Windischgrätz die Stadt mit Artillerie beschießen und schlägt die Revolte nieder. Unter dem Eindruck von Kämpfen in Wien flieht Kaiser **Ferdinand I.** (1835–1848) nach Olmütz. Der österreichische Reichstag, in dem Palacký die Interessen der Slawenpartei vertritt, zieht sich nach Kremsier zurück. Im so genannten „Kremsierer Entwurf", einem Staatsgrundgesetz für das Kaiserreich, finden die Vertreter der Nationalitäten zu einem Kompromiss. Die Kronländer sollen bestehen bleiben, intern jedoch in nationale Kreise mit Verwaltungsautonomie unterteilt werden. Der junge Kaiser **Franz Joseph** (1848–1916) aber löst nach der Niederschlagung der Revolution in Ungarn (1849) den Reichstag auf und regiert fortan absolut.

Kaiser Franz Joseph I. – seit seiner Thronbesteigung nach der Revolution von 1848 bis zu seinem Tod (1916) für viele Tschechen verhasstes Symbol der habsburgischen Hegemonie.

Denkmal für die Schlacht bei Königgrätz, mit der Preußen am 3. Juli 1866 den Krieg gegen Habsburg für sich entschied.

1867–1914 Nach den militärischen Niederlagen Österreichs in Solferino (1859) und Königgrätz (1866) sowie dem endgültigen Ausscheiden des Kaiserreichs aus dem Deutschen Bund sucht die Regierung Franz Josephs mit den Ungarn den Ausgleich. Die Hoffnungen der Tschechen auf eine trialistische Lösung unter Einbeziehung der Slawen wird enttäuscht, die Fronten zwischen den Nationalitäten verhärten sich.
In weiterer Folge wachsen sich die Spannungen zwischen Tschechen und Deutschen in Böhmen zu einer permanenten österreichischen Staats- und Regierungskrise aus. Mehrere Wiener Regierungen scheitern am Versuch, den „Sprachenstreit" zu lösen. Wiederholt wird über Prag der Ausnahmezustand verhängt, der Landtag aufgelöst und Böhmen mittels Notverordnungen regiert. Die radikalen Parteien beider Seiten verzeichnen starken Zulauf. Die Stimmen des Ausgleichs, wie jene Tomáš Garrigue Masaryks, Karl Renners oder Otto Bauers, finden kaum Gehör.
Trotz des politischen Dauerstreits wird Böhmen in der zweiten Hälfte des 19. Jahrhunderts zum wichtigsten Industriestandort und dadurch auch wieder zur ergiebigsten Steuerquelle der Monarchie.

Ein Plakat für die 1862 gegründete Organisation Sokol (Falke), die sportliche Aktivitäten mit nationalistischen slawischen Idealen verband.

1914–1917 Mit Ausbruch des Krieges gehen die österreichischen Behörden jedem auch noch so geringen Verdacht auf „Hochverrat" in Böhmen nach. Der Führer der Jungtschechen, Karel Karmar, wird angeklagt, da er vor dem Krieg Sympathie für einen Allslawenunion hegte und nach Kriegsausbruch die Entente-Mächte ersuchte, im Rahmen einer Friedenslösung für eine staatsrechtliche Selbstständigkeit der böhmischen Länder innerhalb Österreichs einzutreten. Karmar wird 1916 zum Tod verurteilt (später von Kaiser Karl amnestiert).
Tomáš Garrigue Masaryk, der bekannteste Vertreter der Tschechen, geht im Dezember 1914 nach Rom, später nach Genf und schließlich nach Paris. Dort gründet er gemeinsam mit Edvard Beneš 1916 einen tschechischen Nationalrat als vorläufige Regierung und stellt 1917 die „Tschechische Legion" auf, die gegen Österreich-Ungarn und das Deutsche Reich kämpft. Im „Vertrag von Pittsburgh" beschließt Masaryk 1918 mit slowakischen Vertretern den Zusammenschluss von Tschechen und Slowaken in einem Staat. In Wien versucht unterdessen Kaiser **Karl I.** (1916–1918) die Tschechen zum Verbleib in der Monarchie zu bewegen. Doch alle seine Angebote sind unzureichend und kommen zu spät.

1918 In der „Dreikönigsdeklaration" verwerfen die tschechischen Reichsrats- und Landtagsabgeordneten sämtliche Föderationsvor-

schläge. Im Sommer gründet Karel Karmar in Prag einen tschechisch-slowakischen Nationalausschuss. Am 14. Oktober konstituiert Beneš in Paris eine provisorische tschechisch-slowakische Regierung. Am 16. Oktober gibt Kaiser Karl I. bekannt, die Monarchie in einen Bund freier Nationen umwandeln zu wollen. Am 28. Oktober wird in Prag die **Tschechoslowakische Republik** ausgerufen, am 14. November wird Masaryk von der Prager Nationalversammlung zum Präsidenten gewählt.
Tschechische Truppen besetzen unterdessen die deutsch besiedelten Gebiete, um den Ansprüchen der am 11. November ausgerufenen Republik Deutsch-Österreich zuvorzukommen. Ebenfalls im November marschieren tschechische Truppen in Oberungarn und der Slowakei ein. Die Friedensverträge von Saint-Germain-en-Laye mit Österreich (1919) und Trianon mit Ungarn (1920) bestätigen die Grenzen der jungen Republik.

Sinnbild für den Geist von 1918: Der tschechische Löwe zerreißt eine Fahne mit dem k. u. k. Doppeladler.

1919–1939 Bei den Friedensverhandlungen in Paris verspricht Edvard Beneš, dass die Tschechoslowakei eine „zweite Schweiz" werden soll. Tatsächlich bewährt sich das Land als einziger Nachfolgestaat der Monarchie als stabile parlamentarische Demokratie. Und dies, obgleich es sich ebenfalls um einen Vielvölkerstaat handelt: Bei der Volkszählung 1921 werden 8,76 Millionen Tschechen und Slowaken, 3,12 Millionen Deutsche, 750.000 Ungarn, 460.000 Ukrainer, 180.000 Juden und 70.000 Polen erhoben. Wie in der Monarchie bestehen die Unterschiede selbst innerhalb ideologisch verwandter Gruppierungen fort. Bei den Wahlen 1920 erringen die tschechischen Sozialdemokraten 74 von 300 Mandaten, die deutschen Sozialdemokraten 33 Sitze. An eine Zusammenarbeit der beiden Parteien ist nicht zu denken. In den folgenden Jahren weicht sich der Gegensatz etwas auf. Es werden mehrere Koalitionsregierungen unter Beteiligung deutscher und slowakischer Parteien gebildet. Anlass zu Unmut gibt allerdings der Umstand, dass die neue Tschechoslowakei sich am zentralistischen Vorbild Frankreichs orientiert. Die den Slowaken und Karpato-Ukrainern versprochene Autonomie wird nicht eingelöst.
Die Auswirkungen der Weltwirtschaftskrise von 1929 führen zu einer Verhärtung der innenpolitischen Situation. Vor allem unter den Sudetendeutschen erhalten die nationalistischen Parteien mehr Zuspruch. Nach der Machtergreifung Hitlers in Deutschland entsteht die von **Konrad Henlein** geführte „Sudetendeutsche Heimatfront", aus der die „Sudetendeutsche Partei" (SdP) hervorgeht. Bei den Parlamentswahlen 1935 wird die SdP stimmenstärkste Partei im tschechoslowakischen Parlament. Im selben Jahr wird Edvard Beneš anstelle des kranken Masaryk zum Staatspräsidenten gewählt. Er beruft

Die Präsidentenflagge der tschechoslowakischen Republik: Zwei goldene Löwen umfassen die Wappen der Slowakei, Schlesiens, Mährens, Böhmens und der transkarpathischen Ukraine.

Eine Briefmarke aus der Protektoratszeit: Hitler blickt vom Hradschin auf die Kleinseite hinab.

Relikte jahrhundertelanger Geistestradition: Grabsteine auf dem Alten Jüdischen Friedhof von Prag.

mit Milan Hodža erstmals einen Slowaken in das Amt des Ministerpräsidenten.

In den folgenden Jahren erhöhen Henlein und Berlin den Druck auf die Tschechoslowakei. Nach dem „Anschluss" Österreichs an das Dritte Reich wird die Zerschlagung der Tschechoslowakei zum vordringlichsten Ziel der Berliner Regierung. Unter dem Druck Großbritanniens zeigt sich Beneš bereit, weit reichende Zugeständnisse zu machen, doch die SdP boykottiert die Verhandlungen. Auf der **Münchner Konferenz** im Herbst 1938 entscheiden Frankreich, Großbritannien, Italien und das Deutsche Reich, dass die Tschechoslowakei die deutsch besiedelten Randgebiete an Deutschland abzutreten hat. Am 1. Oktober marschieren deutsche Truppen ein, am 2. Oktober besetzen polnische Truppen das Olsa-Gebiet, am 5. Oktober tritt Beneš zurück und geht ins Exil. Und am 4. November annektiert Ungarn Randgebiete der Slowakei. Am 19. November wird die Slowakei zum autonomen Teilstaat der „Tschecho-Slowakei" erklärt. Am 15. März 1939 muss Beneš' Nachfolger Emil Hácha in Berlin den Vertrag über die Schaffung des **„Reichsprotektorates Böhmen und Mähren"** unterzeichnen. Die formell unabhängige Slowakei stellt sich unter den Schutz Berlins. Die Tschechoslowakei existiert nicht mehr.

1939–1945 Böhmen und Mähren werden im Zweiten Weltkrieg zu einem der wichtigsten Produktionsstandorte für Rüstungsgüter, Nahrungsmittel, Chemikalien und Textilien. Von Anfang an setzt die Nazipolitik auf die Vernichtung der tschechischen Intelligenz. 1939 werden die Hochschulen geschlossen, 1941 Professoren und Journalisten deportiert. 1942 wird der stellvertretende Reichsprotektor Reinhard Heydrich von tschechischen Exilanten bei einem Attentat ermordet. Als Vergeltungsmaßnahme exekutiert die SS sämtliche männlichen Bewohner der Ortschaften Lidice und Ležáky. Die Juden Böhmens und Mährens sind das vorrangige Ziel der nationalsozialistischen Vernichtungspolitik. Sie werden erst in das Ghetto von Theresienstadt und dann in die Vernichtungslager verschleppt. Für die Zeit nach dem Krieg sieht Berlin die „Umvolkung" beziehungsweise Aussiedlung der tschechischen Bevölkerung vor.

Noch 1939 bildet Beneš in London ein „Tschechoslowakisches Nationalkomitee". Dieses wird von den Alliierten als provisorische Regierung anerkannt, die 1943 mit der Sowjetunion einen Freundschafts- und Beistandspakt abschließt. Am 5. April 1945 beschließt der Tschechoslowakische Nationalrat im slowakischen Kaschau/Košice ein Regierungsprogramm. Dieses betont die Einheit des tschechischen und slowakischen Volkes, sieht die Verstaatlichung der Grundindustrien, Banken und Versicherungen sowie den Verlust der Staatsbürgerschaft

von Deutschen und Ungarn vor, „so weit sie nicht Antinazisten und Antifaschisten waren". Bis 1947 werden 2,9 Millionen Sudentendeutsche vertrieben, anfangs oft unter blutigen Exzessen, später in „ordnungsgemäßer und humaner Weise".
Am 5. Mai 1945, die Rote Armee steht in Mähren, die US-Armee bei Eger, bricht in Prag ein Aufstand gegen die Deutschen aus. Am 8. Mai erreichen die Truppen der UdSSR die Hauptstadt, einen Tag später folgt die Regierung unter Ministerpräsident Zdenek Fierlinger. Das Amt des Staatspräsidenten wird wieder Edvard Beneš übertragen.

Denkmal für die „ewig währende" sowjetisch-tschechoslowakische (Waffen-) Freundschaft auf dem Hügel von Hrabyně, östlich von Opava.

1946–1989 Bei den ersten Wahlen 1946 wird die schon vor dem Krieg starke „Kommunistische Partei der Tschechoslowakei" (KPC) mit fast 38 Prozent der Stimmen stärkste Fraktion im Parlament. Der Kommunist **Klement Gottwald** wird Ministerpräsident. 1947 lehnt die Regierung Gottwald auf Druck Stalins die Teilnahme der Tschechoslowakei am Marshallplan ab. Nach dem gescheiterten Versuch zehn nichtkommunistischer Minister, durch ihren Rücktritt Neuwahlen herbeizuführen, spricht Gottwald von einer „bürgerlichen Verschwörung". Unter dem Eindruck von Massendemonstrationen der KPC betraut Beneš ein kommunistisches Kabinett unter der Führung Gottwalds mit der Regierung. Eine neue Verfassung erklärt die Tschechoslowakei zu einer einheitsstaatlichen, volksdemokratischen Republik. Bei den Wahlen im selben Jahr erringt die KP-dominierte „Nationale Front" 89,3 Prozent der Stimmen. Beneš, der sich weigert, die neue Verfassung zu unterzeichnen, tritt zurück und stirbt bald darauf. Sein Nachfolger wird Klement Gottwald. 1949 schließt sich die Tschechoslowakei dem „Rat für gegenseitige Wirtschaftshilfe" an. In den folgenden Jahren werden Opposition wie auch Kommunisten Opfer einer Welle von Hochverratsprozessen und „Säuberungen". Dennoch kommt es, im Gegensatz zu Ungarn und Polen, nach dem Tod Stalins nur sporadisch und ansatzweise zu Aufständen.

Das Parteiorgan „Neues Prag" berichtete im März 1953, nur zehn Tage nach Stalins Tod, über das Ableben dessen Stellvertreters in Prag, Staatspräsident Klement Gottwald.

Mit der Verfassung von 1960 wird die Tschechoslowakei (ČSR) zur **„Tschechoslowakischen Sozialistischen Republik"** (ČSSR). Die Förderung der Schwerindustrie und der kollektiven Landwirtschaft führen indes zu wirtschaftlichen Problemen, die zu Auseinandersetzungen zwischen Orthodoxen und Reformern innerhalb der KP führen. Im Januar 1968 obsiegen die Reformer. Mit dem Slowaken **Alexander Dubček** an der Spitze der Partei wird versucht, durch Wirtschaftsreformen, Garantie der Bürgerrechte und der Föderalisierung der Republik dem „Sozialismus ein menschliches Antlitz" zu geben.

Der **„Prager Frühling"** sorgt in den anderen Ländern des Warschauer Paktes, vor allem in der Sowjetunion, für Unruhe, in der Tschechoslowakei hingegen für große Erwartungen. Im August formuliert der Generalsekretär der sowjetischen KPdSU, Leonid Breschnew, die These der „beschränkten Souveränität der Staaten des sozialistischen Lagers". In der Nacht zum 21. August marschieren Truppen des Warschauer Paktes in der CSSR ein – auf Grund eines „Hilfsersuchens". Tausende Tschechen und Slowaken flüchten nach Österreich. Unterdessen wird Dubček nach Moskau gebracht, wo er gemeinsam mit seinen Genossen eine Vereinbarung über einen „Normalisierungskurs" unterschreiben muss. Der gewaltfreie Widerstand gegen die Besatzungstruppen bricht daraufhin zusammen.

Im April 1969 löst **Gustav Husák** Dubček als Parteichef ab und beginnt seinen „Kurs der Normalisierung". Die KP erringt wieder die völlige Kontrolle über den Staat. Lediglich die Föderalisierung wird als einziges Reformprojekt durchgesetzt. Die ČSSR bildet einen Bundesstaat. Gleichsam im Austausch garantierten wirtschaftlichen Wohlergehens gegen politisches Wohlverhalten verstummen alle oppositionellen Stimmen.

Das Titelblatt der Zeitschrift Květy mit dem Bild des 20-jährigen Studenten Jan Palach, der sich am 16. Januar 1969 auf dem Wenzelsplatz aus Protest gegen die sowjetische Besetzung verbrannte.

Mit dem Prozess gegen die Punk-Rock-Band „Plastic People of the Universe" 1976, der „Verbrechen gegen den Staat" vorgeworfen wird, organisiert sich wieder Widerstand. KP-Dissidenten, Intellektuelle und Studenten formulieren die **Charta 77**, ein Programm zur Demokratisierung auf Basis der Akte von Helsinki. Zu den Unterzeichnern zählen neben dem ehemaligen Außenminister Jiří Hayek der Philosoph Jan Patočka und der Dramatiker Václav Havel (der einen Großteil der kommenden zehn Jahre in Haft verbringen wird).

Unter dem Eindruck von Glasnost und Perestrojka in der Sowjetunion Michail Gorbatschows beginnt auch in der ČSSR 1987 ein zögerlicher Reformkurs. Am 17. November 1989 wird dennoch eine Studenten-Demonstration zum Gedenken an die von den Nazis ermordeten und deportierten Studenten des Jahres 1939 von der Polizei gewaltsam aufgelöst. Von nun an gibt es kein Halten mehr. Mehr und mehr gesellschaftliche Gruppen, auch die als KP-treu geltenden Berg- und Stahlarbeiter, solidarisieren sich mit den Studenten und den Forderungen des am 19. November von Václav Havel und anderen Mitgliedern der Charta 77 gegründeten „Bürgerforums".

Täglich wird in allen größeren Städten demonstriert. Am 24. November tritt Václav Havel gemeinsam mit Alexander Dubček vor 750.000 Demonstranten auf dem Wenzelsplatz in Prag auf. Am selben Tag tritt KP-Chef Miloš Jakeš zurück, kurz darauf auch Ministerpräsident Ladislav Adamec. Vizepremier Marián Čalfa bildet mit Vertretern der Bürgerrechtsbewegungen eine „Regierung der nationalen Verständigung".

Am 9. Dezember tritt Staatspräsident Gustav Husák zurück. Zu seinem Nachfolger wird am 29. Dezember Václav Havel gewählt. Die **Samtene Revolution** hat gesiegt.

Václav Havel, Schriftsteller, ehemals Bürgerrechtskämpfer und von 1989 bis 2003 Staatspräsident, im Kreise anderer Spitzenpolitiker.

1990–1993 Die ersten freien Wahlen seit 1946 gewinnen im Juni 1990 das tschechische „Bürgerforum" und die slowakische „Öffentlichkeit gegen Gewalt". Die Tschechoslowakei wird zur „Tschechischen und Slowakischen Föderativen Republik" (CSFR). Bei den Wahlen 1992 wird das von Václav Klaus geführte Bündnis Demokratische Bürgerpartei und Christliche Demokraten (ODS) in Böhmen und Mähren stärkste Kraft, in der Slowakei die separatistische „Bewegung für eine demokratische Slowakei" Vladimír Mečiars. In Verhandlungen über das endgültige Verhältnis der beiden Teilstaaten erzielen Klaus und Mečiar Einigung über die friedliche Trennung der beiden Länder. Am 1. Januar 1993 werden die **Tschechische** Republik und die **Slowakische Republik** unabhängige Staaten.

1993–2002 Václav Klaus verfolgt in Tschechien eine an Margaret Thatcher angelehnte wirtschaftsliberale Politik, die seitens des Präsidenten Václav Havel wiederholt kritisiert wird. Bei den Wahlen 1996 wird die ODS geschwächt, Klaus bleibt Ministerpräsident. Die vorgezogenen Neuwahlen 1998 sehen die Sozialdemokraten Miloš Zemans als stärkste Partei. Zeman schließt mit Klaus einen „Oppositionsvertrag", der den Sozialdemokraten die Führung einer Minderheitsregierung ermöglicht, von den anderen Parteien indes stark kritisiert wird. 1999 tritt Tschechien wie auch Ungarn und Polen dem Nordatlantikpakt **(NATO)** bei und führt Beitrittsverhandlungen mit der Europäischen Union. Bei den Wahlen 2002 erringen die Kommunisten 18 Prozent der Stimmen, die Sozialdemokraten unter Vladimír Špidla bleiben stärkste Partei und bilden mit der ODS eine Koalitionsregierung.

Ein politischer Akt als Symbol für die endgültige Zugehörigkeit Tschechiens zur westlichen Staatengemeinschaft: der im Frühjahr 1999 vollzogene Beitritt zum Militärbündnis NATO.

2003/04 Am 2. Februar endet die letzte Amtsperiode Václav Havels als tschechischer Präsident. Ihm folgt Václav Klaus am 28. Februar im Amt nach. Am 14. und 15. Juni 2003 stimmen 77,33 Prozent der Tschechen für den Beitritt ihres Landes zur Europäischen Union. Am 1. Mai 2004 tritt Tschechien der **Europäischen Union** bei. Ministerpräsident Vladimír Špidla demissioniert am 26. Juni, Stanislav Gross wird neuer Regierungschef.

Von Baťa bis Zátopek: Galerie bedeutender Persönlichkeiten

Ein leuchtendes, weltweit verbreitetes Logo als Beweis für die Tatkraft des Schuhkönigs aus Zlín.

Tomas Baťa (*1876 Zlín, †1932 bei Zlín) Unternehmer. Der legendäre Schuhkönig aus der mährischen Provinz gründete, nachdem seine Vorfahren schon neun Generationen hindurch als Schuster ihr Brot verdient hatten, 1894 eine Fabrik und machte als Lieferant von Stiefeln für die k.u.k. Armee während des Ersten Weltkriegs sein erstes großes Geld. 1904 schon hatte er ein Jahr lang in den USA gearbeitet und die maschinelle Produktion von Schuhen studiert. 1919 importierte er aus Übersee das Fließbandsystem. Ob seines patriarchalischen Führungsstils und seiner steten Forderung nach mehr Effizienz wurde er als „Mährischer Mister Ford" tituliert. Marxistisch gesinnte Journalisten und Schriftsteller prangerten das „System Baťa" als eine perfektionierte Form der Unterdrückung und Ausbeutung an. Als der Chef, der zeitweise auch als Bürgermeister von Zlín amtierte, 1932 bei einem Flugzeugabsturz starb, verzeichnete sein Werk einen täglichen Output von rund 150.000 Paar Schuhen (Details zur Firmengeschichte: s. S. xx).

Eduard Beneš (*1884 Kozlány, †1948 Sezimovo Ustí) Politiker. Der Sohn eines Bauern studierte in Prag, Paris, London und Berlin und lehrte ab 1909 an der Universität Prag Nationalökonomie. Bereits damals schlug er als Lösung für Österreichs Nationalitätenprobleme die Einteilung der böhmischen Länder nach Sprachgrenzen vor. Im Ersten Weltkrieg war er Mitbegründer der tschechisch-nationalistischen Widerstandsbewegung „Maffia" und maßgeblich am Einsatz eigener tschechisch-slowakischer Truppen beteiligt. Sein Engagement half, dem Tschechoslowakischen Nationalrat 1918 ein Recht auf Mitsprache bei den Verhandlungen in Versailles zu sichern. Von 1918 bis 1935 war Beneš Außenminister, von 1921 bis 1922 auch Ministerpräsident. 1935 wurde er Masaryks Nachfolger als Staatspräsident der Tschechoslowakei. 1935 schloss er, obwohl bis dahin streng anti-sowjetisch, einen Beistandspakt mit Moskau. Nach dem Münchner Abkommen lehnte er eine militärische Hilfe seitens der Sowjetunion allerdings ab. Ab Herbst 1939 im Pariser Exil, gründete er das tschechoslowakische Nationalkomitee, aus dem 1940 die Londoner Exilregierung hervorging, deren Präsident er wurde. Nach dem Zweiten Weltkrieg wurde Beneš durch die Siegermächte wieder zum tschechoslowakischen Staatspräsidenten bestimmt. Die von ihm erlassenen Beneš-Dekrete umfassen insgesamt 143 Verordnungen, die der Neuordnung des Staatgefüges dienten. Ein gutes Dutzend betraf unmittelbar die deutsche und ungarische Minderheit, insgesamt über drei Millionen Staatsbürger, und bildete die Grundlage für deren kollektive Entrechtung, Enteignung und Vertreibung.

Max Brod – Freund, Nachlassverwalter und Biograf Kafkas und selbst erfolgreicher Literat.

Max Brod (*1884 Prag, †1968 Tel Aviv) Schriftsteller, Dramatiker, Philosoph. Sicherte sich auf zweierlei Art seinen Platz in der Literaturgeschichte: als Freund, Biograf und Nachlassverwalter Franz Kafkas, der sich – zum Glück für die Nachwelt – über dessen testamentarische Verfügung, sämtliche Schriften nach seinem Tod zu vernichten, hinwegsetzte; und als Verfasser zahlreicher, häufig expressionistisch geprägter Romane, Erzählungen und Essays. Brod arbeitete als Theater- und Musikkritiker beim „Prager Tagblatt“ und war Mitglied des „Prager Kreises“. Ein zentrales Thema seines Schaffens war das Ringen um die jüdische Identität. Ab 1910 war er in der zionistischen Bewegung tätig und ab 1918 Vizepräsident des jüdischen Nationalrats. 1939 emigrierte er zusammen mit seiner Ehefrau Elsa Taussig nach Tel Aviv, wo er als Dramaturg am Habimah-Theater arbeitete.

Josef Čapek (*1887 Hronov, †1945 Bergen-Belsen) Maler, Poet, Dramatiker; **Karel Čapek** (*1890 Malé Svatoňovice, †1938 Dobrís) Schriftsteller, Dramatiker. Das Geburtshaus der überaus begabten Brüder befand sich im Riesengebirge. Ihr Vater, der Landarzt Antonín Čapek, zog 1907 mit ihnen nach Prag, wo die Brüder später gemeinsam ein idyllisches Doppelhaus bewohnten. Dorthin lud Karel, damals einer der populärsten tschechischen Schriftsteller, seine berühmte „Freitagsgesellschaft“, der selbst Präsident Masaryk angehörte, ein. Josef unterhielt dort sein Atelier. Gemeinsam schufen die beiden zahlreiche Werke, u.a. neoklassizistische Dramen, Erzählungen und Prosa. Karel schrieb für eine Prager Zeitung Reiseberichte, Essays und Theaterkritiken. Vor allem dank seiner utopischen Romane (etwa: „Das Absolutum oder die Gottesfabrik“) wurde er weltberühmt, indes der multitalentierte Josef sein Leben lang im Schatten des Bruders stand. Erst ein halbes Jahrhundert nach dem Tod der beiden änderte sich die Einschätzung: Während Karels literarisches Vermächtnis heute nur wenig Aufmerksamkeit genießt, finden sich Josefs Bilder in privaten und öffentlichen Sammlungen auf der ganzen Welt und werden zu stetig steigenden Preisen gehandelt. Ihr Schöpfer, der sich früh für die Kunst der primitiven Völker begeisterte und durch die Komposition geometrischer Elemente zu menschlichen Gestalten einen ganz eigenen, an naive Kinderzeichnungen erinnernden Stil entwickelte, gilt als wichtiger Vertreter des tschechischen Kubismus.

Antonín Dvořák: der ungemein produktive Schöpfer der berühmten Symphonie „Aus der Neuen Welt“.

Antonín Dvořák (*1841 bei Prag, †1904 Prag) Komponist. Am Beginn seiner Laufbahn Bratschist, später Organist, erhielt er mit 33 auf Empfehlung von Hanslick und Brahms ein österreichisches Staatsstipendium. Er schrieb neun Opern und ebenso viele Symphonien, außerdem Kirchenmusik, Oratorien, vier Konzerte, zwei Dutzend kammermusikalische und zahlreiche Klavierwerke und gilt, gemeinsam mit Friedrich Smetana, als Hauptvertreter der tschechischen Kunstmusik. In mittleren Jahren unternahm er mehrere Gastspielreisen nach England und Russland, erhielt Ehrendoktorate in Cambridge und an der Tschechischen Universität seiner Heimatstadt. Viele Jahre lehrte er am Prager Konservatorium. Zwischendurch, 1892–95, war er Direktor des privaten Nationalkonservatoriums in New York, wo er eine Vielzahl junger US-Komponisten beeinflusste. Aus dieser Zeit stammt seine berühmteste Symphonie, „Aus der Neuen Welt“ (1893), in der Elemente der böhmischen Volksmusik mit solchen der amerikanischen Folklore verschmelzen.

Jaroslav Hašek: der begnadete Satiriker erfand die für ihre Begriffsstutzigkeit und Schläue legendäre Figur des „braven Soldaten Schwejk“.

Jaroslav Hašek (*1883 Prag, †1923 Lipnice) Schriftsteller. Veröffentlichte seine ersten Gedichte bereits mit 17 und lebte fortan als freier Schriftsteller. Für kurze Zeit hatte er einen schlecht bezahlten Posten bei der Zeitschrift „Die Welt der Tiere“ inne. Da ihn die Arbeit jedoch bald langweilte, ließ er seine Fantasie spielen und „erfand“ kurzerhand neue Tierarten. Er war *der* Prager Wirtshausliterat par excellence, ein ewiger Unruhestifter, ein schlampiges Genie. Er zog in Europa umher, übernachtete teilweise im Freien und lernte als eine Art Landstreicher das Leben „von unten“ kennen. Am Biertisch gründete er mit Freunden im Frühjahr 1911 anlässlich von Wahlen die „Partei des maßvollen Fortschritts in den Grenzen der Gesetze“. Einstimmig war er zum Redner und Kandidaten ernannt worden. Er improvisierte seine „Wahlreden“ und stellte mit viel Witz und Humor den politischen Betrieb und das Parteiensystem bloß. International berühmt wurde er mit seinem unvollendeten Roman, dessen Titelheld, der „Brave Soldat Schwejk“, echte mit gespielter Begriffsstutzigkeit, Phlegma und Devotheit des kleinen Mannes mit Schläue und Zynismus verbindet. Sein Schöpfer starb an den Folgen seiner Trunksucht.

Václav Havel (*1936 Prag) Schriftsteller, Staatsmann. Aus bürgerlicher, gut situierter Familie stammend, die nach 1948 enteignet wurde, bekam der junge Václav von den Kommunisten auf seinem Ausbildungsweg zahlreiche Prügel zwischen die Beine geworfen. Mit 15 begann er eine Lehre als Chemielaborant, mit 18 erreichte er durch den Besuch einer Abendschule die Matura. Schon ein Jahr später stellte er mit ersten Kritiken in der Zeitschrift „Mai“ sein literarisches Talent unter Beweis. Sein erstes Stück, „Familienabend“, schrieb er 1959. Nach der sowjetischen Okkupation bekam er Publikationsverbot, doch wurden seine Gedichte, Essays, Erzählungen, Romane, Hörspiele und Theaterstücke im Ausland erfolgreich publiziert und aufgeführt. Während des Prager Frühlings war er Vorsitzender des „Klubs unabhängiger Schriftsteller“ und Wortführer der regimekritischen Intellektuellen. Als Mitbegründer und einer der Sprecher der „Charta 77“ wurde er schikaniert. Hausarrest und insgesamt fünfzig Monate Haft schädigten seine Gesundheit nachhaltig. 1989 wurde er zum ersten demokratischen gewählten Präsident der ČSFR und 1993 der Tschechischen Republik gewählt – ein Amt, das er, vielfach geehrt und mit Preisen ausgezeichnet, bis 2003 innehatte.

Emil Holub (*1847 Holice, †1902 Wien) Afrikaforscher. Nach abgeschlossenem Medizinstudium reiste er 1872, von Neugier getrieben, jedoch weitgehend mittellos, nach Südafrika. Er arbeitete als Arzt im Diamantendistrikt von Kimberley und unternahm, solcherart rasch zu Wohlstand gelangt, schon bald eine erste Reise längs des Vaal ins Bantu-Gebiet und weiter ins Betschuanaland. Im März 1875 brach er auf, um dem Sambesi bis in sein Quellgebiet zu folgen. Ein Bootsunglück zwang ihn freilich zum Abbruch der Reise und zur Rückkehr nach Europa. In Prag schrieb er sein bekanntestes Buch: den spannend geschriebenen und kunstvoll illustrierten Reisebericht „Sieben Jahre in Süd-Afrika", der heute als ein Klassiker der österreichischen Entdeckerliteratur über den Schwarzen Kontinent gilt. Mehrmals kehrte Holub nach Afrika zurück, wobei er auf seinen Expeditionen insgesamt über 30.000 natur- und völkerkundliche Exponate zusammentrug, die er mehreren Museen und Institutionen vermachte. Über sein Leben und Wirken informiert u.a. in seinem Geburtsort Holice, südöstlich von Hradec Králové, ein kleines, aber feines Museum.

Der k. u. k. Afrikaforscher Emil Holub, in Stein gemeißelt in seinem Geburtsort Holice.

Bohumil Hrabal (*1914 Brünn, †1997 Prag) Schriftsteller. Nach dem Besuch der Primarschule in Nymburg begann er in Prag Jura zu studieren und schrieb währenddessen bereits erste Gedichte. Als die deutschen Besatzer 1939 die tschechischen Hochschulen schlossen, arbeitete er zwischenzeitlich bei der staatlichen Eisenbahn, promovierte aber 1946 zum Dr. jur. Die erste Erzählung, „Perlchen auf dem Grund", erschien; rasch folgten „Die Bafler", „Tanzstunden für Erwachsene und Fortgeschrittene", „Inserat. Verkaufe Haus, in dem ich nicht mehr wohnen will", „Moritaten und Legenden" und andere Texte, die zum Teil auch verfilmt wurden. Mit dem Roman „Ich habe den englischen König bedient" gelang Hrabal auch international der literarische Durchbruch. 1968 erhielt er den Staatspreis für Literatur, wurde aber nach dem Ende des Prager Frühlings für sieben Jahre mit Publikationsverbot belegt. Seine Werke sind teils surreal, teils voll schwarzem Humor. Es ging Hrabal nicht nur um den erzählten Inhalt; das Erzählen selbst wird zum wichtigen Teil menschlicher Existenz, zum Ausdruck nicht zu unterdrückender Lebensfreude und absurder Dramaturgie, in der Glück und Unglück so nah beinander liegen wie im Text derber Klamauk und sensible Poesie, Lächerliches und Erhabenes, amüsante Komödie und ergreifende Tragödie.

Jan Hus (im Bild: sein Denkmal in Kolín) wurde in dem Dörfchen Husinec nördlich von Prachatitz geboren.

Jan Hus (*1370 Husinec, †1415 Konstanz) Kirchenreformator. Bauernsohn aus einfachen Verhältnissen, wurde er mit 30 Jahren zum Priester geweiht. Lehrte an der Karlsuniversität, deren erster Rektor er wurde (1409–1410), und predigte in der Bethlehemskapelle gegen die Autorität des Papstes. Seine religiösen Forderungen, die im Ziel einer böhmischen Nationalkirche gipfelten, umfassten die Freiheit der Predigt, Armut des Klerus, staatliche Bestrafung von Todsündern und die Gültigkeit des Abendmahls in beiderlei Gestalt, weshalb seine gemäßigten Anhänger Utraquisten (lat. sub utraque specie) genannt wurden. Hus fand sowohl im Volk als auch bei König Wenzel Unterstützung. Seine Reformideen sollten die Universität nachhaltig beeinflussen und seine Schriften gelten als ein Grundstein der einheitlichen Schriftsprache und tschechischen Literatur. 1411 wurde Hus exkommuniziert. Drei Jahre später stellte er sich am Konstanzer Konzil dem Vorwurf der Ketzerei und wurde, nachdem er seine Ansichten nicht widerrief, verbrannt. Die danach ausbrechenden Streitigkeiten zwischen seinen gemäßigten und radikalen Anhängern sowie Böhmens Katholiken gipfelten in den Hussitenkriegen (1420–34; s. S. 9).

Tafel zur Erinnerung an die Geburt von Leoš Janáček in dessen ostmährischem Heimatdorf Hukvaldy.

Leoš Janáček (*1854 Hukvaldy/Hochwald/Ostmähren, †1928 Mährisch-Ostrau) Komponist, Musikpädagoge, Musikforscher und -schriftsteller. Ging als Sohn eines Landlehrers mit elf Jahren an die Brünner Mittelschule und machte als Chorsänger erste wichtige musikalische Erfahrungen. Studierte an der Prager Organistenschule sowie an den Konservatorien von Leipzig und Wien. Wieder in Brünn, arbeitete er als Pianist, Chorleiter und Dirigent, gründete auch eine Musikzeitschrift und eine Organistenschule. Sein frühes Werk ist geprägt von der mährischen Volksmusik. Durch intensive Volksliedforschung und Beobachtung der Sprachmelodie seiner Landsleute entwickelte er einen eigenen, sehr expressiven Stil. Nach Smetana und Dvořák ist Janáček der dritte große tschechische Meister und Wegbereiter der „Neuen Musik". Vergleichsweise spät errang er überregionale Anerkennung. Seine berühmte Oper „Jenufa" wurde 1904 in Brünn uraufgeführt. Nachdem er 1917 Kamila Stösslová kennen und lieben lernte, komponierte er, über 60-jährig und von neuer Schaffenskraft beseelt, etliche seiner besten Werke: „Die Ausflüge des Herrn Broucek" (1920), „Katja Kabanova" (1921), „Das schlaue Füchslein" (1924), „Sinfonietta" (1926), „Glagolitische Messe" (1926)" und „Aus einem Totenhaus" (1928).

Franz Kafka – sein bronzenes Konterfei schmückt das Barockportal, hinter dem Prags berühmtester Dichter das Licht der Welt erblickte.

Franz Kafka (*1883 Prag, †1924 Wien) Schriftsteller. Studierte als Sohn wohlhabender Eltern an der Deutschen Universität in Prag Germanistik und Jura. Absolvierte 1906 als Dr. jur. die einjährige Rechtspraxis beim Prager Land- und Strafgericht und arbeitete danach 15 Jahre lang als Versicherungsangestellter. Den hochsensiblen, schwierigen Einzelgänger verband eine enge Freundschaft mit Max Brod und Franz Werfel. 1917 erkrankte er an Tuberkulose, wurde fünf Jahre später pensioniert und starb schließlich viel zu früh im Sanatorium Kierling bei

Wien. Entgegen seiner Verfügung, die literarische Hinterlassenschaft „restlos und ungelesen zu verbrennen", veröffentlichte Brod posthum den Roman „Der Prozeß" und in der Folge auch das „Schloß", „Amerika" sowie weitere Fragmente, Briefe und Tagebücher. Seit den 50er Jahren sind Kafkas Werke international von immenser Bedeutung, stehen sie doch für den aussichtslosen Kampf des Individuums gegen anonyme Mächte.

Karl IV. (*1316 Prag, †1378 Prag) Kaiser. Seine ersten Kindheitsjahre verbrachte er am böhmischen Hof in Prag, lebte nach dem Tod seiner Mutter jedoch in Paris bei seiner Tante Johanna, wo er 1329 Blanche von Valois, die Schwester des späteren französischen Königs Philip VI., heiratete. Zwei Jahre später ging er mit seinem Vater, Johann von Luxemburg, auf Kriegszug nach Florenz, hatte mit ihm Streit und floh nach Venedig, für das er sich als Söldnerführer verdingte. Nach der Aussöhnung übernahm er 1333 die Statthalterschaft über Böhmen und Mähren, womit für beide Länder das „Goldene Zeitalter" begann. In der Folge wurde er deutscher König, König von Böhmen, Lombardei und Burgund, und 1355 schließlich vom Papst in Rom zum Kaiser gekrönt. Karl war selbstbewusst, großzügig, aber sparsam. Er konnte mehrere Sprachen und umgab sich mit den besten Beratern seiner Länder. Mitteleuropa erlebte durch ihn eine Zeit des Friedens und relativen Wohlstands. Karl verstand es nicht nur meisterhaft, durch Erwerb und Heiratspolitik seine Hausmacht zu mehren, er machte seine Residenzstadt – u.a. durch die Gründung der Prager Universität 1348 – auch zum geistigen Mittelpunkt seines Reiches.

Egon Erwin Kisch (*1885 Prag, †1948 ebenda) Journalist, Schriftsteller. Nach dem Besuch einer Journalistenschule in Berlin wurde er 1906 Volontär des „Prager Tagblatts" und arbeitete bald als Lokalreporter. Seine Recherchen galten anfangs vornehmlich dem Milieu der Armenviertel. 1917 als Oberleutnant zum Kriegspressequartier nach Wien berufen, begegnete er während seiner Arbeit beim „Neuen Tag" Joseph Roth, mit dem er lebenslang eng befreundet blieb. Nach dem Eintritt in die Kommunistische Partei Österreichs (1920) ausgewiesen, veröffentlichte er, nach Prag zurückgekehrt, den Reportagenband „Die Abenteuer in Prag". Die so sachlichen wie lebensnahen, stets meisterhaften Berichte des linksintellektuellen Weltenbummlers sind legendär. Als „Rasender Reporter" bereiste er u.a. Frankreich, Russland, Afrika, USA, China, Australien, Mexiko und England.

Egon Erwin Kisch, der „rasende Reporter" und Chronist der Welt, der in Spanien kämpfte, nach New York emigrierte und u.a. in Mexiko lebte.

Jan Amos Komensky (Comenius) (*1592 Nivnice/Ostmähren, †1670 Amsterdam) Theologe und Begründer der modernen Volkspädagogik. Wurde nach seinem Theologiestudium in deutschen Landen mit 24 Prediger und später Bischof der Böhmischen Brüdergemeinde. Der

30-jährige Krieg vertrieb ihn nach Polen, wo er sein heute noch gültiges Hauptwerk über Grundgedanken einer reformatorischen Pädagogik schrieb. Nach Aufenthalten in London, Holland und Schweden ließ er sich in Amsterdam nieder. Er war in der theologischen und philosophischen Tradition des Abendlandes zu Hause, überblickte aber auch die neuen wissenschaftlichen Erkenntnisse seiner Zeit und förderte deren Weiterentwicklung durch ein eigens erstelltes, philosophisches Gedankensystem, genannt *Pansophie* (Allweisheit). Seine pädagogischen Konzepte begriff er als Konsequenzen seines Glaubens. Systematischen Unterricht in der Aufeinanderfolge von häuslicher Erziehung, Volksschule, Lateinschule, Universität sollte, so die revolutionäre Forderung, das menschliche Dasein verbessern helfen. In seinen Schulen wurden Kinder unabhängig von Geschlecht und Herkunft unterrichtet, und zwar anstatt in Latein in ihrer Muttersprache. Sein bebildertes „Orbis sensualium pictus" (1654; „Gemalte Welt") war lange das verbreitetste Schulbuch in Deutschland.

Jan Kotěra (*1871 Brünn, †1923 Prag) Architekt. Gilt als Begründer der modernen tschechischen Baukunst, der mehrere Architektengenerationen seines Landes prägte. Als 23-Jähriger wurde er Schüler und Mitarbeiter von Otto Wagner an der Wiener Akademie der Künste und ging 1898 nach Prag, um erst an der dortigen Kunstgewerbeschule und später an der Akademie als Professor zu unterrichten. Indem er sich um Überwindung von Historismus und auch Jugendstil bemühte, gelangte er sehr früh zu funktionellen Grundrissen. Sein konsequentes Trachten nach Zweckmäßigkeit und sein neues, eigenwilliges Empfinden für Raum und Form, für transparente Materialien und Konstruktionsweisen brachten ihn in enge geistige Verwandtschaft mit Wagner, Loos und Berlages. Sein wohl bedeutendstes Projekt war das noch spätsezessionistische Museum in Königgrätz (1906–12).

Thomas Garrigue Masaryk (links, hier gemeinsam mit Eduard Beneš) – unermüdlicher Promoter der tschechischen Eigenstaatlichkeit und 1918–35 Präsident der Republik.

Thomas Garrigue Masaryk (*1850 Göding/Hodonín, †1937 Lány bei Prag) Philosoph, Soziologe, Staatsmann. Nach dem Studium in Wien lehrte er ab 1882 an der Prager Karls-Universität Philosophie. Engagierte sich während Jahrzehnten an vorderster Front des politischen Lebens Mitteleuropas: im monarchischen Österreich zunächst als kritischer Parlamentarier, im Ersten Weltkrieg als revolutionärer Kommandant von 100.000 Aufständischen (Tschechische Legion). Sein erstes und zugleich bekanntestes Werk, „Der Selbstmord als soziale Massenerscheinung der modernen Zivilisation", erschien 1881. Ab 1914 forderte er im Londoner Exil die tschechische Eigenstaatlichkeit, gründete 1916 gemeinsam mit Eduard Beneš einen tschechischen Nationalrat und gewann im Pittsburgher Vertrag 1918 auch die Slowaken für einen gemeinsamen, demokratischen Staat, dem er bis 1935 als Präsident vorstand.

Gregor Johann Mendel (*1822 Heinzendorf, †1884 Brno/Brünn) Mönch und Entdecker. Trat als Sohn eines Bauern 1843 in das Brünner Augustinerstift ein, das ihm ein Studium in Wien ermöglichte. Beschäftigte sich ab 1856 mit Botanik und begann im Klostergarten Kreuzungsversuche mit Erbsen und Bohnen. Bekannt wurde der Augustinerpriester, Lehrer und Genetiker dank Versuchen mit Pflanzenhybriden, durch deren statistische Auswertung es ihm gelang, grundlegende Gesetze der Vererbungslehre zu erkennen und zu formulieren. Seine 1866 und 1870 veröffentlichten Forschungsergebnisse, die berühmten „Mendelschen Gesetze", wurden von seinen Zeitgenossen zunächst nicht anerkannt. Später bildeten sie die Grundlage der modernen Genetik. Weniger bekannt sind die Aktivitäten des 1868 zum Abt des Klosters aufgestiegenen Klerikers als Bienenzüchter und Meteorologe.

Gregor Johann Mendel – seine aus Erbsen und Bohnen gewonnenen Erkenntnisse zur Vererbung machten ihn weltberühmt.

Alfons Mucha (*1860 Ivančice/Eibenschütz, †1939 Prag) Maler, Grafiker, Kunstgewerbler. Arbeitete nach zwei Jahren an einer Schule für Bühnendekoration in Wien als Dekorationsmaler und studierte danach an der Münchener Akademie der Künste. Ab 1888 war Alfons Mucha in Paris, wo er bis zu seinem Durchbruch in bescheidenen Verhältnissen lebte. Dieser gelang ihm 1894 mit dem Auftrag, für einen Theaterabend von Sarah Bernhardt ein Plakat zu entwerfen. In den folgenden Jahren schuf er für die gefeierte Bühnendiva nicht nur sämtliche Plakate, sondern auch Theaterdekorationen und -kostüme. Parallel verlieh er Schmuck, Tüchern, Briefmarken und sogar Banknoten ihr unverwechselbares Aussehen. Muchas Stil beeinflusste maßgeblich den Jugendstil. Im Jahr 1900 stattete er im Auftrag der Regierung in Wien Österreichs Landespavillon auf der Weltausstellung in Paris aus. 1900–14 lebte er in den USA, wo er nicht nur zahlreiche Aufträge annahm, sondern, in New York und Chicago, auch an Kunstakademien lehrte.

Alois Musil (*1868 Rychtářow, †1944 Neuhof bei Sternberg) Theologe, Orientalist. Als ältestes von fünf Geschwistern aus bäuerlichen, eher armen Verhältnissen stammend, studierte er in Olmütz Theologie und lernte Hebräisch, Arabisch und Türkisch. 1891 zum Priester geweiht, unterrichtete er zunächst in Mährisch-Ostrau Religion, bis er ein Stipendium für eine Orientreise erhielt. 1917 wurde er Dekan der Theologischen Fakultät der Universität Wien, später ebendort Professor für biblische Hilfswissenschaften und arabische Sprachen. Ab 1920 hatte er 18 Jahre lang in Prag einen Lehrstuhl für Orientalistik inne. Auf seinen Orientreisen entdeckte er u.a. die omajjadischen Wüstenschlösser östlich von Amman und erforschte Nordarabien. Als hoch bedeutsamer Forschungsreisender beschrieb er in fünf in den USA publizierten Bänden en detail seine Reisen durch Arabien. Auf

Alois Musil – der polyglotte Theologe erwarb sich als Forschungsreisender und Orientalist mit seinen Büchern bleibenden Ruhm.

Tschechisch veröffentlichte er u.a. Bücher über die Lage im Mittleren Osten beziehungsweise die christlichen Kirchen des Orients sowie mehr als 1200 Artikel über Politik, Geschichte und Landwirtschaft.

Josef Václav Myslbek (*1848 Prag, †1922 ebenda) Bildhauer. Pionier der modernen tschechischen Bildhauerkunst. Wenn es nach dem Wunsch seiner Mutter gegangen wäre, hätte der junge, aus ärmlichen Verhältnissen stammende Josef Schuhmacher werden sollen. Doch eine glückliche Fügung ließ ihn eine Bildhauerlehre beginnen. Nach zwei Jahren mit seinem tschechischen Lehrer in Wien, einer dreijährigen Ausbildung an der Akademie der Bildenden Künste in Prag und mehreren Auslandsreisen eröffnete er seine eigene Werkstatt. Vornehmlich von der Dynamik der zeitgenössischen französischen Skulptur beeinflusst, wandte er seinem frühen, der Spätromantik verpflichteten Stil bald den Rücken zugunsten einer realistischeren Darstellungsweise zu. Als Hauptwerke gelten: das Standbild des Jan Žižka (s.S.33.) und das Reiterdenkmal des Hl. Wenzel, dem Symbol der tschechischen Identität schlechthin. Darüber hinaus schuf Myslbek Porträts berühmter Zeitgenossen, etwa von Smetana, Palacký und Karel Hynek Mácha, Tschechiens bedeutendstem Dichter der Romantik. Seine monumentalen Skulpturen diverser Sagengestalten, die bis 1945 die Palacký-Brücke schmückten, stehen heute im Park auf dem Vyšehrad.

Božena Němcová verfasste in jungen Jahren Lyrik, gab später Volksmärchen heraus und schrieb sich mit dem Roman „Babička" in die Herzen ihrer Landsleute.

Božena Němcová (*1820 Prag, †1862 ebenda). Schriftstellerin. Die Tochter einer tschechischen Magd und eines österreichischen Kutschers war bereits mit 17 Gattin eines älteren Finanzbeamten. Seine zahlreichen Versetzungen machten sie mit ihrem Heimatland sehr gut bekannt. In den 40er Jahren kam sie in Kontakt mit Prager Intellektuellen und begann, inspiriert von Autorinnen wie George Sand und der Literatur des Jungen Deutschland, zu schreiben. 1843 erschien ihr lyrisch verfasster Aufruf „An die tschechischen Frauen". Auch als Herausgeberin alter Volksmärchen trat sie in Erscheinung. Das unumstrittene Hauptwerk ist jedoch der Roman „Babička" (1855; dt. „Die Großmutter"), in dem sie u.a. ihre Kindheitserlebnisse verarbeitete. Dieses – zweifellos teilweise idealisierende – Sittengemälde traf den Nerv mehrerer Generationen. Es erlebte bislang allein auf Tschechisch über 350 Auflagen und machte aus seiner Schöpferin, deren Briefe übrigens Franz Kafka sehr schätzte, die bedeutendste Vertreterin der realistischen Prosa im Tschechien des 19. Jh.

Johannes von Nepomuk (*1350 Pomuk, †1393 Prag) Heiliger. Wurde nach dem Studium kanonischen Rechts in Prag und Padua Kleriker und Notar in der erzbischöflichen Gerichtskanzlei zu Prag. Beim Volk populär, geriet er in Auseinandersetzungen mit König Wenzel. Einer späteren Legende gemäß weigerte er sich, dem Herrscher die Beichte seiner Gattin zu offenbaren. Worauf er gefoltert, in der Moldau ertränkt und als Märtyrer im Dom bestattet wurde. Bei der Öffnung seines Grabes (1719) erwiesen sich Gebeine und Zunge als unversehrt, was zehn Jahre später zu seiner Heiligsprechung führte. Dank der Verbreitung durch Liedgut, Volksschauspiel und Andachtsbilder wurde er zum bekanntesten „Brückenheiligen", dessen Standbilder noch heute unzählige Brücken im Land schmücken.

Jan Neruda (*1834 Prag, †1891 ebenda) Dichter, Journalist. In einfache Verhältnisse geboren, studierte er dennoch Jura, Geschichte und Philologie. Ab 1856 schrieb er für den deutschen „Tageboten aus Böhmen", ab 1861 auch für den Kulturteil der liberaldemokratischen Zeitung „Národní listy". Neruda gilt als Begründer des tschechischen Feuilletons. Von 1860 bis 1891 schrieb er über 2000 Essays, Theaterkritiken und Gedichte. Den Höhepunkt seines schriftstellerischen Schaffens bilden die 1878 in Buchform erschienenen „Kleinseitner Geschichten". Seine Porträts der Bewohner des linken Moldauufers zählen zu den schönsten Alltagsschilderungen der zweiten Hälfte des 19. Jh.

Jan Neruda begründete mit seinen Novellen aus dem Milieu der Prager Kleinseite die tschechische Feuilletonistik.

Ottokar Přemysl (*um 1233, †1278 bei Dürnkrut) König von Böhmen. Wurde nach dem Tod des älteren Bruders Vladislav (1247) Thronfolger und während des Aufstandes gegen den Vater 1248–1249 zum „jüngeren König" erklärt, musste sich aber nach seiner Niederlage mit dem Titel des Markgrafen von Mähren begnügen. Auf Grund seiner Heirat mit Margarete, einer Schwester des letzten Babenbergers Friedrich II., nahm Ottokar, von den dortigen Ministerialen als Herzog berufen, 1251 Österreich in Besitz. Er gewann von den Ungarn die Steiermark und gründete zur Sicherung seiner Macht Städte wie Marchegg, Bruck an der Mur, Leoben, Radkersburg u.v.m. Auch Kärnten und die Krain fügte er seinem Reich hinzu. Rudolf von Habsburg, dem er 1273 die Huldigung verweigerte, zwang ihn 1276, die Steiermark und Kärnten an Österreich abzutreten. Bei seinem Versuch, die Gebiete zurückzugewinnen, der in die Schlacht bei Dürnkrut und Jedenspeigen mündete, unterlag der Böhmenkönig gegen den Habsburger und wurde auf der Flucht erschlagen. Seine historisch herausragende Stellung unterstrich Franz Grillparzer durch sein berühmtes Drama „König Ottokars Glück und Ende".

František Palacký (*1798 Hodslavice, †1876 Prag) Historiker, Staatsmann. Stammte aus einer protestantischen Bürgerfamilie mit starker hussitischer Tradition. Während er die Evangelische Schule in Pozsony/Bratislava besuchte (1812–1820), kam er erstmals mit der ungarischen Nationalbewegung und mit panslawistischem Ideengut in Kontakt. 1823 begann Palacký in Prag als Archivar für Adelsfamilien zu arbeiten und erhielt dadurch Zugang zu den denkbar besten historischen Quellen. Seine fünfbändige „Geschichte Böhmens", erschienen 1848–1876, beschrieb das Werden seiner Heimat von der Prähistorie bis 1526. Parallel zu seiner Arbeit als Historiker war er in der Politik äußerst aktiv. Als Fürsprecher von Aufklärung und verbesserter Volksbildung forderte er die Umwandlung des österreichischen Kaiserreichs in einen Bund gleichberechtigter Völker und wuchs zum Vater des tschechischen Nationalismus.

Jan Patočka (*1907 Turnov, †1977 Prag) Philosoph. Als Sohn eines klassischen Philologen, Gymnasialdirektors und Mitglied des Prager Landesrates studierte er zunächst in Prag, später an der Sorbonne in Paris Philosophie, Romanistik und Slawistik. Er war einer der ersten drei Sprecher der Bürgerrechtsbewegung Charta 77 und zugleich deren erstes Opfer. Nach vielstündigen Verhören mit der Polizei starb er am 13. März 1977 an Herzversagen. Sein Satz, es gebe Dinge, für die es sich zu leiden lohne, beeindruckte auch in anderen Ländern des „real existierenden Sozialismus" Menschenrechtler und bestärkte sie auf ihrem Weg des Widerstands. Patočka gilt als bedeutendster tschechischer Philosoph des 20. Jhs. und wird vor allem als ein originärer Denker rezipiert, dessen phänomenologisch inspirierte Studien neue Horizonte in der Auseinandersetzung mit der europäischen Kultur und Geschichte eröffneten.

Rudolf II., ein Enfant terrible unter den Habsburger-Herrschern, das Kunst und Alchemie zeitlebens mehr zugetan war als der Realpolitik.

Rudolf II. (*1552 Wien, †1612 Prag) Kaiser, König. Nach ersten Lebensjahren in Wien wurde er mit elf nach Spanien geschickt, wo er seine Jugend verbrachte. Mit zwanzig war er ungarischer, drei Jahre später böhmischer König. 1576 folgte er seinem Vater, Maximilian II., als Kaiser nach. Er liebte Prag und verlegte 1583 die Reichsverwaltung dorthin. Sein Hof war der Prager Hradschin, wo er fast ausschließlich lebte und auch seine letzten Tage als machtloser Gefangener zubrachte. Seine Politik war nicht gerade glücklich (1608 musste er zugunsten seines Bruders Matthias auf die Regierung verzichten). Umso überragender war seine Rolle als Kunstmäzen. Rudolf II. gilt als größter Sammler seiner Zeit. So gut wie alle Größen von Renaissance und Manierismus erfreuten sich seiner Gunst. So kaufte er etwa Hauptwerke von Tizian und Archimboldo, Spranger, Savery und Adriaen de Vries. Sein Hofkapellmeister, Philippe de Monte, war einer der bekanntesten in Europa. Auch Tycho de Brahe und Johannes Kepler wirkten auf dem Hradschin. Und legendär sind die Scharen von Alchimisten, die für den „Sonderbarsten Habsburgerkaiser" den „Stein der Weisen" suchen mussten.

Johann Schroth (*1798 Böhmischdorf, †1856 Niederlindewiese) Naturarzt. Als Fuhrwerker bereits in jungen Jahren viel in seiner schlesischen Heimat unterwegs, hatte er eine enge Bindung zur Natur. Den

Wendepunkt in seinem Leben brachte eine schwere, unfallbedingte Knieverletzung. Er heilte sie durch kalte Umschläge, die er bis zur Erwärmung liegen ließ und wiederholt wechselte. Sein nächster Schritt zum Naturheiler war die Anwendung von Ganzpackungen. Schließlich entwickelte er aus Beobachtungen von Tieren und der Erfahrung, dass zu viel Flüssigkeitszufuhr die Leistungsfähigkeit herabsetzt, die Schroth'sche Trockenkur (1820). Indem er als erster Arzt Wasseranwendungen mit einer Diätform verknüpfte, wurde er zu einem der Begründer der modernen Naturheilkunde.

Jaroslav Seifert (*1901 Prag, †1986 Prag) Schriftsteller, Lyriker, Nobelpreisträger. Als Spross einer Arbeiterfamilie widmete er sich schon sehr früh der Poesie. Sein erster Gedichtband, „Stadt in Tränen", erschien 1921.

Politisch stark engagiert, schloss er sich dem extrem linken Flügel der Kommunistischen Partei an und edierte diverse Zeitungen und Magazine. In den Zwanzigerjahren galt er als einer der führenden Repräsentanten der Tschechischen Avantgarde. Er übersetzte u.a. Werke von Apollinaire und Verlaine und entwickelte eine Versform, die den Alltag der Arbeiter als klassischen Liedtext beschrieb. Seifert arbeitete lange Jahre als Journalist, 1950 wurde er frei schaffender Schriftsteller. Während des Prager Frühlings setzte er sich für die Rehabilitation verfolgter Kollegen ein, verurteilte die Sowjetinvasion und unterzeichnete die „Charta 77". 1969 wählte man ihn zum Präsidenten der Schriftsteller-Vereinigung seines Landes, doch setzte ihn das Husák-Regime umgehend wieder ab. Erst ab 1979 wurden seine Werke wieder verlegt. Seine große Bedeutung für die tschechische Literatur wurde 1984 mit dem Nobelpreis unterstrichen.

Das Smetana-Denkmal auf dem Marktplatz von Litomyšl, dem Geburtsort des Komponisten zahlreicher Opern und der „Moldau".

Bedřich Smetana (*1824 Litomyšl, †1884 Prag) Komponist. Schon der sechsjährige Friedrich, Sohn eines Bierbrauers, spielte öffentlich Klavier. Nach seiner Ausbildung zum Kapellmeister avancierte er zum künstlerischen Direktor des Tschechischen Nationaltheaters. Ab 1856 aus politischen Gründen im schwedischen Göteborg tätig, kehrte er nach dem Ende des österreichischen Absolutismus nach Prag zurück und stellte sich voll und ganz in den Dienst der tschechischen Nation. Doch schon 1874 zog er sich wegen Taubheit aus der Öffentlichkeit zurück. Als Komponist freilich arbeitete er weiter und sicherte sich, vor allem von Franz Liszt nachhaltig beeinflusst, seinen Rang als Begründer des tschechischen Nationalstils. Zu seinen wichtigsten Werken, in denen leidenschaftliche Wärme, volkstümliche Lyrik und künstlerische Schönheit zu einer Synthese verschmelzen, zählen die Opern „Die verkaufte Braut", „Dalibor", „Libussa", vor allem aber der sechsteilige sinfonische Zyklus „Mein Vaterland". Bis heute besonders gerne gespielt wird daraus das Stück „Die Moldau". Smetana, der auch vielfältige Kammer- und Klaviermusik sowie Lieder komponierte, litt in späteren Jahren stark an Ohrensausen. Er starb in einer psychiatrischen Klinik.

Bertha von Suttner,die geborene Gräfin Kinsky, die für ihre Friedensarbeit und den Roman „Die Waffen nieder!" den Nobelpreis erhielt.

Bertha von Suttner (*1843 Prag, †1914 Wien) Schriftstellerin. Nach längerem Aufenthalt in Georgien, wo sie für deutschsprachige Zeitungen schrieb, veröffentlichte sie erfolgreiche Gesellschaftsromane und 1889 ihr bekanntestes Werk, „Die Waffen nieder!". Darin beschreibt sie die Grausamkeit des Krieges anhand der Schlacht bei Königgrätz. Zwei Jahre später gründete sie die „Österreichische Gesellschaft der Friedensfreunde" und nahm an einschlägigen internationalen Kongressen teil. 1905 erhielt sie als erste Frau den Friedensnobelpreis. Bertha von Suttner war, obwohl sie ein Gutteil ihres Lebens in Österreich verbrachte, schriftstellerisch stets eng mit den Böhmischen Ländern verbunden. Sie starb am 21. Juni 1914, eine Woche vor dem Attentat von Sarajewo.

Jan Svankmajer (*1934 Prag), Theaterdirektor, Animationskünstler, Dichter und Filmemacher. Nach dem Studium am „Institut für industrielle Künste" und an der Marionettenabteilung der Prager Akademie begann er – vor allem mit den Mitteln des Masken- und des Schwarzen Theaters – mit der Arbeit als Bühnendirektor. Ab 1964 drehte er über zwanzig Jahre lang Kurzfilme, wobei er Mitte der 70er Jahre als offizielles Mitglied der Gruppe der Prager Surrealisten behördlicherseits zu einer Zwangspause verurteilt wurde. 1988 erfüllte sich sein lang gehegter Wunsch: der erste Langspielfilm, „Etwas aus Alice" (basierend auf Lewis Carroll's „Alice im Wunderland") entstand und wurde bei der Berlinale uraufgeführt. 1994 erblickte „Die Lektion Faust" in Cannes das Licht der Welt. Es folgten als Langfilme: „Die Verschwörer der Lüste" und „Otesanek" („Der kleine Nimmersatt"; 2000). Die Filme des „Magiers von Prag" sind reflektierende wie unterhaltsame Miniaturen, die bis ins kleinste Detail gestaltet wurden.

Franz Werfel, dank seiner psychologisierenden Romane Bestsellerautor, der sich in späteren Jahren dem Katholizismus zuwandte.

Franz Werfel (*1890 Prag, †1945 Beverly Hills) Schriftsteller. Der Sohn wohlhabender Eltern (sein Vater war Handschuhfabrikant) verbrachte seine Kindheit in Prag und schloss schon zur Schulzeit eine lebenslange Freundschaft mit Kafka und Brod (s.o.). Im Ersten Weltkrieg leistete er zwei Jahre Dienst an der ostgalizischen Front, wurde aber später nach Wien versetzt, wo er Alma Mahler-Gropius kennen lernte, die er zwölf Jahre später eheliche. Mit Gedichtbänden wie „Der Weltfreund" (1911), „Wir sind" (1913) und „Einander" (1915) wurde er zu einem Hauptvertreter des Expressionismus. In den 20er und 30er Jahren gehörte Werfel dank seiner Romane, in denen er teilweise unter Verwendung historischer Stoffe soziale Entwicklungen seiner

Zeit thematisierte, zu den meistgelesenen deutschsprachigen Autoren. Sein psychologischer Realismus widmete sich vor allem der Schilderung von gläubigen, leidenden Menschen und Völkern. Ein Hauptthema war das Ringen um ein ethisch fundiertes Christentum („Das Lied von Bernadette", „Die 40 Tage des Musa Dagh", „Barbara oder Die Frömmigkeit"). 1938 emigrierte Werfel aus Österreich zunächst nach Frankreich, dann nach Kalifornien.

Otto Wichterle (*1913 Prostejov, †1998 Prag) Chemiker, Erfinder der Kontaktlinse. Beschäftigte sich nach Absolvierung eines Chemiestudiums in Prag zunächst am Forschungsinstitut der Baťa-Fabrik in Zlín mit der Erzeugung von Polyamiden und entwickelte 1941 als erster Tscheche eine synthetische Faser. Nach 1945 spezialisierte er sich, nun an der Universität, auf organische Chemie. 1961 gelang ihm die weltweit erste Herstellung von Kontaktlinsen. Seine Lehrbücher waren richtungsweisend. Als Regimekritiker wurde er 1968 aller Ämter enthoben und aller Forschungsmöglichkeiten beraubt. Erst nach dem Fall des Kommunismus wurde er rehabilitiert.

Emil Zátopek (*1922 Kopřivnice, †2000 Prag) Leichtathlet. Wurde als Lehrling der Schuhfabrik Baťa in Zlín zufällig als Lauftalent entdeckt, brach nur vier Jahre später die heimischen Rekorde in Serie und gewann 1948 in London sein erstes Olympisches Gold über 10.000 m. In der Folge stellte er 18 Weltrekorde auf. Die Spiele in Helsinki, bei denen er als bis heute einziger Athlet den 5000-Meter-, 10.000-Meter- und den Marathonlauf gewann, gingen als „Zátopekiade" in die Geschichte ein. 1956 beendete er seine Laufbahn. Doch 1968 sah ihn die Welt wieder: vor den Sowjet-Panzern, die Besatzer zum Verlassen des Landes auffordernd. Zátopek wurde daraufhin schikaniert und erniedrigt und erst nach der Wende für seine Leistungen wirklich gewürdigt. Berühmt ist sein Satz: „Fisch schwimmt, Vogel fliegt, Mensch läuft."

Vom Räuber zum hussitischen Heerführer: Die eigenwillige Karriere des Jan Žižka von Trocnov führte ihn post mortem auf ein Ehrenpodest auf dem Hauptplatz von Tábor.

Jan Žižka von Trocnov (*um 1360 Trocnov, †1424 bei Póibyslav) Kriegsherr und Politiker. Stammte aus niederem Adel und war zunächst Mitglied einer Räuberbande und danach Söldner. Wurde 1411 einfacher Diener am königlichen Hof in Prag, wo er mit der Lehre von Johannes Hus in Kontakt kam. 1419 nahm er auf Seiten der Hussiten an den ersten Kämpfen in Prag teil, schloss sich den radikalen Reformpriestern an und gründete mit ihnen 1420 die hussitische Gemeinde und deren Zentrum, die Stadt Tábor. Der Name dieses charismatischen Heerführers wurde zum Symbol der hussitischen Revolution. Während Meister Hus Gewalt ablehnte, solange Gottes Wahrheit nicht bedroht war, deutete Žižka dieses Vermächtnis als echter Soldat und verteidigte seine Ideale mit dem Schwert.

Die Routen

HÖHEPUNKTE

IN PRAG

ST.-VEITS-DOM
Die Krönungskirche der böhmischen Könige – ein gotisches Wunderwerk hoch über den Dächern der Stadt: S. 39

KAMPA-MUSEUM
Heiße Gegenwartskunst in coolem Ambiente – „Zeitgenössisches aus Zentraleuropa" in den ehemaligen Mühlen am Moldauufer: S. 44

ALTSTÄDTER RING
9000 Quadratmeter mittelalterliche Geschichte – zwischen Rathaus, Teyn- und St.-Nikolaus-Kirche: S. 44

STÄNDETHEATER
Ein „Don Giovanni" am Schauplatz der Uraufführung von Mozarts Meisteroper: S. 45

KARLSBRÜCKE
Das Wahrzeichen des „romantischen Prag" – der von Skulpturen gesäumte Kernabschnitt des Krönungsweges: S. 47

ALTER JÜDISCHER FRIEDHOF
Ergreifendes Erbe: 12.000 Grabsteine aus über vier Jahrhunderten – und in der Nachbarschaft ein halbes Dutzend kostbarer Synagogen: S. 49

STÄDTISCHES MUSEUM
Das Prag des frühen 19. Jh. naturgetreu und en detail nachgebildet auf 4 x 5 m – das berühmte Stadtmodell des Antonín Langweil: S. 51

IN DER UMGEBUNG

MĚLNÍK
Ein schönes Schloss und edle Weine über dem Zusammenfluss von Moldau und Elbe: S. 54

KARLŠTEJN
Böhmens Paradeburg – Refugium für Karl IV. und Tresor für die Schätze seines Reiches: S. 55

KONOPIŠTE
Die Sommerresidenz Franz Ferdinands – des Thronfolgers Traumschloss mit seiner kostbaren Kunst- und Waffensammlung: S. 56

Heutzutage selten menschenleer: die von mehr als drei Dutzend Heiligenstatuen gesäumte Karlsbrücke.

Route 1

PRAG UND UMGEBUNG

Mit Mělník, Karlštejn und Konopiště

Der Welttourismusverband hat zur Party geladen, und die ganze internationale Stadtprominenz ist gekommen. Paris, Rom und Mailand machen beim Smalltalk auf schick. Frankfurt, Tokio und New York fachsimpeln über Börsenkurse. London und Lissabon schlürfen Portwein und schwelgen in Reminiszenzen an ihre koloniale Jugend. Da trifft, verspätet wie immer, Prag ein. Gelangweiltes Gähnen. Doch dann geht ein Raunen durch die Runde. Denn statt der mürrischen, ergrauten, mit verstaubten Juwelen behangenen Pensionistin, die früher bei solchen Anlässen erschien, taucht überraschend eine fesche, jugendlich-elegante Dame voller Lebensfreude und Energie auf.

Wie den Gästen dieser imaginären Party geht es auch jenen, die heute nach langer Zeit wieder einmal an die Moldau kommen: Sie trauen ihren Augen nicht. Denn die gute alte böhmische Metropole hat sich in den letzten Jahren einer radikalen Verjüngungskur unterzogen. Ihre historischen Wurzeln wurden dabei freilich nicht durchtrennt. So bewegt sich, wer über Prags Straßen schlendert, zwar nach wie vor durch ein einzigartiges Freilichtmuseum europäischer Architekturgeschichte, doch dazwischen stößt man auf kühne Kontrapunkte, auf Gourmettempel und Designerhotels, auf Boutiquen, Galerien und Szenelokale. Doch keine Sorge: Der Geist von Švejk, Kafka und Rabbi Löw schwebt immer noch über den verwinkelten Dächern der Kleinseite, der Alt- und Josefstadt. Und die Prager haben sich ihren raunzigen, aber herzlichen Charme und ihre hochinfektiöse Gemütlichkeit bis heute bewahrt.

Eine Flusslandschaft wie im Bilderbuch: die Moldaubrücken. Links im Hintergrund: Altstädter Brückenturm und Nationaltheater.

(Stadtplan mit Sehenswürdigkeiten: siehe hintere Umschlagklappe)

Eine Metropole mit 1,2 Millionen Einwohnern, mit einer über 1000-jährigen Geschichte und einer mittelalterlichen Bausubstanz, die ihresgleichen in der Welt nicht hat – eine solch facettenreiche und schillernde Stadt auf 20 Buchseiten auch nur halbwegs angemessen zu beschreiben, ist ein Vorhaben, das eigentlich nur scheitern kann. Der folgende Wegweiser durch die tschechische Hauptstadt will und kann deshalb auch kein umfassender Begleiter zu all ihren sehens- und erlebenswerten Attraktionen sein. Vielmehr versucht er zweierlei im Grunde Unvereinbares zu vereinen: zum einen, anhand dreier jeweils eintägiger Spaziergänge überblicksweise Anregungen für Neuankömmlinge zu bieten. Und zum anderen, Kennern die eine oder andere Neuigkeit, eine kleine Perle, Kuriosität oder periphere Merk-Würdigkeit ans Herz zu legen.

Die klassische Ansicht des Hradschin vom rechten Moldauufer aus.

SPAZIERGANG I: AUF DEN HRADSCHIN UND DURCH DIE KLEINSEITE

Es ist so nahe liegend wie begründet: Die erste Erkundungstour hat jeden Besucher Prags auf den Hradschin, den Burgberg, zu führen! Immerhin schlägt auf diesem markanten Hügelrücken über dem linken Moldauufer, seit der Přemyslide Bořivoj hier um das Jahr 890 eine erste königliche Burg und eine der Gottesmutter geweihte Holzkirche errichten ließ, das historische Herz des Landes. Mit dem St.-Veits-Dom und der St.-Georgs-Basilika, dem Alten Königspalast, dem Goldenen Gässchen und mehreren erstklassigen Museen weist das insgesamt 45 ha große

Der gotische Chor des St.-Veits-Doms dient während des alljährlichen „Prager Frühlings" (Pražské Jaro) als Konzertraum.

Areal die höchste Dichte an städtischen Fünf-Sterne-Wahrzeichen auf. Und ein Bummel durch die weitläufigen Gärten sowie durch das im Westen angrenzende, verträumte Hradschin-Viertel zählt mit zum Idyllischsten, womit Tschechiens Hauptstadt ihre Gäste bezirzt. Dazu kommt, gleichsam als Krönung, das unvergleichliche Panorama, das man von hier oben auf die Stadt und ihre Lebensader, die Moldau, genießt. Die Juroren der UNESCO wussten schon, was sie tun, als sie 1992 Prags historische Stadtteile in ihrer Gesamtheit, also Hradschin, Kleinseite, Alt- und Neustadt, auf die Liste der zu schützenden Welterbe-Kulturgüter setzten.

Für die Besteigung des Burghügels empfiehlt sich der Fußweg von der Metro-Station Malostranská über die Alte Schlossstiege. Wer seine Füße schonen will, fährt mit der Straßenbahn 22/23 bis zur Station Jelení/Pražký hrad und spaziert von dort über die Pulverbrücke oder bis Pohořelec und bergab durch die Loretánská. So oder so: der erste Weg führt zum Ticket-Kauf ins Info-Zentrum im Dritten Burghof und hernach mit wenigen Schritten vor das Westportal des zweifellos imposantesten Baudenkmals auf dem Hradschin: den **ST.-VEITS-DOM**. In diesem Wunderwerk der Gotik, das ab Mitte des 14. Jh. anstelle einer romanischen Rotunde nach und nach dem Himmel entgegenwuchs und das mit seinen beiden Westtürmen, dem Glockenturm und dem mächtigen Hochchor die Silhouette der hunderttürmigen Stadt dominiert, wurden zahlreiche böhmische Könige gekrönt. In seiner Krypta fanden etliche ihre letzte Ruhe. Seine bedeutendsten Baumeister hießen Matthias von Arras und Peter Parler. Höhepunkte

Eine historische Straßenbahn auf dem Kleinseitner Ring (Malostranské náměstí). Darüber: Alltag und Kunst in der Altstadt.

Stadtsilhouette von unüberbietbarem Zauber: Karlsbrücke, Kleinseitner Brückenturm und Hradschin.

seines reichen Außenschmucks sind die Westportale mit ihren Bronzereliefs, an der Südseite die berühmte Goldene Pforte mit dem 650 Jahre alten Mosaik und der knapp 100 m hohe Hauptturm. Letzteren zu besteigen, empfiehlt sich nicht nur wegen des grandiosen Stadtpanoramas, das einen oben erwartet, sondern auch wegen des alten Uhrwerks, das man dort aus der Nähe zu Gesicht bekommt. Glanzstücke im Innern der Kathedrale sind die mit 1300 Halbedelsteinen bestückte Wenzelskapelle und, im Chor, der silberne Reliquienaltar des Hl. Nepomuk.

Die Südseite des Hofes nimmt der **Alte Königspalast** ein. Dessen Herzstück bildet der 62 m lange Wladislaw-Saal, unter dessen kunstvoll verschlungenen Netzrippen einst die Könige und seit 1934 die Präsidenten der Republik gewählt wurden, aber auch Sitzungen des Landtags und Reitturniere stattfanden. Im Souterrain des Nachbartrakts informiert ein brandneues **Museum** mit modernsten didaktischen Mitteln über die **Geschichte der Burg**. Die rot-gelbe Barockfassade, die ein Stück weiter östlich den Blick auf sich zieht, lässt nicht vermuten, dass sich dahinter der älteste Sakralbau auf dem Hradschin verbirgt. Der Innenraum der **St.-Georgs-Basilika** atmet noch den reinen Geist der Romanik. Im zugehörigen Konventsgebäude hat eine kostbare Kollektion böhmischer Kunst aus Spätrenaissance und Barock ihre Heimstatt. Hochkarätige Museen harren übrigens auch in anderen Bereichen der Burg der Besucher: im **Palais Sternberk** die Hauptsammlung der Nationalgalerie

Die Barockfassade der St.-Georgs-Basilika. Dahinter verbirgt sich ein im puren Geist der Romanik gehaltener Kirchenraum.

Alt und neu hoch über den Dächern der Stadt: der „Prager Eiffelturm" auf dem Laurenziberg alias Petřín und das Goldene Gässchen auf dem Hradschin.

mit Alten Meistern von Altdorfer und Brueghel bis Rembrandt, Rubens und Tintoretto; in den einstigen **Marställen** (Eingang vom 2. Hof) die Reste der Kunstsammlungen Rudolfs II. und Ferdinands II., ganz im Osten des Areals, im **Palais Lobkowitz,** eine Dauerausstellung mit Manuskripten, Münzen, Schmuck, Urkunden, Waffen u.v.m. aus der Geschichte des Landes, und direkt vis-à-vis ein famoses Museum zur 150-jährigen **Geschichte des Spielzeugs**. Ebenfalls im östlichsten Zipfel des Hradschin lockt das **Goldene Gässchen** Heerscharen von Touristen an. 24 winzige Häuser, in denen einst Alchimisten nach dem „Stein der Weisen" suchten, später arme Handwerker und zwei Jahre lang auch Franz Kafka wohnten, säumen, an die Burgmauer geschmiegt und

VON OBEN HERAB

Wer Prag in sein prachtvolles Dekolleté blicken will, dem bieten sich dazu etliche Aussichtsbalkone: das **Belvedere** im Königlichen Garten zum Beispiel, oder die Terrassen am **Südrand der Burg**; der Aussichtsturm auf dem **Petřín-Hügel** oder das **Kloster Strahov**. Den umfassendsten Rundblick genießt man vom fast 100 m hohen **Fernsehturm in Žižkov**. Aber auch historische Bauten im Stadtkern geben Gelegenheit zu Vogelperspektiven: die Türme des **Veitsdoms**, der **Kleinseitner St.-Nikolaus-Kirche** und des **Altstädter Rathauses**, der **Pulverturm** und die **Türme** an beiden Enden der Karlsbrücke. Apropos: den klassischen, wohl unüberbietbar schönen Postkartenblick auf Kleinseite und Hradschin hat man von der Karlsbrücke oder dem östlichen Moldauufer.

Der Fernsehturm in Žižkov.

Die spätbarocke Fassade des Erzbischöflichen Palais auf dem Hradschiner Platz. Im Hintergrund: die Türme des St.-Veits-Doms.

allesamt längst von Souvenirshops okkupiert, den schmalen, mit Kopfsteinen gepflasterten Durchgang.

Nach solch einer Überdosis an Geschichte und Kunst bieten die Grünanlagen rund um die Burg den Sinnen einen willkommenen Kontrapunkt. Im Norden erstrecken sich die Mitte des 16. Jh. angelegten **Königlichen Gärten** (Královská zahrada) mit dem Ballhaus, der Orangerie und dem Belvedere, Königin Annas Lustschloss, das als bedeutendster Renaissancebau der Stadt gilt (Zugang vom 2. Hof über die Pulverbrücke, gegenüber der Reitschule). Zum Flanieren laden aber auch **Paradies-**, **Wall-** und **Hartiggarten** unterhalb der Burg.

Irgendwann jedoch wandert man westwärts aus der Burg hinaus auf den **Hradschiner Vorplatz**, den zur Linken das mit Sgraffiti reich verzierte Palais Schwarzenberg und zur Rechten das Erzbischöfliche Palais dominieren. Die **Neue Welt** (Nový Svět), der dahinter versteckte malerische Winkel, mutet mit seinen poetischen Häuschen wie eine Insel im Strom der Zeit an. Zwei markante Baudenkmäler beherrschen auch den westlich angrenzenden Loretoplatz: das heute als Außenministerium genutzte **Palais Černin** mit seiner 150 m langen Monumentalfassade und das Marienheiligtum **Loreto** mit seiner von Vater und Sohn Dientzenhofer entworfenen Barockkirche, dem „Haus der Hl. Familie", der Casa Santa, und der überreich bestückten Schatzkammer.

Eifrige wandern von hier noch hinüber zum **Kloster Strahov**, einem herrlich über den Dächern und Gärten der Kleinseite gelegenen Barockjuwel mit einer reich stuckierten Kirche, einer Gemäldegalerie und, als größte Kostbarkeit, zwei grandiosen Bibliotheksräumen. Spätestens danach geht es aber über die Brandstätte (Pohořelec) und wei-

Zwei Wahrzeichen in markanter Hügellage: das Belvedere im Königlichen Garten und das Prämonstratenserkloster Strahov.

Der Kleinseitner Ring mit seinen Laubengängen und, im Hintergrund, die von K. I. Dientzenhofer barockisierte St.-Thomas-Kirche.

ter durch den Hohlweg (Úvoz) hinab in die Stadt. In der **Nerudova**, wie dessen Fortsetzung heißt, bilden barocke Bürgerhäuser und Adelspalais ein entzückendes Spalier. Im Vorgängerlokal des Restaurants „U tří housliček" (Haus Nr. 12) pflegte schon Mozart seinen Durst zu löschen. Und auf Nr. 33, dem Bretfeld-Palais, machte der Meister aus Salzburg am Tag seiner ersten Ankunft in Prag im Januar 1787 die Bekanntschaft von Giacomo Casanova. Wo die Nerudagasse auf den Kleinseitner Ring (Malostranské náměstí) mündet, erhebt sich die **St.-Nikolaus-Kirche**, mit ihrer gewölbten Fassade, der 80 m hohen Kuppel und dem nicht minder mächtigen Glockenturm ein eindrückliches Symbol der Gegenreformation.

Nach den Religionskriegen des 15. bis 17. Jh. hatten sich die adeligen Profiteure der Rekatholisierung rund um dieses von Vater und Sohn Dientzenhofer gestaltete Gotteshaus, in Sichtweite der Burg, ihre kolossalen Wohnsitze bauen lassen. Zu den sehenswertesten Zeugnissen der feudalen Macht zählen die Palais Lobkowitz (Vlašská), Schönborn (Tržiště), Vrtba (Karmelitská), Nostitz (an der Südseite des Malteserplatzes) und **Waldstein** (Valdštejnská). Letzteres, ein immenser Komplex, in dem heute der tschechische Senat tagt, besitzt einen überaus prunkvollen **Garten** – ein weitläufiges Labyrinth aus Hecken, Kieswegen und Blumenbeeten, u.a. mit einer Reithalle, einer künstlichen Grotte und zahlreichen manieristischen Götterstatuen des berühmten Bronzebildhauers Adriaen de Vries. Durch diese grüne Oase zu lustwandeln oder gar sommers in der prächtigen Sala terrena einem Konzert zu lauschen, ist ein Ver-

Juwele der Kleinseite: die St.-Nikolaus-Kirche und die Sala terrena im Waldstein-Garten.

Ein Hotspot der zeitgenössischen Kunstszene: das Kampa-Museum auf der gleichnamigen Insel.

Das kürzlich restaurierte Rad der so genannten Großprioratsmühle am Teufelsbach (Čertovka), der die Kampa-Insel von der Kleinseite trennt.

gnügen erster Güte. Wie überhaupt ein Spaziergang durch die Kleinseite (Malá Strana), dieses Wirrwarr aus kopfsteingepflasterten Gassen, Durchgängen, Höfen, Treppen und Gärten, an Charme kaum zu überbieten ist. Ein diesbezüglich ganz besonderes Idyll bildet die von Moldau und Čertovka, dem Teufelsbach, umflossene, weitgehend unbebaute **Kampa-Insel**. Dort, direkt am Flussufer, steht auch der gegenwärtig wohl spannendste Schauplatz zeitgenössischen Kunstgeschehens in der Stadt: das von dem tschechisch-amerikanischen Sammlerpaar Meda und Jan Mládek ins Leben gerufene **KAMPA-MUSEUM**. Wer die spektakuläre Architektur der radikal umgebauten früheren Sova-Mühle und die darin präsentierte „Moderne Kunst aus Zentraleuropa" gebührlich studiert hat und von der Terrasse des hauseigenen Restaurants den Blick auf das sanft murmelnde Flusswehr, die Karlsbrücke und die Altstadt genießt, darf sich wie im Märchen wähnen.

SPAZIERGANG II: DURCH DIE ALT- UND DIE JOSEFSTADT

Warum nicht mit einem káva oder pivo auf dem Staroměstské náměstí, dem **ALTSTÄDTER RING**, beginnen? Wenn es warm ist, unter freiem Himmel mit Blick über den Platz in seiner ganzen über 9.000 Quadratmeter großen Pracht – auf das Altstädter Rathaus, die gotische Teyn- und die barocke St.-Nikolaus-Kirche, und auf Jan Hus, den von Ladislav Šaloun in Bronze gegossenen tschechischen Kirchenreformer und Nationalhelden. Gestärkt und vom bunten Treiben und der schönen Kulisse beschwingt macht

man sich sodann auf den Weg – und schaut zunächst auf der 500 Jahre alten Astronomischen Uhr am **Rathaus**, wie viel es geschlagen hat (wobei man zur vollen Stunde das Erscheinen Christi und der zwölf Apostel miterlebt). Hernach sucht man einen der Brennpunkte des mittelalterlichen Prags auf: den **Teynhof** hinter der gleichnamigen Kirche. Der großräumige Komplex wurde vor rund 1000 Jahren als Herberge und Warenlager für fremde Kaufleute gebaut, diente später, ergänzt durch Werkstätten und ein Krankenhaus, als Zollstation und lädt heute als schicke Shoppingzone mit Boutiquen, Galerien und Cafés zum Verweilen. Von hier wandert man durch die Železná, die alte Eisengasse, vorbei am **Karolinum**, in dem die 1348 als erste Hochschule Mitteleuropas gegründete Karlsuniversität seit dem späten 14. Jh. ihren Sitz hat, auf den Ovocný trh, den Obstmarkt. Hier steht, vor einigen Jahren picobello renoviert und neuerdings von einer Bronzefigur des Don Juan „bewacht", das **STÄNDETHEATER**. Der klassizistische Bau, der im Verlauf seiner über 220-jährigen Geschichte auch schon Nostitz-, Landes- und Tyl-Theater hieß, ist als Uraufführungsort von Mozarts „Don Giovanni" und „La Clemenza di Tito" ein wichtiger Schauplatz der Musikgeschichte. Weiter geht es über die bis heute als Lebensmittel- und Souvenirmarkt genutzte **Havelská**, den drei-

Der Altstädter Ring mit Rathaus und Teynkirche. Unten: die wieder aufgebaute Bethlehems-Kapelle, in der einst Jan Hus und Thomas Münzer predigten.

Der 70 m hohe Turm des Altstädter Rathauses mit der berühmten, 500 Jahre alten Astronomischen Uhr.

Bier mit Aussicht: Sommeridylle auf dem Altstädter Ring.

eckigen Kohlenmarkt (Uhelný trh) und durch die Skořepka auf den **Bethlehemsplatz**. Die gleichnamige Kapelle mit dem charakteristischen Doppelgiebel war Anfang des 14. Jh. das Epizentrum der Reformationsbewegung. Jan Hus predigte hier regelmäßig. Ein Jahrhundert später wetterte der protestantische Revolutionär Thomas Münzer von der hiesigen Kanzel gegen „die Gottlosen". In der Gegenreformation wurde das geschichtsträchtige Gebäude übrigens demoliert und erst 1950 originalgetreu rekonstruiert.

Hier, im Herzen der Altstadt, wär' es an der Zeit, sich dem Charme des mittelalterlichen Raumgefüges für einmal ziellos hinzugeben, sich ohne Stadtplan von Gefühl und Neugier treiben zu lassen. Konviktská, Jilská, Husova, Lilová, Anenská ... Das Gassenlabyrinth ist überschaubar. Ernsthafter Orientierungsverlust droht nicht. Und an jeder Ecke warten Überraschungen – in der Řetězová etwa, um nur drei Beispiele zu nennen, der romanische Palast des Königs Georg von Podiebrad (Nr. 3); in der Bartolomějská ein ehemaliges, in ein „Art Prison Hotel" verwandeltes Kloster (Nr. 3), dessen Mönchszellen von der kommunistischen Geheimpolizei für Verhöre missbraucht wurden und mehrmals auch einen nicht unbekannten Polithäftling namens Václav Havel beherbergten; oder, an der Westseite des Betlémské náměstí (Nr. 1), das **Náprstek-Museum** mit seinen völkerkundlichen und archäologischen Schätzen aus Übersee.

Die Doppeltürme der im 14. Jh. von deutschen Kaufleuten gestifteten Kirche Maria am Teyn.

Irgendwann lenkt man die Schritte dann freilich doch nicht länger kreuz und quer, sondern westwärts, zur Moldau hin. Dort, am Novotný-Steg vor den Altstädter Mühlen, grüßt eine Statue Friedrich Smetanas über den Fluss. Zweimal um die Ecke, vom Kreuzherren-Platz (Křižovnické

Die Karlsbrücke: leer und mit Touristenmassen – fast – gleich bezaubernd.

náměstí) aus, betritt man endlich das Wahrzeichen der Moldaustadt: Karlův most, die **KARLSBRÜCKE**. Einen halben Kilometer lang und 10 m breit, repräsentiert dieser im 14. Jh. unter Beteiligung Peter Parlers errichtete Bau wie wohl kein zweiter das romantische Prag. Seinen speziellen Zauber und seine Beliebtheit als Fotomotiv verdankt er der Allee aus über zwei Dutzend barocken Heiligenskulpturen und den prächtigen Türmen, die ihn an beiden Enden begrenzen. Insbesondere der plastische Schmuck von jenem an der Altstädter Seite gilt als ein herausragendes Meisterwerk gotischer Bildhauerkunst. Die heute aus denkmalschützerischen Gründen Fußgängern vorbehaltene Brücke war einst Teil des historischen **Krönungsweges**, auf dem Thronfolger in vollem Ornat vom Osttor der Altstadt über den Fluss auf den Hradschin zogen. Heute leidet die altehrwürdige Route als eine Kernzone des Gruppentourismus unter grassierender „Verdisneysierung". Doch ungeachtet der Vielzahl kitschiger Souvenir- und Fastfood-Läden folgt man ihr in entgegengesetzter Richtung, durch die Karlgasse (Karlova) und über den Kleinen Ring (Malé náměstí) zurück zum Altstädter Rathaus. Dabei passiert man – gleich hinter dem Kreuzherrenplatz und der ihn dominierenden Franziskanerkirche – zur Linken das **Klementinum**. Gut zwei Jahrhunderte lang, bis zur josephinischen Reform von 1773, diente der gewaltige Gebäudekomplex den Jesuiten als Machtzentrale bei der Rekatholisierung des Landes. Das Collegium Clementinum enthielt damals neben Wohn- und Studienbereichen eine Schule und Druckerei, ein Theater, einen Astronomischen Turm und – natürlich – drei Kirchen. Der barocke **Hauptsaal** seiner insgesamt fünf

Der Große Bibliothekssaal des Klementinum mit seinen kostbaren Deckenfresken.

Mythos und Trauer: Prags Alter Jüdischer Friedhof – steinernes Relikt für die einst vieltausendköpfige Gemeinde der Stadt und deren weit ins Mittelalter zurückreichende Geistestraditionen.

Millionen Bände umfassenden **Bibliothek**, ein Werk Kilian Ignaz Dientzenhofers, ist seit neuestem öffentlich zugänglich.

Vom Altstädter Ring führt eine zweite Schleife Richtung Norden nach Josefov, in die ehemalige Judenstadt. Am Beginn der Kaprova, am Haus U Radnice Nr. 5, grüßt das bronzene Konterfei Franz Kafkas von der Wand. Prags berühmtester Dichter erblickte hier 1883 als Sohn eines deutsch-jüdischen Kaufmanns das Licht der Welt. Vor einem Moralisten anderer Art kann man sich ein paar Gehminuten weiter im Geiste verbeugen: vor Jan Palach, der 1969 aus Protest gegen die Sowjetbesatzer freiwillig in den Feuertod ging. Der Märtyrer studierte in dem Universitätsgebäude an der Ostseite des nach ihm benannten Platzes Philosophie. In dem prächtigen Neorenaissance-Gebäude schräg gegenüber, dem **Rudolfinum**, tagte 1918–38 und kurzzeitig nochmals nach Ende des Zweiten Weltkriegs die Nationalversammlung. Sein nach Antonín Dvořák benannter Konzertsaal ist seit nahezu einem halben Jahrhundert die Heimstatt der Tschechischen Philharmonie. Im Stil ähnlich gehalten ist das benachbarte, überaus reich bestückte **Kunstgewerbemuseum**. Von hier sind es bloß noch wenige Schritte zur Pinkas-Synagoge und damit auf den Boden des ehemaligen **Judenviertels**.

Das Haus der Künstler alias Rudolfinum: Der Neorenaissance-Bau ist die Heimstatt der Tschechischen Philharmonie.

In der Gegend nordwestlich der Altstadt hatten sich erstmals um 1150 Juden niedergelassen. Doch erst ungefähr 400 Jahre später nahm ihre Siedlung den Charakter eines Ghettos an. Wer hier freilich geduckte Häuschen in verwinkelten Gassen erwartet, liegt falsch. Denn als Kaiser Franz Joseph I. seinen Untertanen mosaischen Glaubens das volle Bürgerrecht zugestand, wanderten die betuchten Juden Prags in andere Wohnbezirke ab. Die Josefstadt, jahrhundertelang Heimstatt einer der größten und kulturell einflussreichsten jüdischen Gemeinden in ganz Europa, verarmte und wurde Ende des 19. Jh. geschleift. An ihrer statt entstanden jene großbürgerlichen Wohn- und Geschäftshäuser, die heute der Pařížská und deren Nebengassen ihren mondänen Charakter verleihen. Bewahrt blieben im Wesentlichen nur das Rathaus mit der berühmten hebräisch bezifferten Uhr, der Alte Friedhof, ein paar Synagogen – und jene unwägbare, „magische" Atmosphäre, die in Legenden wie der um den Golem, Rabbi Löws künstlichen Menschen aus Lehm, beschworen wird.

Die Pinkas-Synagoge, 1535 erbaut, hat man als eine – äußerst ergreifende – Gedenkstätte für die fast 80.000 Holocaust-Opfer aus Böhmen und Mähren gestaltet. Drei weitere Bethäuser, nämlich die **Maisel-**, die **Klausen-** und die **Spanische Synagoge**, beherbergen Dauerausstellungen über die Geschichte, die Traditionen und Bräuche der Juden in tschechischen Landen. Eine besondere Melancholie verströmt der **ALTE JÜDISCHE FRIEDHOF**, auf dem im Schatten methusalemischer Bäume an die 12.000 jahrhundertealte Grabsteine neben-, an- und übereinander lehnen

Die Altneusynagoge gilt als ältestes vollständig erhaltenes jüdisches Bethaus Europas.

Der Veletržní palác und das „Haus Zur Schwarzen Muttergottes".

KLEIN, ABER OHO!

Neben den repräsentativen Museums-Schwergewichten im Zentrum lohnen auch zahlreiche schmälere beziehungsweise näher zum Stadtrand gelegene Sammlungen Beachtung. Eine kleine Auswahl:
- **Museum Moderner und Gegenwartskunst** (Veletržní palác), VII, Dukelských hrdinů 47, Holešovice
- **Haus Zur Schwarzen Muttergottes** (Dům U Černé Matky Boží), I, Celetná 34 (Dauerausstellung zum Tschechischen Kubismus)
- **Technisches Nationalmuseum** (Národní Technické Muzeum), VII, Kostelní 42
- **Museum des Kommunismus** (Muzeum komunismu), I, Na Příkopě 10
- **Luft- und Raumfahrtmuseum** (Muzeum letectví a kosmonautiky), Flughafen Kbely, Mladoboleslavská
- **Museum der Tschechischen Literatur** (Památnik národního písemnictví), im Schloss Stern/Hvězda, VI, Na Vypichu
- **Museum des Prager Jesukindes** (Muzeum Pražského jezulátka), I, Karmelitská 9
- **Výstaviště** (Ausstellungspark), VII, U výstaviště, östlich von Stromovka (Vergnügungspark, Planetarium, Křižík/Singender Brunnen, Schlachtendiorama, Lapidarium u.v.m.)

Und für Musikliebhaber:
- **Villa Bertramka** (Mozart-Museum), V, Smíchov, Mozartova 169
- **Dvořák-Museum**, II, Ke Karlovu 20 (Vila Amerika)
- **Smetana-Museum**, I, Novotného lávka (nahe Karlsbrücke)

Im Norden Josefovs: das erst kürzlich nahe der Spanischen Synagoge errichtete surreale Denkmal für Franz Kafka.

und stehen. Die Synagogen, der Friedhof und zusätzlich der so genannte Zeremoniensaal sowie die Robert-Guttmann-Galerie bilden gemeinsam das Jüdische Museum, das seinen Gesamtbestand von mehr als 100.000 Objekten Hitlers teuflischem Plan „verdankt", in Prag das „Museum einer ausgestorbenen Rasse" zu schaffen. Nicht dazu gehört die ebenfalls zu besichtigende **ALTNEUSYNAGOGE**, ein zweischiffiger Bau aus dem späten 13. Jh. mit hohem Satteldach und überaus kostbaren Steinmetzarbeiten im Inneren, die als älteste vollständig erhaltene Synagoge des Kontinents gilt.

Einen halben Tag sollte man für die eingehende Besichtigung von Josefov unbedingt einkalkulieren. An seinem Ende könnte, genügend Energie und Aufnahmefähigkeit vorausgesetzt, ein zutiefst katholischer Kontrapunkt stehen: das **St.-Agnes-Kloster** im äußersten Nordosten des Viertels. Vor fast 800 Jahren hatte Agnes, die Schwester König Wenzels I., dort ein Klarissenkonvent gegründet, das nach der josephinischen Zäsur verfallen war. In den 1960er Jahren hat man den Klosterkomplex von Grund auf saniert und darin eine hochkarätige Sammlung von mittelalterlichen Madonnen- und Heiligenstatuen, Reliquiaren, Votiv-, Schnitz- und Altartafeln aus den Beständen der Nationalgalerie untergebracht.

SPAZIERGANG III: DIE NEUSTADT – VOM PULVERTURM BIS ZUR SLAWISCHEN INSEL

Die Bezeichnung ist etwas irreführend: Nové Město, die Prager Neustadt, mag sich dem heutigen Stadtflaneur im architektonischen Gewand des 19. und 20. Jh. präsentieren. In den mehrheitlich breiten und geradlinigen Gassen lassen sich Juwele des Jugendstils entdecken, der ja bekanntlich unter dem Namen Secese (in Anlehnung an den österreichischen Sezessionsstil) in der Moldaustadt besonders schillernde Blüten trieb. Doch gegründet wurde die Neustadt bereits im Jahr 1348 von Kaiser Karl IV. Dessen Absicht: den Händlern und Handwerkern, aber auch Mönchen, die seinerzeit scharenweise nach Prag strömten, Lebensraum zu schaffen. Begrenzt wird der Bezirk, der im 19. Jh. zum geschäftlichen und Verwaltungs-Zentrum der Hauptstadt avancierte, im Westen und Norden von Altstadt und Moldau, im Osten von der viel befahrenen Wilsonova beziehungsweise deren Verlängerung, der Mezibranská und Sokolská. Sein Zentrum bildet das so genannte Goldene Kreuz, bestehend aus der Nationalstraße (Národní) und den Fußgängerzonen Am Graben (Na příkopě), Straße des

Das Moldauufer und die grünen Inseln laden zu Spaziergängen und, bei schönem Sommerwetter, auch zu idyllischen Bootspartien.

Das Gemeindehaus (Obecni dům) gilt als Meisterleistung des Prager Jugendstils. Das darin untergebrachte Café garantiert ebenfalls ästhetische Genüsse.

28. Oktober und Wenzelsplatz (Václavské náměstí), in dem sich Läden, Kaufhäuser und Kinos, Restaurants, Cafés und Hotels dicht an dicht reihen. Die touristischen Highlights freilich finden sich eher in diversen Seitengassen verstreut.

Als Startpunkt bietet sich aus mehreren Gründen das **Gemeindehaus** (Obecni dům) an – aus verkehrstechnischen (es liegt direkt an der Metrostation Náměstí Republiky), aus gastronomischen (es birgt ein famoses Café und ein noch viel famoseres Restaurant), vor allem aber aus kunsthistorischen. Denn der vor wenigen Jahren aufwändig restaurierte Komplex, den die Architekten Osvald Polívka und Antonín Balšánek 1905–11 direkt neben dem hochgotischen **Pulverturm** gleichsam als neues, zweites Eingangstor in die östliche Altstadt hinstellten, gilt als glänzendster Jugendstilbau von Prag. Hinter der mit Stuck, Skulpturen und einem Mosaik üppig dekorierten Fassade warten neben den erwähnten Lokalen viel gerühmte Konzert- und Ausstellungssäle.

Wandert man auf der früheren Flusslände (Na Poříčí) nach Osten, stößt man an der ersten Ecke linkerhand auf das **Hotel Imperial**, eine kuriose Kombination aus verwitterter Jugendstilpracht und düsterer KGB-Atmosphäre mit einem fantastischen Art-Déco-Café. Ein Abstecher führt nun – zu Fuß oder zwei Stationen mit der Straßenbahn – zum **STÄDTISCHEN MUSEUM** (Muzeum hlavního města). Es wartet mit vielerlei Interessantem zu Politik, Wirtschaft, Kunst(-handwerk), Alltagskultur und urbaner Ent-

Der Pulverturm am Südostrand der Altstadt ist im Wesentlichen ein Werk Matěj Rejseks. Sein reicher gotischer Skulpturenschmuck hat eine tiefe, esoterische Bedeutung.

Der von Josef Fanta kurz nach 1900 entworfene Hauptbahnhof (Hlavní nádraží): ein Meilenstein monumentaler Profanarchitektur aus Glas und Eisen.

Prag besitzt zwei prunkvolle Synagogen im maurischen Stil: die Spanische (hier im Bild) und die Jubiläums-Synagoge.

wicklung auf. Das absolute Highlight unter seinen Exponaten ist freilich das legendäre Stadtmodell des Antonín Langweil, eine 20m² große, bis ins allerkleinste Detail naturgetreue Nachbildung von Prag im frühen 19. Jh. aus Papier und Holz, an der ihr Schöpfer mutterseelenallein elf (!) Jahre lang gearbeitet hat.

Zurück beim Café Imperial, wendet man sich gen Süden: Am Masaryk-Bahnhof, dem ältesten der Stadt, vorbei, nimmt man leichten Fußes durch die östliche Neustadt mäandrierend folgenden Highlights die Parade ab: der **Jubiläumssynagoge**, einer wilden neo-maurischen Komposition aus grünen Säulen, goldenen Friesen und blauen Hufeisenbögen (in der Jeruzalémská), dem **Hauptbahnhof** (Hlavní nádraží) und seiner imposanten Jugendstilkuppel, und dem **Mucha-Museum** (Panská), in dem an die 100 ori-

ATTRAKTIONEN ABSEITS DES MAINSTREAM

Peripheres, aber Sehenswertes fernab der beschriebenen Spaziergänge:

- **Žižkov**: Das 9 m hohe Nationaldenkmal (Národní Památnik) des Hussitenführers Jan Zižka hoch zu Ross steht neben dem Mausoleum der Kommunistischen Partei auf jenem Hügel, von dem die radikalen Taboriten 1420 in die Schlacht gegen die Katholiken zogen (III, Vítkov-Hügel, Metro Jiřího z Poděbrad).
- **Schloss Troja**: Das dreiflügelige Barockschloss mit dem prächtig freskierten Festsaal, der monumentalen Freitreppe und dem schönen Garten beherbergt eine Ausstellung zur Böhmischen Kunst des 19. Jh.; VII, U trojského zámku 1.
- **Kloster Břevnov**: Böhmens ältestes (Benediktiner-)Kloster, von Vater und Sohn Dientzenhofer barockisiert. Im Rahmen von Führungen zu sehen: Kirche, Krypta und Teile des Konvents; VI, Markétská
- **Weißer Berg (Bílá hora)**: Auf dem knapp 400 m hohen Kalkhügel besiegten am 8. November 1620 die Truppen des Kaisers und der katholischen Liga das Heer der Protestanten. Die Folge: 300 Jahre Habsburger Herrschaft. Zu sehen: ein Denkmal und eine barocke Wallfahrtskirche.
- **Schloss Stern** (Hvězda): architektonisch höchst ungewöhnlicher, Mitte des 16. Jh. über sechseckigem Grundriss errichteter Jagdsitz von Erzherzog Ferdinand von Tirol.

Glanz und Glorie auf dem Wenzelsplatz: das Grand Hotel mit seinem Dekor im Stil des Art Nouveau (oben) und das Nationalmuseum mit dem Hl. Wenzel (unten).

ginale Zeichnungen, Gemälde und Plakate des Meisters hängen. Zwischenziel ist der berühmte **Wenzelsplatz**, jene 680 x 60 m weite heutige Flanier- und Shoppingmeile, auf der sich die gesellschaftlichen Umbrüche der jüngeren Geschichte, von der Bürgerlichen (1848) bis zur Samtenen Revolution (1989), wie in einem Brennglas fokussierten. Ein Kaffee im schwülstigen Ambiente des renommierten **Café Evropa**, Stöbern in einem der reich sortierten Buchläden, eine Verbeugung an der Gedenkstätte für Jan Palach, den Märtyrer des Prager Frühlings, und vielleicht ein kurzer Besuch im Nationalmuseum, das hinter dem Reiterdenkmal des hl. Wenzel monumental und düster das Geviert nach Süden hin abschließt ... Dann schwenkt man auf halber Höhe des Platzes in die Štěpánská, um wenige Schritte später rechterhand in die **Lucerna-Passage** einzutauchen. Es gibt in Prag mittlerweile zahlreiche modernere und glitzerndere Einkaufstempel. Doch welcher andere kann mit einem Konzertsaal aufwarten, in dem schon Louis Armstrong und Ella Fitzgerald auftraten? Welcher mit Europas ältestem Kino, in dem der erste Tonfilm gezeigt wurde? Und welcher bettet seine Läden in ein solch exquisites Jugendstil-Ambiente?

Eine weitere, allerdings 400 Jahre ältere Institution empfängt zehn Gehminuten weiter westlich durstige Gäste: **U Fleků**, Prags berühmteste und wohl schönste Bierhalle mit hauseigener Brauerei. Von hier ist's nur mehr ein Katzensprung ans Moldauufer, zu einer der ganz wenigen Ikonen zeitgenössischer Baukunst in Prag: Der 1996 von Frank O. Gehry erbaute Bürokomplex Ecke Resslova/Rašínovo nábřeží heißt im Volksmund wegen seiner geschwungenen Linien und der beiden eng aneinander geschmiegten Baukörper Tančící dům, **Tanzendes Haus**, und rückt in der Rangliste der beliebtesten Fotomotive von Reisesaison zu Reisesaison weiter nach oben. Bei schönem Wetter kann man auf der nahen **Slawischen Insel** (Slovanský ostrov) ein Boot mieten und damit moldauabwärts gemächlich Richtung Kampa und Karlsbrücke rudern oder treten. Meint es Petrus nicht so gut, kehrt man wenige Schritte weiter im legendären **Café Slávia** ein. Und abends führt man sich, weil man schon in der Gegend ist, im **Nationaltheater** oder um die Ecke in der berühmten **Laterna Magica** eine große Oper beziehungsweise eine Aufführung des legendären Schwarzen Theaters zu Gemüte.

Pflichtstation nicht nur für Švejk: U Fleků, Prags legendäre und außerdem wunderschöne Bierhalle.

Ein Pilgerort für Freunde hochromantischer Musik: Denkmal und Geburtshaus Antonín Dvořáks in Nelahozeves.

1 MĚLNÍK

Fährt man von Prag auf der Autobahn bis zur Abfahrt Zdiby und von dort auf der B9 weiter Richtung Norden, erreicht man cirka 15 km hinter Neratovice eines der beliebtesten Ausflugsziele für Prag-Besucher. Auf markantem Hügel hoch über dem Zusammenfluss von Moldau (Vltava) und Elbe (Labe) thront hier ein prachtvolles Renaissanceschloss. An seiner Stelle stand schon vor über 1000 Jahren eine Burg, die in der Folge lange als Sitz der Königswitwen diente. Später ging der strategisch überaus günstige Platz nacheinander in die Hände prominenter Adelsfamilien über – der Waldsteins, Kolowrats, Černins, und 1753 schließlich der Lobkowitz. Letztere sorgten für die kostbaren Möbel und Gemälde in den heute zu besichtigenden Zimmern. Nähere Betrachtung lohnen auch die benachbarte, im Kern hochgotische Propsteikirche St. Peter und Paul sowie das im Schatten des Adelssitzes entstandene Städtchen Mělník mit seinem von hübschen Bürgerhäusern gesäumten Marktplatz. Unbedingt sollte man auf der Terrasse des Schlossrestaurants den Ausblick auf die recht unberührte Flusslandschaft genießen. Am besten bei einem Gläschen Wein aus den angrenzenden Rieden. Dessen Geschichte, die bis in die Zeit Karls IV. zurückreicht, findet sich im Weinbaumuseum im Keller des Schlosses dokumentiert. In dessen erstem Stock informiert ein weiteres kleines Museum über die örtliche, lange Tradition der Herstellung von Kinderwagen.

2 VELTRUSY & NELAHOZEVES

Auf der Rückfahrt von Mělník empfiehlt sich ein kleiner Umweg in westlicher Richtung: zunächst nach **Veltrusy** (Weltrus; nahe der Autobahn D8 an der gleichnamigen Abfahrt), wo sich Mitte des 18. Jh. Graf Chotek einen barocken Sommersitz bauen ließ. Empfehlenswert: ein Gang durch die reich ausgestatteten Räumlichkeiten und den zugehörigen prachtvollen Park. Jenseits der Moldau, in **Nelahozeves**, wo 1841 Antonin Dvořák das Licht der Welt erblickte, thront weithin sichtbar ein Renaissanceschloss. Es gehört der Familie Lobkowitz und enthält eine hervorragende Kunstsammlung mit etlichen Alten Meistern.

Burg Křivoklát (Pürglitz): Höhepunkte jedes Rundgangs durch die mächtige Anlage 35 km westlich von Prag sind der prächtig geschmückte Königssaal und die Kapelle.

3 KŘIVOKLÁT

Gut 35 km westlich von Prag (Autobahn D5 bis Abfahrt Beroun, ab da Landstraße) liegt inmitten dichter Wälder, die einst als bestes Jagdrevier Böhmens galten, eine gar wuchtige Burg. Anfang des 12. Jh. erstmals erwähnt und Ende des 19. von der Familie Fürstenberg aufwändig ausgebaut, wirkt der Komplex, in dem Karl IV. seine frühen Kindheitsjahre verbrachte, von außen wehrhaft abweisend. Beim Rundgang durch das Innere besticht seine strenge Schönheit, insbesondere in der Kapelle und im Königssaal mit ihren spätgotischen Gewölben, Kragsteinen und Friesen. Außerdem zu besichtigen: Verlies, Fallgrube und, im alles überragenden Rundturm, eine Ausstellung zum Thema Jagd.

4 KARLŠTEJN

Knapp 30 km südwestlich von Prag wacht auf einem bewaldeten Felsen Böhmens berühmteste Burg über das Tal der Berounka. Karlštejn (Karlstein) wurde Mitte des 14. Jh. auf Geheiß Karl IV. von dem französischen Baumeister Matthias von Arras errichtet, der auch maßgeblich den Prager St.-Veits-Dom mitgestaltete. Ihr nüchternes und wehrhaftes Äußeres würde eine militärisch-strategische Funktion vermuten lassen. Doch der allmächtige Böhmenkönig und Kaiser des Heiligen Römischen Reiches wünschte sie sich als eine Stätte zur inneren Einkehr und auch als einen sicheren Hort für seine Reliquiensammlung und die Reichskleinodien. Arras entwarf auf trapezförmigem Grundriss ein aus drei zentralen Gebäuden bestehendes Ensemble, das er mit einer mächtigen Mauer umgab.

Durch den Bereich der Unteren und der Oberen Vorburg, vorbei am spätgotischen Haus des Burggrafen, gelangt man durch den Haupteingang zur inneren Burg zum Kaiser-

Ikone mittelalterlicher Feudalarchitektur: Burg Karlštejn, die sich Karl IV. als Refugium und Tresor für seine Schätze bauen ließ.

palast. Dieser schmale, lang gestreckte Bau, von dessen gotischer Ausstattung nur wenig, unter anderem ein kostbares Altarbild und einige Statuen, erhalten blieben, markiert der esoterischen Symbolik des Bauherrn gemäß die unterste Stufe der geistigen Entwicklung – die Zone irdischer, zeitlich begrenzter Macht. Im doppelten Sinne höher steht vis-à-vis der Marienturm, in dessen Kapelle Fragmente wertvoller Wandfresken freigelegt wurden. Die angrenzende Katharinenkapelle nutzte der Kaiser höchstpersönlich als Bet- und Meditationsraum. Den Gipfelpunkt in topografischer, künstlerischer und auch geistiger Beziehung bildet der so genannte „Große Turm" – ein 60 m hoher Bergfried mit der berühmten Heilig-Kreuz-Kapelle. Deren Wände sind mit mehr als 2.200 Edel- und Halbedelsteinen verziert, über ihnen wölbt sich ein vergoldetes, von Aberhunderten Glassternen funkelndes, künstliches Firmament. Hinter den vier Türen dieses mit 19 Schlössern gesicherten „Tresors" hängen 129 Tafelbilder des Meisters Theoderich von Prag, dem Begründer der Böhmischen Malerschule.

Zwei Möglichkeiten gibt es, Hrad Karlštejn im Rahmen von Führungen zu erkunden: Die Standartvariante macht in rund 50 Minuten mit dem Kaiserpalast sowie den Untergeschossen des Marienturms und dessen kostbarem Interieur bekannt. Darüber hinaus können insgesamt zwölf Personen pro Stunde – frühzeitige Reservierung vorausgesetzt! – das „Allerheiligste", die Heilig-Kreuz-Kapelle, besichtigen (Anfahrt von Prag am besten über die Autobahn D5, Abfahrt Beroun-Centrum).

Burg Konopište, auf halbem Weg zwischen Prag und Tábor gelegen, war der bevorzugte Aufenthaltsort des Thronfolgers Franz Ferdinand (s.a. Bild rechts).

5 KONOPIŠTE

Die ehemalige Sommerresidenz des österreichischen Thronfolgers Franz Ferdinand d'Este liegt gut 35 km südöstlich von Prag an der Straße Richtung Tábor und Budweis (E 55). 1887, 25 Jahre vor seinem gewaltsamen Tod in Sarajewo, hatte er die im ausgehenden 13. Jh. errichtete Burg gekauft und in ein repräsentatives Schloss im Stil der Neorenaissance verwandelt. Die Räumlichkeiten, in denen zahlreiche bedeutende diplomatische Begegnungen stattfanden, sind gespickt mit wertvollen Stilmöbeln und Kunstwerken. Besonderes Augenmerk verdienen die extrem kostbare Sammlung historischer Waffen, die mehr als tausend Bilder und Statuen mit dem Motiv des Hl. Georg und – der Erzherzog war ein manischer Jäger – die Tausenden und Abertausenden Krickel, Geweihe und ausgestopften Tierköpfe. Ungleich lieblicher ist der zugehörige, 225 ha große englische Park mit seinem schönen Rosengarten.

HÖHEPUNKTE

ČESKÝ KRUMLOV (KRUMAU)
Malerischer geht's nicht – die Schiele-Stadt an der Moldau-Schleife mit ihrem alles überragenden Schloss: S. 60

VYŠŠÍ BROD (HOHENFURTH)
Nach jahrzehntelangem Dornröschenschlaf wachgeküsst – das Zisterzienserkloster nahe der österreichischen Grenze: S. 64

HORNÍ PLANÁ (OBERPLAN)
Auf den Spuren Adalbert Stifters – vom Geburtshaus in den tiefen Tann: S. 64

SCHWARZENBERG'SCHER SCHWEMMKANAL
Ein technisches Meisterwerk aus der Zeit um 1800 – der künstliche Wasserlauf durch den Böhmerwald für die Brennholztrift nach Wien: S. 65

PRACHATICE
Einst Salzumschlagplatz als Endstation des Goldenen Steiges – heute eine Art Freilichtmuseum für Fassadenfresken und Sgraffiti: S. 66

NATIONALPARK ŠUMAVA
700 km^2 unberührter Böhmerwald – eine Kernzone des sanften Tourismus, ideal für Radler und Wanderer: S. 67

PLZEŇ (PILSEN)
Westböhmens Industriemetropole – nicht nur für Bierfetischisten ein Quell der Freude: S. 70

ORLÍK & ZVÍKOV
Zwei stolze Adelssitze an den Gestaden des Moldausees – eine alte Burg und ein neogotisches Traumschloss: S. 72

TÁBOR
Die einstige Bastion der radikalen Hussiten – heute ein mittelalterliches Stadtjuwel sondergleichen: S. 74

HLUBOKÁ NAD VLTAVOU
Ein Märchenschloss als Publikumsmagnet – das „böhmische Neuschwanstein“ oder „Windsor“ im Stil von Neo-Tudor: S. 75

Südböhmen ist Wanderland. Speziell gilt dies für den Nationalpark Šumava.

Route 2

DURCH DEN SÜDLICHEN BÖHMERWALD

Von Krumau nach Pilsen und retour

Sanfte Hügel, mystische Moore, schier endlose Wälder, ein als Badeparadies genutzter Stausee, dazwischen Burgen, ein Zisterzienserkloster, mittelalterliche Städtchen mit Laubengängen und Sgraffito-Häusern ... Auf der Fahrt durch den äußersten Südwesten zeigt sich Böhmen von seiner grünsten und stillsten Seite. Seit Adalbert Stifters Zeiten hat sich hier über weite Strecken recht wenig geändert. Nur dass nun ein Nationalpark (Šumava) die Natur vor unbefugten Zugriffen der Menschen schützt. In traditionsreichen Handelsstädtchen wie Prachatice, Sušice oder Klatovy kommen Kunstfreunde auf ihre Rechnung. Im westböhmischen Industriezentrum Pilsen und ein zweites Mal an der Endstation, in Budweis, finden Biergenießer ihren Himmel auf Erden. In Příbram wird Montangeschichte lebendig, auf den Schlössern Orlík und Zvíkov das Erbe der Schwarzenbergs. In Hluboká ragt ein weißes Märchenschloss, wegen seines Zuckerbäcker-Tudor auch „böhmisches Windsor“ genannt, über der Moldau. Und in Tábor, der einstigen Hochburg der Hussiten, gilt es ein Stadtensemble von allerhöchstem Reiz zu entdecken. Einen denkbar spektakulären Anfangsakkord für diese alles in allem wohltuend beschauliche Tour setzt freilich Český Krumlov alias Krumau: Die berühmte Schiele-Stadt schmiegt sich unüberbietbar malerisch in eine enge Moldau-Schleife. Und ihr Schloss ist nicht nur das nach dem Prager Hradschin zweitgrößte in ganz Tschechien, sondern obendrein überaus kostbar ausgestattet.

Das Schloss von Krumau ist nach dem Prager Hradschin die größte Burganlage des Landes.

1 ČESKÝ KRUMLOV (KRUMAU)

Einen prächtigeren Anfangsakkord und mehr Authentizität kann man sich wohl nicht wünschen: ein Meer verschachtelter, steiler Dächer mit Giebeln aus Renaissance und Barock, dazwischen ein Labyrinth enger, gepflasterter Gassen mit alten Steintreppen, Bögen, Toren, Erkern. An den Fassaden der mittelalterlichen Bürgerhäuser Sgraffiti, Fresken, Zeichnungen, alchemistische Szenen ... Und darüber auf einer Seite eine mächtige spätgotische Kirche, auf der anderen, hoch über dem Westufer der Moldau, ein Burgschloss mit einem Turm, den viele wegen seines Arkadenumgangs und Renaissancehelms als schönsten seiner Art in ganz Europa preisen. Wie sich dieses über 700-jährige alte Städtchen in die enge Flussschleife schmiegt, das entspricht geradezu einer archetypischen Traumidylle.

Die Räumlichkeiten der „Oberen Burg" sind im Renaissance- und Barockstil ausgestattet.

Krumaus **Schloss** ist das größte im Land nach dem Prager Hradschin und war 300 Jahre lang im Besitz der Rosenberg. 1600 kaufte es Kaiser Rudolf II. Bald darauf ging es für knapp hundert Jahre in die Hände derer von Eggenberg über. Und 1719 fiel es durch Erbschaft an die Fürsten Schwarzenberg. Ursprünglich gotisch, vereint es heute Stilelemente aus Renaissance und Barock. Führungen machen mit den reich ausgestatteten Wohnräumen, der Gemäldegalerie, der Kapelle sowie einem mit fröhlich bunten Commedia-dell'arte-Szenen in Trompe-l'oeil freskierten **Maskensaal** bekannt. Eine dreigeschossige Brücke

Die Schiele-Stadt Krumau ist, malerisch in eine enge Moldau-Schleife geschmiegt, zweifellos eine der schönsten Ortschaften in ganz Tschechien.

führt zum **Rokokotheater**, das – eine Rarität ersten Ranges! – noch die originale Bühnenmechanik und Kulisse besitzt, und weiter in den **Schlossgarten**. Letzteren schmücken ein Lustschlösschen, eine Reitschule und ein erst nach dem Zweiten Weltkrieg angelegtes, ob seiner Lage umstrittenes, aber gerne besuchtes Freilufttheater. Unterhalb des Komplexes, jenseits einer mächtigen Toranlage, in deren Graben nach wie vor Bären hausen, winden sich die winkeligen Gassen des Ortsteils **Latrán**. Seine herausragenden Baudenkmäler sind das Minoriten- und das Klarissinnenkloster, das über 400 Jahre alte Bräuhaus und am Nordrand das Budweiser Tor, durch das die Stadt betritt, wer seinen Wagen auf den großen Parkplätzen im Norden von Alt-Krumau stehen lässt.

Nicht minder verwinkelt gruppiert sich jenseits der Moldau, um den Marktplatz, die eigentliche **Altstadt** mit ihren putzigen, von Schiele (siehe Kasten S. 63) verewigten Schindelhäusern. Ein Spaziergang führt hier zur eingangs erwähnten spätgotischen St.-Veit-Kirche und weiter, am Renommierhotel Růže vorbei, hinter dessen sgraffito-verzierten Mauern früher das Jesuitenkolleg beheimatet war, zum Kommunalmuseum. Dessen interessantestes Exponat ist ein Stadtmodell im Maßstab 1:200 aus Keramik.

In kommunistischer Zeit lag Český Krumlov, wie alle Städte der Tschechoslowakei außer Prag von ausländischen

Nächtliche Idylle in einer der Fußgängern vorbehaltenen Altstadtgassen.

Ein Leckerbissen für Bühnenfans: das Rokokotheater im Krumauer Schloss besitzt noch die originale technische Ausstattung und Kulisse.

Urlaubern weitgehend unbehelligt, im Dornröschenschlaf. Seit der Samtenen Revolution und mehr noch seit seiner Aufnahme in die Liste des UNESCO-Weltkulturerbes (1992) strömen die Massen. Schon droht dem Städtchen ein touristischer Overkill. Untrügliches Indiz: die Existenz eines völlig überflüssigen Wachsfiguren- und eines Foltermuseums. Mittlerweile hat in jedem zweiten Haus eine Pension oder Bar, ein Restaurant, Souvenir-, Trödel- oder Antiquitätenladen eröffnet. Die allermeisten Fassaden glänzen frisch getüncht. Dem Zauber, der einen beim Flanieren durch dieses urbanistische Gesamtkunstwerk erfasst, tun solch oberflächliche Unerquicklichkeiten freilich keinen Abbruch. Und wenn man abschließend auf einer der zahlreichen Lokalterrassen unten am Fluss mit Blick auf die herrliche Schlossszenerie Leib und Sinne labt, glaubt man sich immer noch in ein Märchen aus längst vergangenen Jahrhunderten versetzt.

Post Skriptum für Leute, die länger bleiben: Krumaus Umgebung, insbesondere der im Norden angrenzende **Plansker Wald** (Blanský les), ist prädestiniert für Wanderungen. In den beiden örtlichen Tourismusbüros (beim Schlosseingang und hinter dem Laubengang des Rathauses auf dem Ringplatz/Náměstí Svornosti) sind Übersichtskarten für Routen erhältlich, etwa auf den Kreuzberg (Křížová hora; 620 m) oder den Schöninger (Kleť; 1083m). Ein lohnendes Ausflugsziel ist **Zlatá Koruna** (Goldenkron), ein

Selbst die Gänge ihres Schlosses ließen die Rosenberger seinerzeit üppigst dekorieren.

Ob bei Tag oder bei Nacht: die Dachlandschaft vor der Silhouette des Schlosses verströmt einen unwiderstehlichen Zauber.

7 km nordöstlich von Krumau gelegenes ehemaliges Zisterzienserkloster. Es wurde zwar schon im 17. Jh. aufgelöst. Doch haben sich die gotische Kirche, an deren Bau Peter Parlers Werkstätte beteiligt war, und der Kapitelsaal mit wunderschönen Gewölben erhalten. Sehenswert: die Dauerausstellung zum Thema „Schrifttum in Südböhmen".

KUNSTSTADT KRUMAU: Was Kafka für Prag ist Egon Schiele für Krumau. Der weltberühmte Zeichner und Maler aus Tulln, der mit seinen entblößenden Porträts und Landschaftsbildern in Österreich als ein Pionier des Expressionismus wirkte, hielt sich schon als Kind häufig im Geburtsort seiner Mutter auf und lebte 1910/11 etliche Monate durchgehend hier. Die Ansichten der krummen Gässchen und geduckten Dachlandschaften bilden einen zentralen Bestandteil seines Oeuvres. Das **Egon Schiele Art Centrum**, eine mit viel Stilgefühl im restaurierten Gebäude des ehemaligen Stadtbräuhauses eingerichtete Galerie, präsentiert eine Dauerschau mit zahlreichen originalen Aquarellen und Zeichnungen des Meisters. Daneben veranstaltet sie regelmäßig monografische Ausstellungen zu Künstlern der klassischen Moderne, von Mucha und Kokoschka bis Picasso und Warhol. Besuchenswert ist auch das Internationale **Art Studio Na Fortně** – ein Forum für führende tschechische Keramikkünstler.
Jedes Jahr im Juni unternehmen die Krumauer während dreier Tage eine Reise in die Zeit der Renaissance: beim **Fest der fünfblättrigen Rose**, einer Art Karneval, wird nach Herzenslust musiziert, getanzt, geschmaust und in historischen Kostümen durch die Stadt gezogen. Ähnlich ausgelassen geht's jeweils Ende September beim **St.-Wenzels-Fest** zu Ehren des Landespatrons zu. Eine Reihe von **Musikfestivals** komplettiert das Veranstaltungsprogramm: eines für Kammer- und eines für Renaissance- und Barockmusik (Anfang bzw. Mitte Juli), ein dreiwöchiges für klassische Musik (im August), eines für Pop (Mitte Juli) und eines für Jazz (Ende August).

2 ROŽMBERK (ROSENBERG)

Von Krumau führt die Route anfangs, bei Větřní, durch eine unattraktive Industriezone, doch bald schon durch naturbelassenes Gebiet die torfbraune Moldau entlang Richtung Süden. Nach gut 20 km, kurz bevor Straße und Fluss nach Westen abknicken, sieht man am Ostufer hoch über dem dicht bewaldeten Tal zwei mächtige Burgbauten thronen – den Stammsitz der Rosenberg, die vom 13. bis ins ausgehende 16. Jh. den Großraum Südböhmen mit eiserner Faust beherrschten. Während von der Oberburg nur eine Turmruine stehen blieb, wurde die **Untere Burg** um 1850 von den Nachfahren General Buquoys, der die Anlage zum Dank für seine Dienste bei der Niederschlagung der rebellischen Stände (1619) vom Kaiser geschenkt bekommen hatte, neogotisch umgebaut. Ihr stilvoll möbliertes Inneres kann man sommers besichtigen.

Das 700 Jahre alte Zisterzienserkloster von Hohenfurth wird derzeit nach Jahrzehnten des Verfalls wieder instand gesetzt.

3 VYŠŠÍ BROD (HOHENFURTH)

Hauptattraktion des kleinen, nur 7 km vom österreichischen Grenzbalken entfernten Städtchen ist sein **Zisterzienserkloster**. Mitte des 13. Jh. von einem Rosenberg gegründet und nach fast 700-jähriger für die Region segensreicher Tätigkeit verstaatlicht, wurde es 1990 dem Orden in desolatem Zustand zurückerstattet. Der früh- bis hochgotische Komplex birgt die mit ca. 70.000 teilweise kostbaren Bänden drittgrößte barocke Bibliothek des Landes. Auch Kreuzgang, Kapitelsaal und die Kirche können besichtigt werden. In letzterer hing ursprünglich ein berühmter, heute in der Prager Nationalgalerie gezeigter Zyklus von Tafelbildern aus des Mitte des 14. Jh. Sein Schöpfer, der „Meister von Hohenfurth“, wird als erste historisch fassbare Künstlerpersönlichkeit der böhmischen Malerei angesehen. Eine Sammlung von über 100 Gemälden barocker Meister und ein Postmuseum komplettieren den Rundgang.

Das „Stifter-Land“ rund um Oberplan ist ein Wanderparadies par excellence.

4 HORNÍ PLANÁ (OBERPLAN)

In Oberplan, dem größten Ort am Ufer des Lipno-Stausees (siehe Kasten), gilt es Adalbert **Stifter** die Reverenz zu erweisen. Das Haus am östlichen Ortsausgang, in dem der große „Dichter des Böhmerwaldes“ im Herbst 1805 das Licht der Welt erblickte, bietet, als **Museum** adaptiert, Gelegenheit, sein Leben und Werk zu erkunden. Ein 4 km

Im Nationalpark Šumava, dem Böhmerwald, lässt sich noch richtig mit der Seele baumeln.

langer, markierter und mit Informationstafeln versehener **Rundwanderweg** führt zu jenen Stätten, die ihn zu seinem Schaffen inspirierten. Jenseits der Moldau, unterhalb des fast 1400 m hohen Plöckenstein, grüßt von einer Aussichtsterrasse über dem gleichnamigen See ein aus Granitfindlingen gehauener **Obelisk** ins Land. Er wurde 1877 auf Initiative des Wiener Architekten Heinrich Ritter von Ferstel aufgestellt. Der Blick von dort über die grünen Wipfel soll die Erinnerung an Stifters wohl berühmteste Erzählung, „Der Hochwald", wachrufen.

48 km lang, bis zu 16 km breit und damit das größte Gewässer Tschechiens ist der **LIPNO-STAUSEE,** zu dem man die Moldau Ende der 50er Jahre mittels einer 275 m langen Mauer westlich von Vyšší Brod, in Sichtweite der riesigen Papiermühle von Loučovice, aufgestaut hat. Seither hat sich vor allem sein Nordufer zu einem veritablen Bade- und Wassersportrevier gemausert. Dessen Zentren, allesamt mit Pensionen, Campingplätzen und Bootsverleihstellen bestückt, sind außer Horní Planá **Frymburk** (Friedberg) und **Lipno** (mit einer brandneuen Marina). Ein beliebtes Ausflugsziel ist die südlich der Moldau unweit der Staatsgrenze auf einem Waldrücken thronende **Burgruine Vitkuv hrádek**. Man erreicht sie im Sommer per Fähre ab Frymburk und von Předmostí in gut einstündigem Fußmarsch.

Am Nordosthang des Böhmerwaldes zieht sich über mehr als 40 km bis auf österreichisches Gebiet der so genannten **SCHWARZENBERG'SCHE SCHWEMMKANAL** hin. Der künstliche Wasserlauf wurde in den Jahren um 1800 von den Händen unzähliger Arbeiter gegraben, um Brennholz nach Wien flößen zu können. Angesichts des schwierigen Terrains stellt er eine ingenieurstechnische Meisterleistung dar. Immerhin ist der Hauptkamm des Hügelzuges, den er überwindet, Teil der europäischen Wasserscheide zwischen Nordsee und Schwarzem Meer. Heute wird der Kanal, dessen kommerzielle Funktion mit dem Aufkommen der Eisenbahnen erlosch, als Baudenkmal instand gehalten. Seinem Verlauf folgt ein extrem idyllischer – und wohltuend ebener! – **Rad- und Wanderweg**.

Der Hauptplatz von Prachatitz verströmt den über Jahrhunderte gewachsenen Wohlstand einer wichtigen Handelsstation.

5 PRACHATICE

Schon kurz nach dem Jahr 1000 findet sich in Urkunden der so genannte „Goldene Steig" erwähnt, jene Handelsstraße, die vom bayrischen Passau bis an den Nordrand des Böhmerwaldes führte und auf der neben anderen begehrten Waren vor allem Salz transportiert wurde. Nördlicher Endpunkt dieser „Via bohemica" und alleiniger Salzstapelplatz für ganz Böhmen war Prachatitz. Die Stadt, die 30 km westlich von Budweis und knapp 20 km nördlich von Volary (s.S. 67.) in einem von waldigen Hügeln umgebenen Talkessel liegt, erlebte ihre größte Blüte unter der Herrschaft der Rosenberg im 16. Jh. Als 1692 Leopold I. das kaiserliche Salzmonopol einführte und das Weiße Gold fortan vom Salzkammergut über Linz nach Budweis kam, verlor Prachatitz seine Bedeutung. Seinen ehemaligen Reichtum trägt es freilich bis heute stolz zur Schau. 1507 hatte eine Feuersbrunst den gotischen Stadtkern zerstört. Der aus der Asche wieder erstehende Phönix trug das neue Kleid der Renaissance. Die Bürgerhäuser rund um den zentralen **Marktplatz** und in den umliegenden Gassen sind mit prächtigen Sgraffiti und Fresken und vielfach nach italienischem Vorbild auch mit Bögen, Attiken und Voluten verziert. Besondere Schmuckstücke sind das Alte Rathaus mit Bibelszenen und dem Holbein'schen Totentanz an der Fassade, vis-à-vis das Rumpel-Haus (Rumpálův dům) und an der Nordseite das Sittrův dům, hinter dessen farbig bemalter Außenfront das recht informative Stadtmuseum seine Heimstatt hat. Weiters verdienen in dem immer noch weitgehend von Wehrmauern eingefassten Zentrum die gotische, im Inneren später barockisierte Jakobskirche, nebenan das Heydlův dům und die „Lateinische Schule" (beide mit

Sgraffiti, wohin man blickt: Viele Fassaden des Marktplatzes gleichen einem aufgeschlagenen Comic-Buch.

Das Alte Rathaus auf dem Marktplatz stammt aus dem Jahr 1571. Seine Sgraffiti zeigen Bibelszenen.

Links: die wuchtige St.-Jakobs-Kirche.

Kampfszenen an der Wand), sowie das Piseker Tor Beachtung, auf dem sich Wilhelm von Rosenberg hoch zu Pferd und das Symbol seines Geschlechts, eine rote Rose, dargestellt finden.

Eher aufgrund der Aura denn wegen des kleinen Museums lohnt der Abstecher nach **Husinec**. In dem bescheidenen Dorf (6 km nördlich von Prachatitz) erblickte der spätere Nationalheld der Tschechen, Jan Hus, in ärmlichen Verhältnissen das Licht der Welt.

6 IM NATIONALPARK – VON VOLARY RICHTUNG ŽELEZNÁ RUDA

Zurück nach **Volary** (Wallern), wo noch einige älpische Holzchalets an die Gründung durch Kolonisten aus Tirol erinnern und sogar ein kleines Museum deren bäuerlich-schlichte Lebensweise dokumentiert, gelangt man über die Staatsstraße Nr. 39, die später zur Nr. 167 mutiert, schnurstracks hinein in die Kernzone des Böhmerwaldes. Von diesem wildromantischen Waldgebiet, das auf Tschechisch nicht ohne Grund „Šumava“, „die Rauschende“, heißt, wurden 1991 knapp 700 km^2 zum **Nationalpark** erklärt – zum größten des Landes, der als ein Hoffnungsgebiet für sanften Tourismus gilt. Hier erweist sich die Nähe der bis 1989 zu den „kapitalistischen“ Nachbarländern im Süden hin hermetisch beschirmten Grenze paradoxerweise als Segen. Das Land ist dünn besiedelt und von unzähligen Wegen durchzogen, die, einst für Wachgänge angelegt, heute ideale Wanderpfade und Radwege abgeben. Schöne Routen für Fußmärsche locken gleich in **Kvilda** (Außergefild),

Der südliche Böhmerwald in Grenznähe zu Österreich ist ein großes Hoffnungsgebiet für Sanften Tourismus.

Ob hoch zu Ross, auf Schusters Rappen oder auf zwei Rädern: die unversehrte Natur und ein dichtes Wegenetz animieren zu Fitness fördernder Bewegung.

einer alten Holzfäller- und Goldwäschersiedlung, die im 19. Jh. für ihre Glasmalerei Berühmtheit genoss und mit ihrer Seehöhe von 1065 m als höchstgelegene Gemeinde Böhmens gilt: Eine führt zur Moldauquelle und entlang von Hochmooren weiter zu der verlassenen Ansiedlung Bucina/Buchwald (ca. 4 Std., herrliche Aussicht). Eine zweite Wanderung hat die ehemalige Goldgräberstätte am Hamer-Bach und die Vydra-Schlucht zum Ziel (ca. 3 1/2 Std.). Lohnenswert ist auch der 5 km lange Rundlehrpfad zum Thema „Waldfreie Kulturlandschaft“.

Weiter geht es auf schmalem Sträßchen über Modrava (Mader), Srní (Rehberg) und Horky (Seckerberg) nach **Prášily** (Stubenbach). Diese vor rund einem Vierteljahrtausend begründete Glasmachersiedlung, in der später auch eine der ältesten Papierfabriken des Landes stand, war bis 1938 mit gutem Grund eine beliebte Sommerfrische. Nach Jahrzehnten des Niedergangs hat sie sich nun wieder zu einem veritablen Tourismus- und Erholungszentrum entwickelt. Eine wunderschöne Wanderung führt von hier zum **Stubenbachersee** (Prásilske jezero), einem fast 4 ha großen Gletschersee, den an der Südwestseite die 150 m hohe Wand des Polednik überragt. Auf dessen Gipfel (1315 m) gewährt ein Aussichtsturm ein prachtvolles Panorama. Gut 10 km weiter, südlich von **Nová Hůrka** (Neuhurkenthal) an der Straße Nr. 190, gibt der Lakasee (Jezero Laka), seines Zeichens kleinster und höchstgelegener Gletschersee des Böhmerwaldes, ein wunderschönes Wanderziel ab.

Auch auf dem Hauptplatz von Sušice hinterließ die Renaissance prachtvolle Spuren.

7 SUŠICE (SCHÜTTENHOFEN)

Ein Abstecher führt aus dem tiefen Tann des „Národní Park Šumava", dem **Nationalpark Böhmerwald**, über Rejštejn (Unterreichenstein) nordwärts nach **Sušice** (Schüttenhofen). Die ursprüngliche Goldgräbersiedlung, die heute auch im Ausland für ihre Streichholzfabrik SOLO bekannt ist, besitzt eine Reihe schöner Renaissance-Gebäude. Ein Prachtexemplar an der Ecke des weitläufigen Hauptplatzes beherbergt das Böhmerwald-Museum.

Ein winziger Umweg aus dem malerischen Tal der Otava über eine kleine Anhöhe nach Osten hat **Kasperské Hory** (Bergreichenstein) zum Ziel – ein uraltes Bergbaustädtchen, das mit einem netten Regionalmuseum und einer stattlichen Sammlung von Oldtimer-Motorrädern aufwartet (beide nur Mai–Oktober geöffnet).

Das Böhmerwald-Museum in Sušice umfasst auch eine Abteilung zur örtlichen Tradition der Streichholz-Herstellung.

8 ŽELEZNÁ RUDA (MARKT EISENSTEIN)

Diese letzte Station auf dem Streckenabschnitt, der parallel zu Tschechiens Südgrenze verläuft, mag mit ihren zahllosen Souvenirständen arg kommerzialisiert anmuten. Doch die Umgebung, deren Berge Höhen von über 1300 m erreichen und mit mehreren Gletscherseen durchsetzt sind, erweist sich, wenn man die Muße hat, als wunderbares Wandergebiet. Besonders beliebt: die Fahrt von Spicák aus per Sessellift auf den Pancír (1214 m).

Von Markt Eisenstein folgt die Autoroute einem weiteren alten Handelsweg zwischen Bayern und Böhmen (B27) Richtung Norden. Über **Gerlova Hut/Gerlhütte** erreicht man ...

→

Klatovy, eine Gründung Ottokar II., besitzt einen Marktplatz mit monumentalem Baubestand. Im Bild: der 76 m hohe Schwarze Turm und die St.-Ignatius-Kirche.

9 KLATOVY (KLATTAU)

Diese 1260 von König Ottokar II. auf einem Felsplateau begründete Stadt ist seit napoleonischer Zeit für ihre Nelkenzucht berühmt. Viel älter ist ihr von prachtvollen Patrizierhäusern umstandener **Marktplatz**. Dieser wird von einem 76 m hohen Schwarzen Turm (Aussichtsplattform!) dominiert. Ihm zu Füßen lohnen die **Katakomben** – die Ruhestatt mumifizierter Jesuitenmönche und Bürger aus früheren Jahrhunderten – einen Besuch. Highlight des in einer Stunde problemlos absolvierten Stadtrundgangs ist die **Barockapotheke** „zum Weißen Einhorn" (Marktplatz Nr. 147), deren Laden- und Laboreinrichtung aus dem Jahre 1733 von der UNESCO sogar zum Weltkulturerbe erklärt wurde (geöffnet nur Mai bis September).

Auf der Weiterfahrt Richtung Norden (Staatsstraße Nr. 27) passiert man nach nur 10 km das Dorf **Švihov** (Schwihau) mit einer der wenigen erhaltenen **Wasserburgen** Böhmens. An ihrem Bau war aller Wahrscheinlichkeit nach Benedikt Ried, maßgeblicher Mitschöpfer des Prager Veits-Doms und der Barbara-Kathedrale in Kuttenberg, beteiligt.

Die Pilsener Synagoge, in der vor dem Holocaust jeden Sabbat 3500 Juden beteten, gilt als zweitgrößte Europas.

10 PLZEŇ (PILSEN)

Pilsner Urquell und Škoda, an diese beiden Markenartikel denken die meisten wohl zuerst, wenn von Westböhmens Hauptstadt die Rede ist. Ersteres, ein helles, untergäriges Vollbier mit starkem Hopfenaroma und bis zu 12,5% Stammwürzegehalt, wird seit über 700 Jahren dort gebraut. Sein Name ist seit dem Zusammenschluss der Braumeister (1842) eine weltweit geschützte Herkunftsbezeichnung. Die Keimzelle der Škoda-Werke war eine 1859 gegründete,

Der Turm der Pilsener Bartholomäuskirche ist mit 103 m der höchste Kirchturm in ganz Tschechien.

Linkes Bild: der Neorenaissance-Bau des Westböhmischen Museums.

kleine Maschinenfabrik, aus der die Habsburger binnen wenigen Jahrzehnten die große Waffenschmiede der Monarchie, genannt „böhmische Kruppwerke", machten. Nach dem Zweiten Weltkrieg, an dessen Ende die Alliierten die Rüstungswerke zerbombt hatten, diversifizierte der Staat als neuer Eigentümer. Zusätzlich zu Waffen, Automobilen (seit 1906) und vielerlei Maschinen produzierte man nun auch Straßenbahnen, Züge, Busse, Turbinen und, nach sowjetischer Bauart, Kernreaktoren.

Auf den ersten Blick ist diese Stadt, die aus einer von bayrischen Handwerkern und Kaufleuten im 13. Jh. am Zusammenfluss von Mies (Mže) und Radbusa (Radbuza) in strengem Schachbrettmuster angelegten Siedlung hervorgegangen ist und heute rund 175.000 Einwohner zählt, eine ziemlich gesichtslose Industriemetropole. Doch erstens verleihen ihr die vielen tausend Studenten der örtlichen Universität jugendlichen Schwung. Außerdem gibt der historische Kern durchaus genug Sehenswertes für einen netten Bummel her: In ihrer Mitte, auf dem riesigen **Platz der Republik**, erhebt sich die **Bartholomäuskirche**. Ihr Turm ist mit 103 m der landesweit höchste und bietet von seiner Galerie einen schönen Panoramablick. In dem mit Sgraffiti reich verzierten Renaissance-**Rathaus** schwor Fürst Wallenstein 1634 im „Ersten Pilsener Revers" seine Offiziere bedingungslos auf seine Person als Generalissimus ein. Im Haus Nr. 41 residierte 1599 für ein Dreivierteljahr Kaiser Rudolf II., der samt Hofstaat vor der Pest aus Prag hierher geflohen war. In den umliegenden Gassen stößt man auf manch schillernde Jugendstil- und Historismus-Fassade.

An der Ringstraße steht das **Tyl-Theater**, benannt nach Josef Kajétan Tyl, dem Dichter der tschechischen Nationalhymne, der 1856 in Pilsen starb. Die **Synagoge** mit ihren zwei Zwiebeltürmen gilt, nach der in Budapest, als zweitgrößte in Europa. 1888 erbaut, bot sie vor dem Holocaust Pilsens gesamter 3500-köpfiger Gemeinde Platz. 1998 wurde sie, auf Hochglanz renoviert, wieder eröffnet. Unter den

Hinter dem Repräsentationsportal der Pilsener Brauerei erwartet Freunde des Gerstensaftes die mit 580 Plätzen größte Bierhalle Tschechiens.

Museen der Stadt hervorhebenswert sind: das Diözesanmuseum im Kreuzgang des ehemaligen Franziskanerklosters, das Westböhmische Museum (allein schon wegen seines neobarocken Interieurs), die Kunstausstellungen der Westböhmischen Galerie in den ehemaligen Fleischerbänken (Masné krámy), und last, but not least, das Brauereimuseum im spätgotischen Mälzhaus.

Das Benediktinerkloster von Kladruby wurde im frühen 12. Jh. gegründet und im 18. nach Plänen K. I. Dientzenhofers im Barockstil wieder aufgebaut.

11 KLADRUBY (KLADRAU)

In dem 30 km westlich von Pilsen gelegenen Dorf wartet eine Pflichtstation für alle Kunstinteressierten: Das hiesige **Benediktinerkloster** wurde 1114 gegründet und galt einst als größtes und reichstes Kloster Böhmens. Nach den Verwüstungen im hussitischen und im Dreißigjährigen Krieg erstand der Komplex als barocker Phönix aus der Asche neu. Die Gesamtpläne dafür schuf Kilian Ignaz Dientzenhofer. Die grandiose, kürzlich generalrenovierte Marienkirche mit ihrer 68 m hohen Kuppel entwarf Giovanni Battista Santini. Und zwar in jenem ganz speziellen Stil der so genannten barocken Gotik, der auch seine Wallfahrtskirche auf dem Grünen Berg bei Žd'ár nad Sázavou auszeichnet.

Die Marienkirche auf dem Heiligenberg (Svatá Hora) in Příbram zählt zu den meistbesuchten Wallfahrtszielen des Landes.

12 PŘÍBRAM

Das knapp 60 Straßenkilometer östlich von Pilsen gelegene Industrie- und Bergbaustädtchen besitzt eine einzige Attraktion. Ihretwegen darf es auf der touristischen Landkarte freilich einen Fixplatz beanspruchen. Immerhin zählt die Wallfahrtsstätte **Svatá Hora** (Heiligenberg) zu den meist besuchten Pilgerzielen in Tschechien. Die frühbarocke Marienkirche mit der berühmten Marienstatue, einer Gabe des ersten Prager Erzbischofs aus der Mitte des 14. Jh., wurde von den besten Barockmeistern Böhmens, unter ihnen Jan Brokoff und Peter Brandl, üppig ausgeschmückt. Beachtenswert sind auch die Engel- und Heiligenfiguren auf der Terrassenbalustrade. Seit Mitte des 17. Jh. führt eine gedeckte, später von Kilian Ignaz Dientzenhofer umgestaltete „Heilige Stiege“ aus der Stadt 400 m weit auf den Hügel. Für montanistisch Interessierte relevant: das **Bergbaumuseum** samt Grubenturm, historischem Schacht und Knappenhütten im Ortsteil Březové hory.

13 ORLÍK & ZVÍKOV

Keine Frage, die Lage von **Schloss Orlík** war vor 1960 ungleich spektakulärer. Bevor man die Moldau über Dutzende Kilometer weit aufgestaut hat, überragte sie wirklich wie

Schloss Orlík am Ufer der aufgestauten Moldau verdankt sein neogotisches Aussehen einem Umbau durch die Familie Schwarzenberg Mitte des 19. Jh.

ein „Adlernest“ (so die wörtliche Übersetzung seines Namens) das tief eingeschnittene Flusstal. Mittlerweile steht es nur mehr wenige Meter über dem Seeufer und in seine Fundamente hat man Beton injiziert, damit nicht die Wellen an ihm nagen. Eine königliche Burg stand auf dem markanten Felssporn schon im 13. Jh. Ihr heutiges neogotisches Gepräge bekam die Anlage um 1850 verliehen. Und zwar von einem Zweig der Schwarzenbergs, die Orlík ein gutes Jahrhundert zuvor zu ihrer Residenz erkoren hatten, und deren prominentester Spross, Feldmarschall Karl Philipp, der Führer der Streitmacht gegen Napoleon bei Leipzig, in der Familiengruft in der Nähe des Schlosses begraben liegt. Das repräsentative Interieur, das man im Rahmen einstündiger Führungen vorgeführt bekommt, ist durchwegs jüngeren Datums. Auch der zugehörige gepflegte Park ist eine Schöpfung des 19. Jh.

14 km flussaufwärts, an der Mündung der Otava in die Moldau, erhebt sich ein weiteres Refugium der Schwarzenbergs: die **Burg Zvíkov** (Klingenberg). Im 13. Jh. von den Přemysliden gegründet, war sie über die Zeit völlig verfallen, ehe man sie im 19. Jh. teilweise rekonstruierte. Die Anlage atmet, verglichen mit Orlík, eine wohltuende Schlichtheit. Höhepunkte sind: der Beulenturm (Hlízová zed’), der Wachturm (Hláska), der fünfflügelige Palast mit seinen Arkaden, der um 1500 freskierte Hochzeitssaal und die Wenzelskapelle mit dem spätgotischen Altarrelief.

Im Sommer verkehren zwischen Orlík und Zvíkov Ausflugsschiffe. Konditionsstarke wandern den zwischen den beiden Burgen mit 14 Raststellen angelegten, naturwissenschaftlichen Pfad ab.

Der zentrale Žižkaplatz der einstigen Hussiten-Hochburg Tábor wird von der gotischen Kirche Zur Verklärung Christi überragt.

14 TÁBOR

Die 90 km südlich von Prag zwischen dem Flüsschen Lužnice (Lainsitz) und dem Jordán-Teich gelegene Stadt ist untrennbar mit der Geschichte der Hussitenbewegung verbunden. In den Jahren nach der Verbrennung von Jan Hus in Konstanz (1415; s. S. 24) begannen sich die Radikalen unter seinen Anhängern in böhmischen Landen auf Anhöhen zu versammeln, um das Wort Gottes zu hören und die Kommunion in beiderlei Gestalt – also auch in der des unter Katholiken Priestern vorbehaltenen Weines – zu empfangen. Die größten derartigen Treffen fanden auf einem Hügel nahe der Burg Kotnov statt. Mehrere tausend Bauern und Handwerker samt ihren Familien lauschten hier, beseelt von der Idee einer urchristlichen, klassenlosen Gesellschaft ohne Privatbesitz, militanten Predigern und beschlossen, fortan bewaffnet gegen Kaiser und Kirche vorzugehen. Ihr Anführer wurde Jan Žižka von Trocnov (s. S. 23). Aus dem anfänglichen Zeltlager wurde eine Festung, aus der Festung eine Stadt. Diese Bastion ihrer Bewegung benannten sie demonstrativ nach dem Berg Tábor, auf dem gemäß Neuem Testament der verklärte Christus dreien seiner Jünger erschienen war.

Nach der Niederlage der radikalen Hussiten gegen das Koalitionsheer ihrer gemäßigten einstigen Mitstreiter und der Katholiken bei Lipany (1434) setzte in Tábor rege Bautätigkeit ein. Das Layout des historischen Stadtkerns hat sich seit damals kaum geändert und steht unter Denkmalschutz. Im Zentrum des Gassengeflechts, dessen Enge und Unübersichtlichkeit ursprünglich der Verwirrung allfälliger Angreifer dienen sollte, liegt der **Žižkov-Platz** (Žižkovo náměstí), bewacht von seinem halbblinden, bis zum Tod 1424 unbesiegten Namenspatron. Das alles überragende Baudenkmal ist hier die spätgotische, hinterher mit Renaissancegiebeln und einem barocken Helm versehene **Kirche Zur Verklärung Christi** (Panoramablick von ihrem Turm!). Das kaum minder prächtige, spätgotische **Rathaus** schräg gegenüber, in dem heute ein – ausgesprochen informativ gestaltetes – **Hussitenmuseum** und auch die örtliche Touristeninformation untergebracht sind, besitzt im ersten Obergeschoss einen herrlichen Ratssaal. Vom Keller aus kann man im Rahmen von Führungen einen kleinen Bereich jenes insgesamt 14 km langen, unterirdischen Labyrinths begehen, das sich die Taboriten in der Gründungszeit als Zufluchtsort und Lager gruben. Spektakulär sind die Hausgiebel rund um den Platz. Besondere Schmuckstücke sind das **Ctibor-** und das **Škoch-Haus** (Nr. 6 bzw. 22). Weitere wun-

Vor dem Hintergrund weißer Renaissance-Giebel wacht Jan Žižka von Trocnov, der blinde Feldherr der Taboriten, über den nach ihm benannten Platz.

Hluboká nad Vltavou, das 10 km nördlich von Budweis gelegene Frauenberg, ist die Ikone der romantischen Schlossarchitektur in Tschechien.

derschöne Häuser säumen vor allem die Richtung Südosten verlaufende **Pražská** (Prager Gasse). Ein Abstecher führt in die Südwest-Ecke zum Bechiner Tor (Bechyňská brána) und zu jenem mächtigen Rundturm, der als einziger Rest der Burg Kotnov der Zeiten Lauf überdauerte.

15 HLUBOKÁ NAD VLTAVOU (FRAUENBERG)

Knapp 10 km vor Budweis überragt ein weißes Märchenschloss das Moldautal. Seine Wurzeln reichen bis ins 13. Jh. zurück, als die Přemysliden, genauer: Wenzel I., auf dem hohen Fels eine Burg erbauten. Ab 1450 wechselten die Besitzer in rascher Folge. Mitte des 16. Jh. gestalteten die Herren von Hradec das Anwesen im Stil der Renaissance um. Gut hundert Jahre später ging es in die Hand der katholisch-kaisertreuen Fürstenfamilie Schwarzenberg über. Sie erkor es zum Zentrum ihrer Herrschaft, die sich über weite Teil Südböhmens, der Steiermark und Krain erstreckte. Sie war es auch, die Schloss Frauenberg barockisierte und Mitte des 19. Jh. schließlich sein heutiges neogotisch-romantisierendes Aussehen gab. „Böhmisches Neuschwanstein“, oder wegen des nachempfundenen Tudorstils auch „Windsor Castle“, wird der mit Spitzbogenfenstern, Erkern und zinnenbewehrten Türmen versehene Bau, den nach dem Zweiten Weltkrieg der tschechische Staat konfiszierte, gerne genannt.

Über eine Viertelmillion Besucher im Jahr bestaunen während der ca. einstündigen Führung durch die rund 30 Räume deren kostbares, aus diversen Epochen stammendes Mobiliar, die reichhaltige Sammlung von Gemälden,

Der Marktplatz von Budweis imponiert nicht nur durch seine monumentalen Ausmaße (133 m im Quadrat), sondern auch durch die Homogenität seines Baubestands.

Fayencen, Wandteppichen und Jagdtrophäen sowie den Wintergarten aus Glas und Gusseisen. Anschließend spazieren sie durch den 190 ha großen englischen Park und durch die ehemalige Reithalle, in der heute die **Aleš-Galerie** zuhause ist – eine hochkarätige Sammlung mit den Schwerpunkten regionale Gotik, Alte Meister aus Flandern und den Niederlanden sowie Tschechische Kunst des 20. Jh., von Jugendstil und Kubismus eines Preisler, Čapek, Filla und Kubišta bis zur Pop Art der sechziger Jahre.

16 ČESKÉ BUDĚJOVICE (BUDWEIS)

Gesichtslose Industrieanlagen umrahmen diese 22 km nordwestlich von Krumau an der Mündung der Malše (Maltsch) in die Moldau gelegene 100.000-Einwohner-Stadt. Umso sehenswerter ist freilich, was sie in ihrem Herzen birgt: einen 133 x 133 m großen, allseits von Laubengängen gesäumten **Marktplatz**. Der Rundblick vom 72 m hohen Schwarzen Turm (spätes 16. Jh.) offenbart die weiteren Attraktionen der 1265 von König Ottokar II. gegründeten ehemaligen Handelsstation an der alten Salzroute von Linz nach Prag: die barocke St.-Nikolaus-Kathedrale und das sgraffito-verzierte Kneisl-Haus, das Dominikanerkloster mit seinem gotischen Kreuzgang und der Marienkirche sowie das Salzhaus (solnice) mit seinem markanten Treppengiebel, hinter dem heute ein Motorrad-Museum beheimatet ist. Unmittelbar zu Füßen, an der Westseite des weiten Gevierts, steht das dreitürmige, barocke Rathaus, dessen Glockenspiel die Passanten regelmäßig mit lieblichen Melodien umsäuselt. In der Mitte plätschert der achteckige Samsonbrunnen – der mit einem Durchmesser von 17 m immerhin größte steinerne Brunnen in Böhmen (entworfen 1727).

Das Hof-Ensemble am Anger von Holašovice: mit gutem Grund von der UNESCO zum Weltkulturerbe erklärt.

Apropos plätschern: Bierfreunde pilgern natürlich in die weltberühmte, rund 2 km nördlich des Stadtkerns an der Ausfallstraße nach Prag gelegene **Brauerei**. Individualreisende können sich für gewöhnlich einer der regelmäßigen Gruppenführungen durch den Traditionsbetrieb anschließen. Hinterher kann man die hauseigenen Sorten verkosten. Das Original „Budvar", das hier in den Kesseln gärt, ist übrigens nicht mit dem „Budweiser" alias „Bud" zu verwechseln, mit dem Mitte des 19. Jh. ein deutscher Auswanderer namens Adolphus Busch in den USA ein Vermögen machte und heute der US-Konzern Anheuser-Busch die Welt überschwemmt.

Zwei nostalgische Tipps zum Schluss: Das Südböhmische Museum südöstlich der Altstadt bietet eine – freilich etwas unzeitgemäße – Tour d'horizon über die Natur- und Kulturgeschichte der Region, während ein Stück weiter südlich ein kleines **Museum** jener ersten **Pferdeeisenbahn** in Kontinentaleuropa gedenkt, die ab 1827 zwischen Linz und Budweis verkehrte.

Ein Fassadendetail im Stil des „südböhmischen Bauernbarock".

Ein mit dem Gütesiegel der UNESCO versehenes Kleinod wartet gut 15 km westlich von Budweis: **HOLAŠOVICE**, ein Musterbeispiel eines mitteleuropäischen Dorfes, das sich weitgehend homogen aus der ersten Hälfte des 19. Jh. erhalten hat. Der Baustil der Höfe, die sich um den grünen Anger scharen, wird als „südböhmischer Bauernbarock" bezeichnet. So ident ihr langgestreckter Grundriss ist, so vielfältig sind die Dekordetails an Giebeln und Scheunentoren. Hochgradig amüsant ist der Besuch von **Schloss Kratochvíle**, das sich nahe dem Dorf Netolice, 25 km nordwestlich von Budweis, an der Straße nach Prachatice hinter Bäumen und Hecken verbirgt. Der entzückende Renaissancebau macht seinem deutschen Namen alle Ehre (Kratochvíle bedeutet Kurzweil), beherbergt er doch ein **Museum für** den tschechischen **Puppen- und Zeichentrickfilm**. Im Rahmen der Schlossführung, die durch wunderschön bemalte und stuckierte Räume führt, bekommt man nicht nur Zeichnungen und Storyboards, sondern auch einige kurze, sehr originelle Streifen gezeigt.

HÖHEPUNKTE

TŘEBOŇ (WITTINGAU)
Beschaulichkeit im Reich der Karpfen – Wandern, Radfahren und ein Stadtbummel wie anno dazumal: S.80

JINDŘICHŮV HRADEC (NEUHAUS)
Das Renaissanceschloss der Herren von Hradec – italienische Grandezza zwischen böhmischen Fischteichen: S. 81

TELČ
Eine Stadt wie im Märchen(-film) – mit dem schönsten Marktplatz des Landes aus der Renaissance: S. 83

TŘEBÍČ
Zwei Sehenswürdigkeiten mit Seltenheitswert – eine romanische Basilika und ein baulich komplett erhaltenes Judenviertel: S. 86

JAROMĚŘICE
Klassische Musik im festlichen Rahmen – das Musikfestival im monumentalen Barockschloss: S. 87

ZNOJMO (ZNAIM)
Gotische Schätze, malerische Plätze und am Stadtrand ein Naturparadies – die überfällige Rehabilitierung der Gurkenmetropole: S. 89

NATIONALPARK THAYATAL
Ein herrlich unberührtes Durchbruchstal – mit dichten Wäldern, romantischen Burgruinen und einem Barockschloss als Fünf-Sterne-Attraktion: S. 90

MORAVSKÝ KRUMLOV
Unscheinbare Kleinstadt mit einem Kunstjuwel von Weltrang – Alfons Muchas Gemäldezyklus „Slawisches Epos“: S. 91

POLLAUER BERGE
Wandergebiet mit Fernblick fast bis nach Wien – und mit einem Badesee zu seinen Füßen: S. 93

VALTICE & LEDNICE
Das Arkadien der Liechtensteins – ein einzigartiger, 200 km^2 großer Landschaftsgarten mit zwei Prachtschlössern und unzähligen weiteren Attraktionen: S. 94

Historischer Umzug in Znaim: Die reiche Vergangenheit ist auch in den Herzen der Menschen lebendig.

Route 3

ZWISCHEN TEICHEN UND DER THAYA

Von Třeboň über Telč und Znaim nach Nikolsburg

Auch diese Fahrt entlang der Südgrenze des Landes gleicht über weite Strecken einer Zeitreise. An ihrem Beginn durchquert man das flache Torfgebiet Třeboňsko, in dessen rund 6000 Teichen der berühmte südböhmische Karpfen gezüchtet wird. Städtebauliche Perlen wie Jindřichův Hradec, Slavonice und der von der UNESCO zum Weltkulturerbe geadelte Renaissancetraum Telč säumen, Auge und Kunstsinn schmeichelnd, den weiteren Weg, ehe man in Iglau dem genius loci Gustav Mahlers nachspüren kann. Aus zweierlei Gründen, dank seines Judenviertels und der spätromanischen Basilika, markiert Třebíč einen Höhepunkt. Während man nur wenig weiter, im Schloss von Jaroměřice, in barocken Formen und Farben schwelgen kann. Eine ausführliche Erkundung verdient Znojmo/Znaim, beherbergt es doch eine ganze Reihe ebenso interessanter wie alter Baudenkmäler. In seiner Umgebung, insbesondere im Nationalpark Thayatal, kann man herrlich wandern, Vögel beobachten, Kanu fahren. Und dem Wein zusprechen. Südmährische Kreszenzen genügen längst höchsten Qualitätsansprüchen! Wem es nach Baden und Bootfahren gelüstet: Die aufgestaute Thaya bei Vranov und, besser noch, weiter östlich bei Westonitz, bietet dazu gute Gelegenheit. Einen charmanten Zwischenstopp legt man in Mikulov/Nikolsburg ein, ehe man die beiden Liechtenstein-Schlösser Valtice und Lednice besichtigt und den zwischen beiden angelegten, faszinierenden Landschaftsgarten durchwandert.

Südböhmen ist Karpfenland. Die Dichte an Teichen ist in der Gegend von Třeboň besonders hoch.

1 TŘEBOŇ (WITTINGAU)

Gemütlich geht es am Startplatz zu. Das hübsche, eine knappe halbe Autostunden von der österreichischen Grenze bei Gmünd und 25 km von Budweis entfernte Städtchen verströmt noch die Beschaulichkeit vergangener Tage: ein länglicher Marktplatz, wie in der Region üblich gesäumt von bunten, zierlichen Giebelhäusern, in seiner Mitte eine Mariensäule, ein Brunnen, an einer Seite ein repräsentatives Rathaus samt Turm, an der anderen das Schloss – in diesem Fall ausnahmsweise bis auf wenige Räume unzugänglich, weil als Archiv genutzt, dahinter ein Schlosspark im Stil eines englischen Landschaftsgartens, an dessen Nordrand ein im Zuge der josephinischen Reformen aufgehobenes Augustinerkloster mit einer schönen gotischen Hallenkirche (St. Ägidius; Fresken aus der Bauzeit!); und rund um diese kompakte Altstadt ein weitgehend erhaltener Ring von Wehrmauern, durchbrochen von vier stattlichen Stadttoren.

Nicht minder idyllisch ist das Umland, genannt **Třeboňsko**. Im Unterschied zum Rest Südböhmens besteht es nicht aus welligen Hügeln, sondern torfigem Flachland. Es ist sehr wohl auch waldreich, teilweise moorig, vor allem aber, dies sein Hauptmerkmal, durchsetzt von insgesamt 6000 (!) Teichen. **Kapr**, der Karpfen, ist das kulinarische Markenzeichen der Gegend, und ein Volksfest das alljährliche „Ausfischen" im Spätherbst. Es waren dieselben Herren von Rožmberk, die einst die Stadt in eine Renaissancefestung verwandelten und das Schloss bauten, die im 15. und 16. Jh. systematisch Teiche anlegten und

zu deren Entwässerung, parallel zur Lužnice (Leinsitz), den 50 km langen Goldenen Kanal (Zlatá stoka) graben ließen. Von ihrer Initiativkraft profitieren auch heutige Touristen, denn die Teichlandschaft gibt ein wunderbares Revier für Wanderungen und Radtouren ab. Diesbezüglich besonders beliebt: der 12 km lange Naturlehrpfad „rund um die Welt“ (Svět, Welt heißt der 200 ha große Teich mit Freibad und Bootsverleih südlich der Stadt), aber auch die ungefähr zwanzigminütige Wanderung vom Hauptplatz am **Svět-Teich** vorbei bis zur **Familiengruft** der **Schwarzenbergs**, jenes Adelsgeschlechts, das im ausgehenden 19. Jh. in Böhmen mehr Grund und Boden als jedes andere besaß und bereits um 1660 die Herrschaft über Třeboň und Umgebung innehatte.

Das Schloss von Třeboň: von außen anmutig, aber für neugierige Reisende leider größtenteils unzugänglich.

2 JINDŘICHŮV HRADEC (NEUHAUS)

Diese größte der Kleinstädte im Fischteich-Land geht auf eine Feste zurück, die ein gewisser Jindřich (Heinrich) von Wittigo im Jahr 1220 errichtete und Nova domus (Neues Haus) taufte, und die seine tschechischen Untertanen alsbald Jindřichův Hradec, Heinrichsburg, nannten. Aus der anfangs romanischen Wasserburg wurde in der zweiten Hälfte des 16. Jh. mit Hilfe italienischer Baumeister ein glänzendes **Renaissanceschloss** mit einem wunderschön manierierten Gartenpavillon als Wahrzeichen. Die Wohn- und Repräsentationsräume des imposanten Komplexes, der von 1693 bis 1945 der Adelsfamilie Černin gehörte

Das Renaissanceschloss von Neuhaus war 250 Jahre lang, bis 1945, im Besitz der Černin und ist an drei Seiten von Wasser umgeben.

und sich noch immer an drei Seiten malerisch in einem Teich, einem Kanal und einem Flüsschen spiegelt, sind mit Kostbarkeiten gespickt. Höhepunkte des in dreierlei Varianten angebotenen Rundgangs sind: die gotische Burgkapelle mit Originalfresken zur Georgslegende, der hinterste der drei Innenhöfe mit seinen dreigeschossigen Arkaden und die Gemäldegalerie, in der u.a. Bilder der Barockmaler Peter Brandl und Karel Škréta hängen.

Die bis dahin mittelalterliche Bausubstanz der Stadt hat 1801 stark unter einer Feuersbrunst gelitten. Dennoch empfiehlt sich ein Bummel durch die geruhsamen Gassen. Dabei lohnen auf dem dreieckigen, leicht abfallenden **Marktplatz** die Dreifaltigkeitssäule und, in der Nordostecke, das Langrův dům mit schönem Sgraffitoschmuck und Diamantgewölbe; weiters die **Johanneskirche** im ehemaligen Minoritenkloster mit ihren gotischen Wandmalereien und die ebenfalls gotische **Maria-Magdalenen-Kirche** mit ihrem – besteigbaren! – Turm. Im **Bezirksmuseum** im früheren Jesuitenseminar lernt man, dass Ferenc Rákóczi II., Held des ungarischen Freiheitskampfes, in Neuhaus studierte, dass Friedrich Smetana, der in einer Brauerei in Leitomischl das Licht der Welt erblickte, 1831–35 in der örtlichen Brauerei wohnte, und dass zwei Orte weiter, im Schloss von Stráž nad Nežárkou, Ema Destinnová, eine der weltweit gefeiertsten Operndiven des frühen 20. Jh., lebte. Außerdem zu sehen: eine 60 m² große Weihnachtskrippe mit über 1000 teilweise beweglichen Figuren.

Aus der Vogelperspektive erschließt sich die traumhafte Lage von Telč erst so richtig: zwei riesige Fischteiche und dazwischen, auf einer Insel, ein architektonisches Fünf-Sterne-Juwel aus der Renaissance.

3 SLAVONICE (ZLABINGS)

Wirtschaftlicher Niedergang kann bekanntlich helfen, architektonische Schätze zu konservieren. Im Falle von Zlabings trugen zum einen die Verlegung der Kaiserstraße an die Strecke Iglau-Znaim, zum anderen die Entscheidung, den Hauptschienenweg von der Donau nach Zentralböhmen weiter westlich zu führen, maßgeblich dazu bei, dass die Stadt seit dem 16. Jh. in tiefem Dornröschenschlaf liegt. Zugegeben, Slavonice glitzert nicht wie ein architektonisches Fünf-Stern-Juwel. Doch Stilconnaisseure schnalzen beim Gang über den durch die Marienkirche in einen Horní (Oberen) und einen Dolní (Unteren) Teil getrennten **Marktplatz** allemal mit der Zunge. Denn eine solche Dichte an erstklassigen Renaissance-Fassaden ist selbst in Südböhmen rar. Viele haben Lauben, manche Sgraffiti mit kunstvollen „Comic strips" vorwiegend alt- und neutestamentarischen Inhalts, und einige in den Eingangsdielen besonders wertvolle, weil sehr seltene Diamantgewölbe. Speziell sehenswert ist der ehemalige **lutherische Betraum** (Horní náměstí, Nr. 517) wegen seiner originellen Wandmalereien mit Szenen aus der Apokalypse, die auf wundersame Weise die Gegenreformation überstanden haben.

Zwei von vielen Sgraffito-Fassaden, die in Zlabings Geschichten aus dem Alten und Neuen Testament erzählen.

4 TELČ

Als „Stadt wie im Märchen" oder, etwas nüchterner, als „schönste mittelalterliche Stadt Tschechiens" wird Teltsch gerne bezeichnet. Wer durch die nahezu unversehrten Befestigungen hindurch auf den langgestreckten Marktplatz einrollt – oder besser: spaziert – weiß weshalb: Eingezwängt

Auf dem Hauptplatz von Telč: kein neumodisches Einsprengsel stört die malerische Front von Laubenhäusern.

zwischen zwei riesige Fischteiche (Štěpnický und Ulický rybník) drängen sich auf ihm in zwei langen Reihen bunte Bürgerhäuser mit durchgehenden Lauben und vielförmigen Giebeln, in deren Stilen Gotik, Renaissance und Barock zu einer harmonischen Einheit verschmelzen. Diesem malerischen Ensemble verdankt das nur 6000 Einwohner zählende Städtchen, dass es schon früh unter Denkmalschutz gestellt, in den 1950er Jahren sorgfältig restauriert, 1992 von der UNESCO zum Weltkulturerbe erklärt und in unzähligen Filmen als Kulisse genutzt wurde.

Vom Marienbrunnen an der Südostseite wirkt der Platz wie ein barocker Bühnenprospekt.

Gegründet wurde die Siedlung im 12. Jh., durch eine Burg befestigt im 13., zur Stadt erhoben im 14. Nachdem 1530 ein Großfeuer alle Holzhäuser aus gotischer Zeit verschlungen hatte, wurden sie aus Stein im Stil der Renaissance erneuert. Seither blieben, sieht man von vereinzelten barocken Kurven und der Pestsäule in der Platzmitte ab, Raumgefüge und Aussehen weitgehend unverändert. Das Renaissanceschloss am westlichen Ende des Dreiecksplatzes ging aus einem gotischen Adelssitz hervor. Wie sein Gegenstück in der nahen Stadt Neuhaus (s.S. 81), wurde es offenkundig durch die Vorliebe seines Bauherrn Zachariáš von Hradec für alles Italienische geprägt. Seine entsprechend prächtigen, um zwei Arkadenhöfe gruppierten, teilweise mit Sgraffiti und Kassettendecken versehenen Räumlichkeiten umfassen u.a. ein Zeughaus, eine Rüstkammer, einen Blauen, einen Goldenen und einen Speisesaal sowie die Grabkapelle des Zacharias (gest. 1589) und seiner Gemahlin Katharina von Waldstein. Ebenfalls im Schloss untergebracht sind das **Stadtmuseum** (muzeum vysočiny) und die

Das Teltscher Schloss, das den Marktplatz im Nordwesten begrenzt, ist wegen seiner kostbaren Renaissancesäle besichtigenswert.

Galerie mit Gemälden des surrealistischen Malers Jan Zrzavý (1890–1977). Den besten Eindruck von der Anmut des Städtchens gewinnt man aus der Vogelperspektive: von der Plattform des **Hl.-Geist-Turms**, der sich in der Ostecke des Ortes neben der gleichnamigen gotischen Kirche 49 m hoch gen Himmel reckt.

5 JIHLAVA (IGLAU)

Nein, eine wirkliche Pflichtstation für Kunstinteressierte bildet diese 80 km westlich von Brünn auf der Českomoravská vrchovina, der Böhmisch-Mährischen Höhe, gelegene Stadt mit ihren gut 50.000 Einwohnern nicht. Was verwundert, verdankt sie ihre Existenz und ihren frühen Reichtum doch, ähnlich wie Kutná Hora, extrem ergiebigen Silbervorkommen; und war sie dereinst doch sogar die älteste Bergstadt der böhmischen Krone, deren Bergrecht für viele Länder Vorbildcharakter hatte und längere Zeit sogar in Südamerika galt. Außerdem florierten hier seit dem 15. Jh. die Tuchmacher- und Leinenweberei. Aber 1523 äscherte eine Feuersbrunst weite Teile der seinerzeit prächtigen Bausubstanz ein. Drei Generationen später kam der Dreißigjährige Krieg über sie, an dessen Ende von den einst 13.000 lutheranischen Einwohnern nur 300 nicht emigriert waren. Einen ähnlich argen Aderlass bedeuteten schließlich die Vertreibungen von 1945. Bis dahin war Iglau der Hauptort einer deutschen Sprachinsel gewesen.

Trotz all dem lohnt ein Rundgang. Immerhin finden sich zwischen dem nach T. G. Masaryk benannten Hauptplatz

Gedenktafel für Gustav Mahler an seinem Elternhaus in Iglau. Der im nahen Dorf Kaliště geborene Komponist verbrachte hier seine Jugend.

und den in weiten Abschnitten erhaltenen Wehrmauern mehrere sehenswerte Gotteshäuser: die hochbarocke **Jesuitenkirche** samt ehemaligem Kolleg (St. Ignatius; in der Nordostecke des Masarykplatzes), die gotische Pfarrkirche **St. Jakob** (zu beachten: die Katharinenskulptur und das Renaissance-Taufbecken) und, als gotisches Kleinod hinter barocker Fassade verborgen, das **Minoritenkirchlein** (in der Muttergottesgasse/Matky Boží, an deren Ende auch das gleichnamige, als einziges erhaltene Stadttor steht). An **Gustav Mahler**, der 1860 im nahen Dorf Kaliště geboren wurde und in Iglau aufwuchs, erinnern ein kleines Museum (in der Kosmákova Nr. 9) und, an der Fassade des Elternhauses (Znojemská Nr. 4), eine Tafel. Der erwähnte **Hauptplatz** ist mit seinen Ausmaßen von 330 x 114 m einer der größten im Land und von einer Reihe stattlicher Patrizierhäuser gesäumt. Auch die beiden barocken Brunnen und die Mariensäule sind beachtenswert. Das Textilkaufhaus, jenen Betonklotz, den die Kommunisten 1982 in einem Anfall ästhetischen Irrwitzes in seine Mitte geklotzt haben, kann man ja, auch wenn es schwer fällt, geflissentlich übersehen.

Die „Hintere" Synagoge in Třebíč – im Bild: innen und außen – ist seit einigen Jahren ein Museum zur Erinnerung an die einst große jüdische Gemeinde.

6 TŘEBÍČ

Zwei Dinge machen einen Zwischenstopp in dieser rund 40 km südöstlich von Jihlava gelegenen Kreisstadt unerlässlich: die dem Hl. Prokop geweihte Basilika und das ehemals jüdische Viertel. Schon im Jahr 1101 hatten sich Benediktinermönche auf einem Hügel über dem Nordufer des Flusses Jihlava, der Igel, niedergelassen. Ihr Kloster wurde im 15. Jh. aufgehoben und zu einem Schloss umgebaut. Später barockisiert, birgt es heute das Westmährische Museum, dessen Besonderheit eine Sammlung wertvoller Weihnachtskrippen darstellt. Aus dem 13. Jh. weitgehend erhalten blieb indes die **Klosterkirche**, eine dreischiffige Pfeilerbasilika im Übergangsstil von der Romanik zur Gotik. Als deren eindrucksvollste Elemente bleiben die Apsis mit ihrer Säulengalerie, das Paradiestor genannte Nordportal mit seinem Vorbau und die großflächige Krypta im Gedächtnis haften.

Das zwischen Fluss und felsiger Anhöhe eingezwängte einstige **Ghetto** zählt zu den architektonisch am besten erhaltenen Judenvierteln Europas und ist von dementsprechend großem städtebaulichen Wert. Von seinen ursprünglich 1700 Bewohnern (die zur Blütezeit im ausgehenden 18. Jh. 60 Prozent der Gesamtbevölkerung von Třebíč stellten) war die Mehrheit bereits vor dem Zweiten Weltkrieg

Das 120 Häuser umfassende einstige Judenviertel von Třebíč. Im Hintergrund: die Klosterkirche St. Prokop.

weggezogen. Die verbliebenen 300 kamen im Holocaust um. Ihr Bezirk, der 120 Häuser umfasst, wird ironischerweise erstmals jetzt, wo hauptsächlich zugewanderte Roma darin leben, grundlegend renoviert. Sehenswert sind neben diversen Wohnhäusern auch die ehemalige Schule, das Rabbinat, Kranken- und Armenhaus. Von den beiden erhaltenen **Synagogen** wurde die barocke „Vordere" in den 1950er Jahren zu einer hussitischen Kirche umgewandelt, die „Hintere" aus dem frühen 17. Jh., deren Wände mit hebräischen Inschriften und kostbaren Ornamenten verziert sind, dient seit einigen Jahren als Museum. Auf ihrer Frauengalerie informiert eine Dauerschau über Alltag und Geschichte der örtlichen Judengemeinde. Lohnend ist der Aufstieg – immer den Schildern Richtung „Židovský hřbitov" nach – zum Jüdischen Friedhof, der an die 3000 teilweise sehr alte Grabsteine enthält. Von der Informationsstelle in der Hinteren Synagoge führt ein Fußgängersteig über den Fluss und durch eine Passage auf den **Hauptplatz** (Karlovo náměstí), der freilich nur mehr durch seine gewaltigen Maße, nicht aber die Qualität seiner Bebauung die ökonomische Bedeutung der Stadt im Mittelalter erahnen lässt.

Die dreischiffige, dem Hl. Prokop geweihte Pfeilerbasilika aus der Wendezeit zwischen Romanik und Gotik ist Teil des UNESCO-Weltkulturerbes.

7 JAROMĚŘICE

Zehn Autominuten südlich von Třebíč ragen aus dem ziemlich flachen Land eine mächtige, von zwei Kirchtürmen flankierte Kuppel sowie ein nicht minder imposanter, mehrflügeliger Repräsentationsbau. Das **Barockschloss** von Jaromeritz an der Rokitna ist eine Ikone der südmährischen

Am Bau des Barockschlosses von Jaromeritz, bekannt für sein Sommerfestival klassischer Musik, waren Jakob Prandtauer und J. L. von Hildebrandt maßgeblich beteiligt.

Schlösserlandschaft. Es entstand in der ersten Hälfte des 18. Jh. anstelle einer mittelalterlichen Festung. Seine Pläne entwarf zum großen Teil Dominico d'Angeli, aber auch Jakob Prandtauer, der Schöpfer von Kloster Melk, und Johann Lukas von Hildebrandt (Kirche!) waren maßgeblich beteiligt. Seine ungemein reiche Innenausstattung stammt vorwiegend von Künstlern italienischer Provenienz. Graf Adam von Questenburg, der Bauherr, war ein tatkräftiger Mäzen und machte seinen Wohnsitz zu einem Zentrum barocker Lebenslust und Kunst. Er unterhielt zum Beispiel ein eigenes Orchester, das im Musik- und Tanzsaal regelmäßig viel beachtete Konzerte gab. So dürfte es wohl ganz seinem Sinn entsprechen, dass Schloss Jaroměřice heute jeden Juli und August Schauplatz eines qualitätsvollen **Festivals für klassische Musik** ist. Zwei Führungsvarianten stehen dem Besucher zur Auswahl: eine ca. 30-minütige, die durch die überschwänglich möblierten Barockräume führt; und eine ca. 50-minütige, welche zusätzlich Tanz- und Ahnensaal sowie die umfangreichen Sammlungen von Porzellan, Gemälden und Musikinstrumenten mit einschließt. Die monumentale, heute als Pfarrkirche benutzte Schlosskapelle, die entzückende Sala terrena im Westflügel und der weitläufige Garten, den übrigens Jean Trehet, der Schöpfer des Schönbrunner Schlossparks in Wien, gestaltet hat, kann man auf eigene Faust besichtigen.

Die Znaimer besinnen sich der mittelalterlichen Wurzeln ihrer Stadt mit farbenprächtigen Kostümspektakeln.

Kl. Bild: die Katharinen-Kapelle, eine Rotunde aus dem 12. Jh., mit wertvollen Wandmalereien.

8 ZNOJMO (ZNAIM)

Gewiss, die Gurken schmecken immer noch pfeffrig pikant wie ehedem. Aber sonst hat sich in der altehrwürdigen Kreisstadt an der Dyje, der Thaya, in den letzten Jahren so manches geändert. Zum Positiven, wohl bemerkt. Und das nicht nur, was die Qualität des in der hügeligen Umgebung gekelterten Weines betrifft. Man erklimme bloß einmal den an die 80 m hohen, spätgotischen Rathausturm und blicke hinab: ein schmuckes Städtchen liegt da vor einem hingebreitet, dessen 38.000 Einwohner die neue Freiheit offenkundig bestens nutzen. 140 Gebäude stehen innerhalb der zu einem Gutteil erhaltenen Stadtmauern unter Denkmalschutz. Die allermeisten präsentieren sich proper restauriert. In den Gassen und auf den Plätzen, allen voran dem Masarykovo náměstí, dem urbanen Mittelpunkt, pulsiert das kleinstädtische Leben. Wenig erinnert nur mehr an die jahrzehntelange Stagnation, die mit der Grenzziehung 1918 nach Gründung der Tschechoslowakei begann, mit den Zerstörungen des Zweiten Weltkriegs und der Vertreibung der deutschsprachigen Bevölkerungsmehrheit einen Tiefpunkt erreichte und sich im Schatten des in nächster Nähe herabgelassenen Eisernen Vorhangs bis zum Abgang des kommunistischen Regimes fortsetzte.

Die Wurzeln dieses Gemeinwesens reichen bis in die Zeit des Großmährischen Reiches zurück. Im 11. Jh. gründete ein Přemyslidenfürst auf dem Felssporn hoch über dem

Das Barockschloss Vranov (Frain), errichtet nach Plänen J. B. Fischer von Erlachs, thront westlich von Znaim auf hohem Fels über dem Thaya-Tal.

Fluss eine Burgstätte. Anfang des 13. Jh. wurde Znaim, das seit alters von seiner Lage am Handelsweg zwischen Wien und Prag profitierte, von Ottokar I. zur Königsstadt erhoben. Aus jener Frühzeit haben sich mehrere kunsthistorische Juwele erhalten. So steht zwar an der Stelle der alten Feste längst ein – eher mediokres – Barockschloss (in dem das – gar nicht mediokre – **Südmährische Museum** die Geschichte von Stadt und Umland dokumentiert). Doch unmittelbar daneben erhebt sich ein Baudenkmal von nationalem Rang: eine fast tausendjährige **romanische Rotunde** mit einzigartigen Wandmalereien, auf denen sich geistige und weltliche Themen, ein Marienzyklus und neutestamentarische Szenen beziehungsweise die Libussa-Legende und der Aufstieg des Přemysliden-Geschlechts auf wundervolle Weise ergänzen. Kaum minder kostbar ist das ebenfalls ungemein malerisch über dem tiefen Tal thronende Ensemble

NATIONALPARK THAYATAL: Schaut man von der Anhöhe der Znaimer Burg oder der Wenzelskapelle nach Westen, erblickt man nichts als sattes Grün. Auf einer Länge von 25 km mäandriert hier die Thaya, die Staatsgrenze bildend, durch ein bis zu 250 m tiefes, wundervoll unberührtes Durchbruchstal. Was drüben in Österreich erst am 1. Januar 2000 verwirklicht wurde, geschah tschechischerseits bereits 1991: die Umwidmung dieses Öko-Paradieses in einen international anerkannten Nationalpark. Der **Národní Park Podyjí** (Thayatal) ist mit seinem dichten Netz an Wanderwegen, der dank eines ganz speziellen Mikroklimas seltenen Flora und mehrerer romantischer Burgruinen (Nový Hrádek/Neuhäusel, Cornštejn, Frejštejn) ein beliebtes Ausflugs- und Urlaubsziel. Die kulturelle Perle des Gebiets findet sich an seinem nördlichen Ende: **Schloss Vranov** (Frain). Die dreiflügelige Barockanlage steht auf einem 80 m hohen Felsen über dem Tal und geht auf eine Grenzburg aus dem 11. Jh. zurück. Ihr Umbau im ausgehenden 17. Jh. erfolgte nach Plänen Johann Bernhard Fischer von Erlachs. Der kaiserliche Oberbauinspektor entwarf u.a. die zweitürmige, überkuppelte Schlosskapelle und den frei stehenden, ovalen Ahnensaal, den Johann Michael Rottmayr kongenial freskierte. 1 km flussaufwärts staut ein Damm die Thaya zu einem 30 km langen **See**. Zahlreiche Sandstrände und Buchten, Bootsverleihstellen und Campingplätze üben auf Wassersportler und Baderatten eine starke Anziehungskraft aus.

Der 80 m hohe, gotische Turm ist das Wahrzeichen von Znaim und der einzige Überrest des mittelalterlichen Rathauses.
Gr. Bild: St.-Nikolaus-Kirche mit Wenzelskapelle.

der **St.-Nikolaus-Kirche**, einem hochgotischen, dreischiffigen Hallenbau (eine Rarität: der Kanzelkorb in Form einer Weltkugel!), und der ähnlich alten, zweistöckigen **St.-Wenzels-Kapelle**. Das **Minoritenkloster**, in dem Ottokar II. nach seinem Tod in der Schlacht bei Dürnkrut gegen Rudolf I. von Habsburg (1278) anfangs begraben lag, beherbergt eine Zweigstelle des Stadtmuseums mit Exponaten zur Waffenkunde, Schmiedekunst und Archäologie der Region. Schätze aus Gotik und Barock finden sich im **Haus der Kunst**, einem prächtigen Renaissancebau mit anmutigem Arkadenhof (Masarykplatz Nr. 11) ausgestellt. Ein Kuriosum stellt das **Labyrinth** aus Kellern und Gängen dar, mit dem die gesamte Altstadt untertunnelt ist. Es wurde sukzessive zwischen dem 13. und 17. Jh. gegraben, ist bis zu vier Etagen tief und insgesamt 30 km (!) lang. Cirka 1 km davon ist für die Allgemeinheit zugänglich (Einstieg: Slepičí trh, Nr. 2).

Die im 16. Jh. hoch über dem Thaya-Tal erbaute Wenzelskapelle.

9 MORAVSKÝ KRUMLOV

Ein Abstecher vielleicht südostwärts, nach **Slup** mit seiner wunderschönen, völlig intakten Renaissance-Mühle. Dann geht es auf der Nebenstraße Nr. 397/413 schnurstracks Richtung Norden, nach **Moravský Krumlov** (Mährisch Krumau). Die auf halbem Weg zwischen Znaim und Brünn gelegene Kleinstadt ist eine von vielen im Land mit einem stattlichen, aber keineswegs sensationellen Renaissance-Schloss. Sie wäre nicht speziell erwähnenswert, hinge darin nicht ein Gemäldezyklus von Weltrang: das **„Slawische Epos"** von Alfons Mucha, jenem Meister des Jugendstils, der 1860 im Nachbardorf Ivančice geboren wurde und durch seine Plakate für die Pariser Starschauspielerin Sarah Bernhardt zu internationalem Ruhm gelangte. Die insgesamt zwanzig Monumentalbilder messen zwischen 24 und 48 Quadratmeter und zeigen Schlüsselereignisse der tschechischen Geschichte.

Gedenktafel für Clemens Maria Hofbauer, den Apostel Wiens und Vater der Redemptoristen, der 1751 in einem Dorf nahe Znaim geboren wurde.

Der Hauptplatz von Nikolsburg (Mikulov) präsentiert ein anmutiges Sammelsurium von Baustilen.

10 MIKULOV (NIKOLSBURG)

In Sichtweite der Grenzstation bei Drasenhofen bildet diese charmante, in sanft hügelige Weingärten und Felder gebettete Kreisstadt gleichsam Südmährens Empfangszimmer für Einreisende aus Österreich. Ihre fruchtbare Umgebung war, wie zahlreiche hier gefundene Knochen und Artefakte von Mammutjägern belegen, schon zu Urzeiten besiedelt. Nach dem Mittelalter waren für drei Jahrhunderte die Fürsten von Dietrichstein Herren über Nikolsburg. Ihr spätbarockes Schloss ging in den letzten Kriegswochen 1945 in Flammen auf, wurde aber von den Kommunisten rekonstruiert und dominiert heute von seinem Felssporn aus wie ehedem die Stadt. In seinen Mauern sind ein Weinbaumuseum und mehrere kunstgeschichtliche Sammlungen untergebracht.

Einer von unzähligen Weinkellern in der Region, die die Bedeutung Südmährens als Anbaugebiet widerspiegeln.

Nur noch wenig erinnert an die jüdische Gemeinde von Nikolsburg, die im 19. Jh. mit 3500 Mitgliedern die zweitgrößte auf tschechischem Boden war, zwölf Synagogen besaß und den Landesrabbiner von Mähren stellte. Auf den Trümmern des im Krieg zerstörten Judenviertels ließen die Parteigänger Stalins gesichtslose Sozialbauten errichten. Einzig der israelitische Friedhof und die 500-jährige Altschul, eine vom Bautypus (zentrale, von vier Säulen getragene Kuppel) für Mitteleuropa beispiellose **Synagoge**, die heute ein Museum zur örtlichen Geschichte der Juden birgt, blieben erhalten. Und rein gar nichts mehr zeugt von der Anwesenheit der Wiedertäufer, jener reformatorischen, aus der Schweiz zugewanderten Christengemeinschaft, die hier im 16. und frühen 17. Jh. unter dem Schutz des Adels missionierte und eine Druckerei betrieb.

Besteigt man bei Nikolsburg den Heiligen Berg, steht man nach ca. 45 Minuten, am Ende des Kreuzweges, vor dieser Barockkapelle.

Den malerischen Mittelpunkt von Nikolsburg, wo übrigens Österreichs späterer Präsident Adolf Schärf geboren wurde und auch dessen aus dem Nachbardorf Untertannowitz (Dolní Dunajovice) stammender Amtsvorgänger Karl Renner aufs Gymnasium ging, bildet der Marktplatz. Er ist umgeben von alten, mit Sgraffiti verzierten Bürgerhäusern. Blickfang ist die neoklassizistische Fassade der **St.-Anna-Kirche**, in der sich die Grablege der Familie Dietrichstein befindet. Lohnend ist der ca. dreiviertelstündige Aufstieg entlang dem **Kreuzweg** auf den nordöstlich der Stadt gelegenen, von einer barocken Kapelle bekrönten **Heiligen Berg** (Svatý kopeček).

POLLAUER BERGE & STAUSEE

Nördlich von Nikolsburg erheben sich, 20 km lang und bis zu 550 m hoch, die **Pollauer Berge** (Pavlovské vrchy). Der über weite Strecken kahle Höhenzug, auf dessen kalkreichem Boden, durch ein spezielles Mikroklima zusätzlich begünstigt, vielerlei seltene Pflanzen gedeihen, bildet gemeinsam mit Teilen des angrenzenden **Thaya-Stausees** ein von der UNESCO unter Schutz gestelltes Biosphären-Reservat. Von den Kuppen und Karstfelsen, auf deren Grat zwei Burgruinen ins Land grüßen, genießen Wanderer schöne Fernblicke. Die Seeufer haben sich abschnittsweise zu viel frequentierten Bade- und Wassersportrevieren entwickelt und bieten die dafür nötige Infrastruktur. Diesbezügliche Zentren sind die Dörfer **Pasohlávky** (Weißstätten) und **Dolní Věstonice** (Unterwestonitz). Letzteres wurde als Fundort der „Venus von Věstonice", einer 25.000 Jahre alten Fruchtbarkeitsstatuette aus gebranntem Ton, berühmt und wartet mit einer kleinen, aber feinen archäologischen Open-Air-Ausstellung auf.

Der kolossale Barockkomplex von Schloss Valtice (Feldsberg) aus der Vogelperspektive.

11 VALTICE & LEDNICE (FELDSBERG & EISGRUB)

Inmitten von Teichen hat diese Rundfahrt begonnen, in einer Teichlandschaft endet sie: Doch hier, im äußersten Süden von Mähren, handelt es sich nicht vorrangig um Zuchtbecken für Karpfen. Vielmehr wartet ein rund 200 Quadratkilometer großer Landschaftsgarten darauf, durchwandert und erkundet zu werden. Die zum Teil mehrere hundert Hektar großen Weiher sind, durch Kanäle und kilometerlange Alleen miteinander vernetzt, in erster Linie ein Gestaltungselement. Und sie bieten nicht nur Fischen, sondern, ökologisch viel wichtiger, über 100 teilweise bedrohten Arten von Wasservögeln eine Heimstatt.

Als Heinrich von Liechtenstein im Jahr 1249 vom damaligen mährischen Markgrafen Ottokar Přemysl Mikulov (Nikolsburg) und die östlich angrenzenden Gebiete von Lednice (Eisgrub) geschenkt bekam, ahnte er wohl nicht, dass sich sein Geschlecht hier fast 700 Jahre aufhalten und einmal ein Sechstel des Bodens von ganz Mähren besitzen würde. Im 14. Jh. bekamen die Liechtensteins das benachbarte **Valtice**, auf Deutsch Feldsberg, hinzu. Und als sie im frühen 17. Jh. zu Reichsfürsten aufstiegen, wählten sie Letzteres zu ihrer Residenz. Das heutige monumentale Schloss, ein dreigeschossiger, vierflügeliger Komplex, entstand in Etappen (mitwirkende Architekten: u.a. J. B. Fischer von Erlach und A. E. Martinelli). Es wirkt von außen grandioser als in den karg möblierten Innenräumen. Sein Osttrakt beherbergt ein recht nettes Hotel. Die jahrhundertelange Winzertradition des Ortes spiegelt sich in den ungewöhnlich schönen Weinkellern wider. Nicht zufällig hat in Valtice die älteste Winzerfachschule ihren Sitz.

Schloss Lednice, die 7 km nordöstlich gelegene Sommerresidenz der Liechtensteins, steht auf den Fundamenten einer mittelalterlichen Feste und erhielt das heutige neogotische Aussehen Mitte des 19. Jh. Sein ungleich reicheres Interieur beeindruckt durch die prachtvollen Holzschnitzereien. Galastück: die aus einem einzigen Eichenstamm gearbeitete Wendeltreppe.

Der 200 km² große Landschaftspark von Lednice-Valtice ist gespickt mit romantischen Baudenkmälern.

Bild oben: die Frontfassade von Schloss Feldsberg.

Zwei ungewöhnliche Attraktionen sind das in den ehemaligen Pferdeställen installierte Meeresaquarium und das bereits 160 Jahre alte, gusseiserne, seinerzeit als Pioniertat viel gepriesene **Palmenhaus** (die 1895 von den Liechtensteins in Eisgrub gegründete Fachhochschule für Gartenbau, deren

Kurioses Bauwerk im Park von Lednice: das 63 m hohe Minarett.

Das von Joh. Fischer von Erlach erbaute Schloss Feldsberg (s.S. 94) diente den Liechtensteins als Winterresidenz. Im Sommer logierten sie in Schloss Eisgrub (siehe Bilder oben). Der um 1850 im Tudorstil umgestaltete Bau ist berühmt für sein Palmenhaus und den botanischen Park.

Tradition seit dem Krieg die einschlägige Fakultät der Brünner Mendel-Universität fortsetzt, war einst weithin berühmt).

Der **Schlosspark** von Eisgrub bildet die Kernzone der 1996 von der UNESCO zum Weltkulturerbe erklärten „Kulturlandschaft von Lednice und Valtice“ und gilt als ein Meisterwerk der Gartenarchitektur. Das weitgehend flache, an seinem Nordrand von der Thaya durchflossene Gelände war seit dem Mittelalter immer wieder von Menschenhand gestaltet worden. Seinen prägenden Stempel erhielt es um 1800, als man die Teiche anlegte, exotische Gehölze pflanzte und, über die weiten Felder, Wald- und Wiesenflächen verstreut, eine Vielzahl kleiner Baudenkmäler in die Landschaft setzte. Architekten wie der Klassizist Josef Kornhäusel aus Wien und Joseph Hardtmuth (der nebenbei auch die Tusche und den modernen Bleistift erfand) schufen diverse Jagd- und Lustschlösschen, Tempel, eine Kapelle, einen Obelisken, eine heute als Reitstall genutzte Rotunde sowie, als Wahrzeichen, einen Aussichtsturm in Form eines maurischen Minaretts, von dessen nahezu 60 m hoher Galerie man die ganze manierierte Pracht aufs Schönste überblickt. Über 200 Jahre nun schon ist der Park öffentlich zugänglich. Neuerdings erhöht die Möglichkeit zu einer Bootspartie auf dem Fluss, zu vogelkundlichen Exkursionen oder einem Pferderitt noch seinen Reiz.

HÖHEPUNKTE

CHEB (EGER)
Wo Wallenstein für seine Sünden zahlte – das altehrwürdige Zentrum des ehemaligen Egerlandes: S. 98

MARIANSKÉ LÁZNĚ (MARIENBAD)
Der kleine Bruder von Karlsbad, der Goethe zu seiner Elegie und Alain Resnais zu seinem Kultfilm inspirierte: S. 100

TEPLÁ
Eine Wiege der Geistigkeit in Nordböhmen – die Prämonstratenserabtei mit der berühmten Bibliothek: S. 101

KYNŽVART (KÖNIGSWART)
Wo Fürst Metternich sich vom Unterdrücken erholte – ein auf Hochglanz renoviertes Empireschloss: S. 102

LOKET (ELLBOGEN)
Seit fast 200 Jahren für sein Porzellan bekannt – das von der Eger umflossene Burgstädtchen in extrem malerischer Lage: S. 102

KARLOVY VARY (KARLSBAD)
Wo Kaiser und Könige sich im heißen Heilwasser suhlten und der alternde Goethe tändelte – der weltberühmte, neuerdings wieder schicke Kurort an der Tepl: S. 102

DUCHCOV (DUX)
Ein Barockschloss mit prickelnder Vergangenheit, in dem Casanova als Bibliothekar endlich zur Ruhe kam: S. 107

TEREZÍN (THERESIENSTADT)
Die berühmt-berüchtigte Festungsstadt – einst Staatsgefängnis, dann „Vorzeige-KZ", heute eindrucksvolle Mahnstätte: S. 108

LITOMĚŘICE (LEITMERITZ)
Die Geburtsstadt Alfred Kubins – denkmalgeschützt, mit einem prächtigen Marktplatz in ihrer Mitte: S. 109

ELBSANDSTEINGEBIRGE
Ein Naturschutzgebiet als Wanderparadies – mit spektakulären Felsformationen: S. 110

Bäderarchitektur: die Neue Kolonnade in Marienbad.

NORDBÖHMENS BÄDERLAND

Von Eger über Marien- und Karlsbad bis Teplitz

Das Flüsschen Ohře/Eger bildet gleichsam den roten Faden für die Erkundung des äußersten Nordwestens. Ihren Ausgang nimmt sie in Cheb, jenem bis heute wunderschönen Städtchen, das als Handelsstation und urbanes Zentrum des kulturell bedeutsamen Egerlandes Geschichte schrieb. Ganz in der Nähe warten Franzens-, Marien- und Karlsbad, jene balneologische Troika, die der Region schon zu Pionierzeiten des Tourismus höchste Aufmerksamkeit sicherte und seit alters gekrönte Häupter, den Hoch-, Geld- und Geistesadel aus ganz Europa anlockt. Dazwischen harren kostbare Klöster (wie Teplá), Schlösser (wie die Empire-Perle des Fürsten Metternich in Kynžvart) und malerische Orte (wie das Burgstädtchen Loket) der Besichtigung. Die östlich angrenzende Region zwischen Teplice und Chomutov mag als Folge des weitflächigen Braunkohleabbaus rein äußerlich nicht über die Maßen entzücken. Doch auch sie ist gespickt mit Sehenswürdigkeiten, allen voran das Casanova-Schloss in Duchcov, die Zisterzienserabtei Osek oder das alte Teplitz selbst mit seinem Kurviertel aus der Gründerzeit. Einen landschaftlichen Kontrapunkt setzt das fruchtbare Agrarland am Unterlauf der Ohře, von dessen über Jahrhunderte gewachsenem Wohlstand Orte wie Louny und Leitmeritz zeugen. Für ein fabelhaftes Finale sorgt, länderübergreifend an der Grenze zu Sachsen, das Elbsandsteingebirge mit seinen bizarren Felsformationen inmitten eines wunderbar wanderbaren Naturschutzgebiets.

Der Marktplatz von Cheb, dem urbanen Mittelpunkt des historischen Egerlandes, beeindruckt durch seine Ausmaße und qualitätvolle Bausubstanz.

1 CHEB (EGER)

Gleich die erste Station bringt einen Höhepunkt: Das altehrwürdige, am gleichnamigen Fluss und der Handelsroute zwischen Prag und Nürnberg gelegene Eger ist eine der geschichtsträchtigsten und baulich kostbarsten Städte Böhmens. Bereits im 12. Jh. ließ hier Kaiser Friedrich I. Barbarossa eine prunkvolle romanische Pfalz errichten, von der ein Bergfried, eine Doppelkapelle und etliche Mauern erhalten sind. Auch für die Nachfolger des „rotbärtigen" Kaisers war die von deutschen Kaufleuten gegründete Stadt von Wichtigkeit: Sein Sohn Heinrich VI. feierte in ihr regelmäßig Weihnachten, und Friedrich II., dessen Sohn, berief den Hoftag fünfmal hierher. Über die Jahrhunderte war die Stadt Mittelpunkt des Egerlands, jener von Kaiser- und Böhmerwald, Erz- und Fichtelgebirge umrahmten Nordwestecke Böhmens, deren überwiegend deutschsprachige Bevölkerung bis zu ihrer Vertreibung 1945 tief zurückreichende Traditionen mit aufwändigen Trachten, prächtiger Fachwerkarchitektur und einem speziellen Dialekt pflegte. Im Zweiten Weltkrieg wurde Eger arg zerbombt. Sein teilweise rekonstruierter, streng denkmalgeschützter Kern besitzt wunderschöne Ensembles gotischer und barocker Kirchen- und Bürgerbauten. Im Mittelpunkt: der langgestreckte **Marktplatz**, dessen Schmuckstück das **Spalicek** (Stöckl) bildet – eine freistehende Gruppe von elf Krämerhäusern aus dem 13. Jh.

Schmuckstück des riesigen Gevierts ist an seiner Nordseite das Spalicek (Stöckl), ein Ensemble von Krämerhäusern aus dem 13. Jh.

Nebenan, im so genannten **Pachelbel-Haus**, das mit seinem Baujahr 1389 zu den ältesten und besterhaltenen Gebäuden der Stadt zählt, wurde 1634 im Auftrag Ferdinand

Klassizistische Formen in zartem Weiß-Gelb prägen die Kurbauten von Franzensbad.

II. der Feldherr Albrecht von Wallenstein ermordet. Ein kaiserliches Patent hatte den Generalissimus des Hochverrats bezichtigt und befohlen, ihn tot oder lebendig zu fangen. In den Räumlichkeiten ist heute das **Stadtmuseum** untergebracht, das auf sehr ansprechende Weise auch die Historie und Volkskunde des Egerlandes dokumentiert. Unter den Sakralbauten hervorhebenswert sind die gotische Klosterkirche **St. Bartholomäus**, deren nach dem Krieg wieder aufgebauter Innenraum als Galerie dient, sowie die im 13. Jh. vom Deutschen Ritterorden finanzierte **St.-Nikolaus-Kirche**. Deren zwei Osttürme stammen im unteren Bereich, wie auch das Westportal, noch aus der ersten, romanischen Bauphase. Die Obergeschosse schuf Balthasar Neumann, der große, Ende des 17. Jh. in Eger aufgewachsene Barockbaumeister und Schöpfer der Würzburger Residenz.

2 FRANTIŠKOVY LÁZNĚ (FRANZENSBAD)

Nur drei, vier Autominuten von Cheb entfernt liegt dieser kleinste der drei berühmten westböhmischen Kurorte. Bereits im ausgehenden Mittelalter war der „Egerer Säuerling" weithin bekannt gewesen. Später wurde er als Heilwasser versandt. Bis heute verdankt die Gemeinde den zwei Dutzend Mineralquellen und der radioaktiven Moorerde einen international hervorragenden Ruf als Zentrum zur Linderung von Herz-, Rheuma- und Frauenleiden. Ihren jetzigen Namen erhielt sie übrigens 1793 zu Ehren des Kaisers

Trinkhäuser, Kolonnaden, Konzertpavillons – der Kurbereich von Franzensbad wirkt wie eine Insel im Strom der Zeit.

Die verkehrsbefreite Hauptstraße (Národní) von Franzensbad: lustwandeln wie anno dazumal.

Franz II./I. Mit seiner überaus homogenen, in zartem Weiß und Gelb gehaltenen Empire-Architektur und den weitläufigen Parkanlagen verströmt Franzensbad eine wohltuend unzeitgemäße Beschaulichkeit, ja Intimität. Seinen Mittelpunkt bildet der weitläufige und baumbesetzte Friedensplatz (Náměstí Míru) mit der Kolonnade, mit Gesellschaftshaus, Gasbad und dem Pavillon der Franzensquelle.

3 MARIANSKÉ LÁZNĚ (MARIENBAD)

Ungleich pompöser und auch berühmter ist dieser jüngste der drei Kurorte, den Goethe mit seiner „Marienbader Elegie" literarisch verewigte. Das in einen grünen Talschluss des Kaiserwaldes geschmiegte Städtchen verdankt seine Entstehung den Mönchen des nahegelegenen Stiftes Tepla (s.S. 101), denen die Heilquellen früher gehörten und die sie Anfang des 19. Jh. der Öffentlichkeit zugänglich machten. Heute erstrahlen die prächtigen, vornehmlich in der Gründerzeit entstandenen Hotel- und Bäderbauten nach Jahrzehnten des Niedergangs wieder im alten Glanz. Vor allem die über 1 km lange Fassadenfront entlang der Hauptstraße **Hlavni trída** bietet mit ihrem reichen Stuckschmuck in Schönbrunnergelb eine Augenweide. Wahrzeichen der fußgängerfreundlichen Kurzone ist freilich die **Neue Kolonnade**. Spätestens beim Flanieren durch diese 1889 fertiggestellte, 120 m lange Gusseisenkonstruktion, die Alain Resnais in seinem Kultfilm „Letztes Jahr in Marienbad" (1960) als symbolträchtige Kulisse diente, sollte man, auch wenn man zuvor nicht von dem schwefelig schmeckenden Heilwasser getrunken hat, an einer oplatky, der legendären Oblate, knabbern. Im neobarocken **Neubad** neben dem Kasino kann man übrigens auch als Tagestourist im Heilwasser untertauchen oder sich Moorwickel, Massagen und allerlei andere Anwendungen verabreichen lassen. Oberhalb der neobyzantinischen Kirche, auf dem Goethe-

Die berühmte Neue Kolonnade von Marienbad und eines der zahlreichen Jugendstil-Hotels an der Hlavni třída.

Wandeln mit dem Wasserbecher und der Oplatky in der Hand: Die Neue Kolonnade kam dank Alain Resnais („Letztes Jahr in Marienbad“) sogar zu Filmruhm.

platz, steht jenes Haus (heute **Städtisches Museum**), in dem der damals bereits 74-jährige Dichter aus Weimar 1823 seine Enttäuschung über den erfolglosen Heiratsantrag an die 53 Jahre jüngere Baronin Ulrike von Levetzow sublimierte, indem er die „Marienbader Elegie“ niederschrieb.

4 TEPLÁ

Cirka 15 km östlich von Marienbad liegt, über eine Nebenstraße erreichbar, diese Prämonstratenserabtei in eine sanft hügelige Wiesenlandschaft hingebreitet. Nachdem das Kloster an die 800 Jahre geistliches, kulturelles und wirtschaftliches Zentrum der Region gewesen war, hatten es die Kommunisten verstaatlicht und als Kaserne missbraucht. 1990 bekam der Orden sein Kloster rückerstattet, und seither wird es Schritt um Schritt renoviert. Blickfang ist die zweitürmige, romanische, innen barock ausgestattete Basilika, Hauptattraktion des an der Wende vom 17. zum 18. Jh. von Christoph Dientzenhofer errichteten Konventsbaus die berühmte, riesige Bibliothek.

Die Klosterbasilika von Teplá.

Der Schrein des Hl. Maurus in Bečov.

Vom Kloster Teplá schlängelt sich ein Sträßchen durch das malerische Tal der Tepl gut 20 km nordwärts nach **Bečov** (Petschau). In der örtlichen, schon an sich sehenswerten Burg, zu deren Baubestand auch ein Barockschloss samt achteckiger, kuppelbekrönter Kapelle gehört, hat man 1985 im Fußboden durch Zufall eines der kostbarsten Kunstwerke der mitteleuropäischen Romanik gefunden: einen aus Gold gefertigten, mit Edelsteinen verzierten Reliquienschrein des Heiligen Maurus aus dem frühen 12. Jh., (erreichbar auch von Karlsbad aus auf der Straße nach Pilsen, (E49).

Schloss Königswart, das – jüngst auf Hochglanz renovierte – klassizistische Anwesen Fürst Metternichs.

5 KYNŽVART (KÖNIGSWART)

2 km außerhalb des Kurorts gleichen Namens, dessen Schonklima und Heilwässer insbesondere Atemwegserkrankungen bei Kinder bekämpfen helfen, liegt in bukolischem Gelände der ehemalige Wohnsitz des für sein rigides Regime berühmt-berüchtigten k.u.k.-Staatskanzlers Klemens Wenzel Fürst Metternich (1773–1859). Das in lupenreinem Empirestil gestaltete **Schloss** wurde kürzlich mittels EU-Geldern aufwändig renoviert. Seine stilvoll möblierten Gemächer mitsamt der umfangreichen Sammlungen von Porzellan, Waffen, Münzen und Medaillen sind im Rahmen von Führungen zugänglich.

6 LOKET (ELLBOGEN)

Auf einer hohen, an drei Seiten vom Fluss Ohře, der Eger, umflossenen Felserhebung thront seit dem späten 12. Jh. eine von Ottokar I. Přemysl als Grenzfeste gen Westen errichtete königliche **Burg**. Aufgrund mehrmaliger Umbauten ein Konglomerat diverser Stile, birgt sie ein **Museum** für Zinnfiguren, Glas und jenes Porzellan, mit dessen Herstellung sich mehrere örtliche Manufakturen in den letzten zwei Jahrhunderten einen Namen machten. Auch eine Dauerausstellung zum Thema Geister kann man besuchen, den Wachturm erklimmen sowie die Ruine einer romanischen Rotunde und das ehemalige Burgverlies erkunden. Anschließend ist ein Spaziergang durch das angrenzende Städtchen unerlässlich. Denn auch wenn ein beträchtlicher Teil seiner Bausubstanz noch der Renovierung harrt: Der lange, gekrümmte **Marktplatz** und drum herum die auf mehrere Terrassen verteilten Häuserzeilen schmiegen sich äußerst malerisch an den alles überragenden Burgkomplex.

Malerischer geht's kaum: Stadt und Burg Ellbogen hoch über dem Fluss Eger (Ohře).

Die Kolonnaden von Karlsbad: von heilsuchendem Hochadel seit Jahrhunderten gepriesen.

7 KARLOVY VARY (KARLSBAD)

Romantische Orte von Weltruf brauchen offenbar romantische Gründungsgeschichten: Mitte des 14. Jh. sei, so erzählen die Karlsbader gerne, Karl IV. höchstderoselbst auf der Jagd in diese Gegend, an den Zusammenfluss von Tepl und Eger, gelangt. Er habe einen Hirsch verfolgt und schließlich mit einem Pfeil auch getroffen. Doch das kräftige Tier sei mit einem Sprung von hohem Felsen entkommen. Jagd-

Ein gesellschaftlicher Mittelpunkt der berühmten Bäderstadt: die Marktkolonnaden.

hunde sprangen hinterdrein und jaulten bald jämmerlich, da sie in den bis zu 70 Grad heißen Salzquellen gelandet waren. Des Kaisers Leibarzt stellte fest, dass das Wasser heilkräftig war, und empfahl die Gründung eines Badeortes. Das Bestehen des flüssigen Schatzes wurde rasch publik. Bald „pilgerten die ersten Kranken von nah und fern zu dem wundersamen Ort, um von ihren Leiden zu genesen". Und 1349 erhielt der Ort den Namen „Karlsbad". Ab Ende des 17. Jh. gab sich Europas Elite aus Politik, Kunst und Gesellschaft in dem vom milden Klima und der schönen Lage an den Ausläufern des Schlaggenwaldes gesegneten Städtchen in Scharen ein Stelldichein. Unter den Prominentesten: Friedrich und Katharina, die Großen, Goethe, Schiller, Beethoven und Metternich, Chopin, Wagner, Tschaikowskij und Karl Marx. Dem Niedergang ab 1938 folgte nach 1989 eine glanzvolle Wiedergeburt als mondäner Treffpunkt der internationalen Hautevolee. Wandert man das dicht bebaute Tal der Tepl flussaufwärts, nimmt man einer Unzahl an Nobelläden, eleganten Hotels, Badehäusern und anderen vornehmlich aus der Gründerzeit stammenden Gebäuden die Parade ab. Höhepunkte: die 132 m lange, fünf Quellen einfassende **Mühlbrunn-Kolonnade**, die barocke Magdalenenkirche, das **Stadttheater**, wie in diesen Breitengraden üblich eine Schöpfung von Fellner & Helmer, und, nahe dem oberen Ende des engen, dicht verbauten Tales, das **Grandhotel Pupp**. Ein Muss für Cineasten ist das örtliche **Filmfestival**, das mit Unterbrechungen seit 1960 jede erste Juli-Woche Stars und die neuesten Streifen aus aller Welt nach Karlsbad bringt. Die Hässlichkeit des Aufführungsortes, das Mitte der 1970er Jahre an den Ortseingang geklotzte Kursanatorium Thermal, ein 16-geschossiger Betonturm, schmälert zum Glück nicht die Qualität des Gebotenen.

Leckerei, auch mit Vanille-, Kakao- oder Haselnussgeschmack erhältlich: die legendären Oblaten.

Nomen est omen: Kurz nach 1900 wurde in Joachimsthal das erste Radium-Heilbad der Welt eröffnet.

8 JÁCHYMOV (JOACHIMSTHAL)

Über **Ostrov**, das ehemalige Schlackenwerth, mit seinem barocken Schlossareal, führt die Staatsstraße Nr. 25 Richtung deutscher Grenze. Sie ist, wie die meisten Durchzugsstrecken im Grenzgebiet zu Deutschland und Österreich, gesäumt von Bordellen, deren billige Dienste offenbar in Scharen Männer aus dem nahen, vergleichsweise wohlhabenden Ausland anlocken. Harmloser und weniger trist, wenn auch reichlich bizarr muten die vielen, merkwürdigerweise ausschließlich von Vietnamesen betriebenen Verkaufskioske entlang der Straße an, vor denen Horden knallbunter Gartenzwerge ihrer neuen Herren und Gebieter harren.

Nur 5 km vor dem Wintersport- und Grenzort **Boží Dar** (Gottesgab) liegt in einem von Kiefernwäldern umgebenen Tal der Kurort **Jáchymov** (St. Joachimsthal) – eine kleine Stadt mit großer Geschichte. Schon um 1500 hatte man hier, am Fuße des Klínovec (Keilberg), des mit 1244 m höchsten Gipfel des Erzgebirges (Krušné hory), reiche Silberlager entdeckt. Bald darauf wurde jener „Joachimsthaler Gulden" geprägt, der nicht nur im gesamten Römischen Reich hohe Geltung besaß, sondern als Namenspatron für die Münzeinheit „Taler" – und damit indirekt auch den Dollar – fungierte. Binnen weniger Jahrzehnte wuchs der zuvor kleine Ort zu einer der wichtigsten und reichsten Städte Böhmens mit fast 20.000 Einwohnern. Nach dem Dreißigjährigen Krieg waren die Minen mehr oder weniger erschöpft. Doch als Abfallprodukt gewann die schwarze Pechblende an Bedeutung und 1896 entdeckte der französi-

Im Jugendstil-Ambiente des imposanten Sanatoriums suchen und finden bis heute Tausende Patienten Heilung.

sche Physiker Antoine Becquerel hier in St. Joachimsthal die Radioaktivität dieses Minerals. Wenig später gelang es dem polnischen Physikerehepaar Curie ebenhier die Elemente Polonium und Radium zu isolieren. Als man schließlich die Heilkraft des radioaktiven Grubenwassers erkannte, stieg die Stadt zum Kurbad auf.

Nach dem Zweiten Weltkrieg stand einige Jahre der Abbau der Uranpechblende im Vordergrund. Unter dem stalinistischen Terror mussten Abertausende Zwangsarbeiter in den Minen schuften. Unzählige starben damals an Hunger, Erschöpfung oder Leukämie. Viele der Knappenhäuser gelten bis heute als kontaminiert. 1964 wurde das Bergwerk wegen zu geringer Ergiebigkeit aufgelassen. Der Kurbetrieb erwachte zu neuem Leben. Und heute versprechen Anstalten wie das „Radiumpalace" oder das „Hotel Curie" jährlich Tausenden Patienten Heilung. An die montanistische Vergangenheit und ihren Wohlstand erinnern im historischen Stadtkern im oberen Teil der Stadt das Bergbau- und Münzmuseum, und entlang des langgestreckten Hauptplatzes eine Reihe stattlicher, sehr alter Giebelhäuser.

Im gediegenen Ambiente der Kurhotels ist von der turbulenten und phasenweise sehr tragischen Geschichte des Bergbauortes Joachimsthal nichts zu ahnen.

9 CHOMUTOV (KOMOTAU)

Nein, zu den lieblichsten Landstrichen zählt jenes Gebiet, das man nun der Staatsstraße Nr. 13 Richtung Osten folgend durchquert, mit Gewissheit nicht. Schwerindustrie und Bergbau, insbesondere jene gigantischen Braunkohlebagger, die stellenweise bis heute die Erde durchwühlen, haben in Städten, Wald und Flur vielerorts Wunden gerissen, die noch viel Zeit zum Vernarben brauchen. Dennoch: In dieser auch von der Zeitgeschichte geschundenen Region südlich des Erzgebirges lässt sich manch kulturelles Kleinod entdecken, das eingehendere Betrachtung verdient. Im Herzen des Industriereviers von Chomutov zum Beispiel, dem alten Komotau, hat sich trotz einer Kette von geradezu hiobshaften Heimsuchungen – dreier Feuersbrünste, der plündernden Hussiten und Schweden, Pestepidemien, Weltkriegsbomben, Aussiedlung der deutschsprachigen Bevölkerung und kommunistischer Betonierwut – ein durchaus malerischer **Marktplatz** mit schmucken Laubenhäusern erhalten. Speziell beachtenswert: der Komplex aus Rathaus und gotischer St.-Katharinen-Kirche, der neugotische Stadtturm und das Schloss aus dem 16. Jh., das heute ein nicht uninteressantes Regionalmuseum birgt.

Wahrzeichen der alten Tuchmacherstadt Louny (Laun) ist die St.-Nikolaus-Kirche mit ihrem eigenwilligen Zeltdach.

Das wehrhafte Stadttor von Louny kann man erklimmen.

10 LOUNY (LAUN)

Von Komotau aus unternimmt man einen kurzen Abstecher Richtung Südosten. Unübersehbar erstrecken sich beiderseits des Weges, oft bis zum Horizont, Hopfengärten mit ihren charakteristischen, mehrere Meter hohen Drahtgerüsten. Das Gebiet rund um **Zatec** (Saaz) ist seit alters berühmt für die besondere Qualität des bitter schmeckenden „grünen Goldes", dessen Dolden man zur Würze und Haltbarmachung von Bier braucht.

Nach gut 30 km erreicht man **Louny**. Hauptattraktion dieser im 13. Jh. unter dem Namen Laun von deutschen Tuchmachern auf einer Terrasse der Eger gegründeten Kreisstadt ist die St.-Nikolaus-Kirche. Deren merkwürdig dreispitziges Zeltdach ist ein – allerdings deutlich bescheidener dimensioniertes – Abbild des Daches der Barbarakathedrale in Kutná Hora. In ihrem Inneren beeindrucken das kunstvolle Rippengewölbe und der riesige Lindenholz-Altar. Wenige Schritte entfernt von Interesse: das – besteigbare! – Stadttor und, in entgegengesetzter Richtung, die Synagoge.

Die vor 30 Jahren in spektakulärer Aktion „umgesiedelte" gotische Kirche von Most.

11 MOST (BRÜX)

Von dem historischen Baubestand des alten Brüx haben die Braunkohlebagger nichts übriggelassen. Anstelle der Altstadt finden sich seit den siebziger Jahren nur von Plattenbauten durchsetzte Öd- und Grünflächen. Einziges Relikt aus – zumindest ästhetisch – idyllischeren Tagen ist die spätgotische **Marienkirche**. Sie wurde 1975 mittels einer gigantischen Hydraulikkonstruktion auf Schienen 900 m weit an den Nordrand der Neustadt versetzt. Sehenswert ist die kurze Videodokumentation der spektakulären Aktion im Kirchenvorraum, die seinerzeit durch die Weltpresse ging.

Ein Relikt aus der Blütezeit des Badeortes Teplitz: das Steinbad im Kurviertel Schönau.

Linkes Bild: der Eingang zum Kloster von Osek in Nord-Böhmen.

12 TEPLICE (TEPLITZ) & UMGEBUNG

Böhmens ältester Kurort war im 19. Jh. ein echtes „Modebad“ von internationalem Rang. Richard Wagner etwa pries Teplitz als „Salon Europas“, der Hochadel, von Zar Peter dem Großen bis Kaiserin Marie Louise, suchte hier, am Fuß des Erzgebirges, Linderung von diversen Leiden und Zerstreuung. Seither hat der Ort viel von seiner einstigen Anmut eingebüßt. Schon vor 1900 hatte unbedachter Stollenbau zur Überflutung der natürlichen Quellen geführt, sodass ihr Wasser fortan an die Oberfläche hochgepumpt werden musste. Die Kommunisten demolierten große Teile der Altstadt und füllten die Baulücken mit gesichtslosen Betonklötzen. Die Geruchsdecke aus verbrannter Braunkohle und Emissionen der Chemieindustrie tut ein Übriges. Das **Barockschloss**, in dem einst die Familie Clary-Aldringen residierte, mit seinem schönen Garten, das alte Rathaus auf dem Marktplatz oder das **Kurviertel Šanov** (Schönau) mit Badehäusern und Villen aus der Gründerzeit sind aber einen Halt allemal wert.

Zuvor schon, auf der Anfahrt von Most, hat man zwei lohnende Sehenswürdigkeiten besichtigt: Statt auf der Hauptstraße über Bílina zu fahren, wählt man die nördlichere Nebenstrecke. Dort steht, 8 km hinter **Litvínov**, das übrigens nicht nur eine gigantomanische Petrochemiefabrik, sondern auch ein recht interessantes Herrenhaus aus dem 18. Jh. besitzt, Schloss **DUCHCOV (DUX)** – ein Renaissancebau, später barock umgestaltet und von einem Garten eingefasst. Die Schauräume beherbergen sehenswerte Skulpturen-, Möbel- und Gemäldesammlungen. Was der Anlage freilich letztlich eine prickelnde Anziehungskraft verleiht, ist die Tatsache, dass kein Geringerer als Casanova hier auf der Flucht vor Skandalen als Bibliothekar seine letzten 13 Lebensjahre verbrachte.

Ganz in der Nähe, in **Osek** (Ossegg), stößt man auf eine

Schloss Duchcov, in dem Casanova als Bibliothekar des Grafen Waldstein seinen Lebensabend zubrachte.

für die Geschichte der Kolonisierung Böhmens bedeutsame **Zisterzienserabtei** mit einer stimmungsvollen, barockisierten Himmelfahrts-Kirche.

Memento an den tödlichen Sarkasmus der KZ-Schergen.

13 TEREZÍN (THERESIENSTADT)

Rund 40 km südöstlich von Teplice, nahe dem Zusammenfluss von Eger (Ohře) und Elbe (Labe), liegt die Festungsstadt Terezín. Ihr Besuch bedeutet eine Zeitreise in die düstersten Jahre der jüngeren Vergangenheit. Die Ende des 18. Jh. von den Habsburgern als Bollwerk gegen den Erzfeind Preußen errichtete Anlage wurde bald zum Staatsgefängnis umfunktioniert. Die deutschen Besatzer machten aus der Stadt während des 2. Weltkriegs das größte Konzentrationslager im Protektorat Böhmen und Mähren und missbrauchten sie in ihrer ruchlosen Propaganda als eine Art Vorzeige-KZ. Schätzungsweise 35.000 Juden kamen darin um. Für mehr als doppelt so viele war es Durchgangsstation auf dem Weg in die Vernichtungslager. Der Gang durch die strikt rechtwinkeligen Straßen und das Ghetto-Museum prägt sich ebenso unvergesslich ins Gedächtnis wie die Besichtigung der zehn Gehminuten östlich gelegenen, als Mahnstätte gestalteten Kleinen Festung.

Ein klein wenig versöhnlich mit der Welt stimmt ein Besuch des nur 10 km südlich, nahe der Autobahn gelegenen Örtchens Doksany. Sein Kloster, eine Heimstatt von Prämonstratenserinnen, wartet mit einer reich ausgestatteten Barockkirche und, darunter, einer romanischen Krypta auf.

Vor dem Eingang zur Kleinen Festung, die zur Zeit der Monarchie als Staatsgefängnis diente und heute eine KZ-Gedenkstätte ist, erstreckt sich ein Friedhof mit über 30.000 Gräbern.

14 LITOMĚŘICE (LEITMERITZ)

Erneut auf die Bremse steigt man nur 3 km weiter, am nördlichen Elbe-Ufer: in Litoměřice. Das Städtchen, in dessen Sichtweite die Eger in die Elbe mündet und 1877 der expressionistische Zeichner und Schriftsteller Alfred Kubin das Licht der Welt erblickte, war schon im Hochmittelalter ein zentraler Warenumschlagplatz. Aus seiner überaus fruchtbaren Umgebung gingen Agrarprodukte bis nach Norddeutschland und Frankreich in den Export. Im Gegenzug wurden seine Jahrmärkte von Händlern aus Prag, Nürnberg und Sachsen beschickt. Berühmt und bis heute gerne getrunken sind die örtlichen Weine. Der denkmalgeschützte Kern von Leitmeritz zählt zu den schönsten in ganz Böhmen. Insbesondere der ausgedehnte **Marktplatz** zieht alle Aufmerksamkeit auf sich. Speziell beachtenswert: das Haus „Zum Schwarzen Adler“, das Kelch- und das Rathaus. Nur wenige Gehminuten entfernt erhebt sich – die Stadt war schon Mitte des 11. Jh. Sitz eines Kollegiatskapitels – der Domhügel, auf dem bereits vor 1000 Jahren eine mächtige Přemyslidenburg stand, mittlerweile aber ein barocker, dem Hl. Stephan geweihter **Dom** über die Stadt wacht. Neben diesem, im Inneren übrigens außergewöhnlich homogen gestalteten Barockbau erhebt sich, frei stehend, jedoch durch eine Arkadenbrücke mit dem Dom verbunden, ein 1889 im Neorenaissancestil hinzugebauter Glockenturm.

Eine ergiebige Adresse für Fans Alter und auch Jüngerer Meister ist die **Nordböhmische Galerie der Schönen Künste** in Litoměřice: Ihre Bestände sind auf mehrere Häuser in der Michalská (Nr. 7, 30 und 31) verteilt und umfassen Werke aus Gotik, Renaissance und Barock, darunter Gustostücke von Petr Brandl, Jan Preisler, Lucas Cranach sowie diversen tschechischen und flämischen Malern. Eine charmante Ergänzung bildet die umfangreiche Sammlung Naiver Kunst aus Böhmen und Mähren. Sakrale Kostbarkeiten präsentieren die **Galerie und das Museum der** örtlichen **Diözese** (Mírové náměstí 24).

Das Elbsandsteingebirge beiderseits der böhmisch-sächsischen Grenze ist das Ergebnis kaum vorstellbarer Erosionskräfte und heute ein überaus beliebtes Ausflugs- und Wandergebiet (oben und rechts, die Umgebung von Hřensko).

15 ÚSTÍ NAD LABEM (AUSSIG)

Erneut am westlichen Elbufer folgt man, an Lovosice und dem weithin sichtbaren Basaltberg Lovos vorbei, der Staatsstraße Nr. 30 nach Ústí nad Labem. Unter dem Namen Aussig fand die Stadt, die heute 100.000 Einwohner hat, schon im Jahr 993 als Zollstation an der Elbe und der Handelsroute von Prag nach Meißen Erwähnung. Am 15. Juni 1426 fügten die Hussiten vor ihren Toren einem katholischen Heer eine vernichtende Niederlage zu. 10.000 Mann fanden dabei den Tod, hernach wurde die Stadt verwüstet, ihre Bevölkerung niedergemetzelt. Im Rahmen der deutschböhmischen Nationalbewegung von 1848 spielte Aussig eine zentrale Rolle. Trotzdem entwickelte es sich in den Folgejahrzehnten zu dem hinter Hamburg zweitgrößten Hafen an der Elbe und zum wichtigsten Standort der Chemieindustrie in der ganzen Habsburgermonarchie. Auch heute ist Ústí nad Labem, dessen Stadtväter vor einigen Jahren mit der unsäglichen Idee international Schlagzeilen machten, ein Wohnviertel der Roma mittels hoher Mauern in ein regelrechtes Ghetto verwandeln zu wollen, die Wirtschaftsmetropole Nordwestböhmens. Sein touristischer Reiz ist allerdings recht beschränkt: Bedeutsam sind in erster Linie die spätgotische **Kirche Mariä Himmelfahrt** mit einem Turm, dessen Schräglage an pisanische Verhältnisse erinnert, und die auf hohem Fels über einem Kraftwerk, das den Fluss 20 km weit aufstaut, thronende **Burgruine Střekov** alias Schreckenstein.

DĚČÍN UND DAS ELBSANDSTEINGEBIRGE: Wo sich die Elbe durch hohe Felswände zu zwängen beginnt, liegt Děčín, die letzte Stadt vor der böhmisch-sächsischen Grenze. Das bis 1945 mehrheitlich deutschsprachige Städtchen hieß seinerzeit Tetschen-Bodenbach und bietet wenig Sehenswertes. Touristisch spielt es freilich als Startpunkt für Ausflüge in das angrenzende **Naturschutzgebiet Elbsandsteingebirge** eine stetig wachsende Rolle. Eine besonders schöne Wanderung führt von dem Dörfchen **Hřensko (Herrnskretschen)** 4 km weit zum Prebischtor, einem 21 m hohen, natürlichen Felsdurchlass. Als äußerst nett erweist sich hier auch eine Bootspartie auf der aufgestauten Kamenice/Kamnitz durch die canyonartige Edmundsklamm (Tichá souteska).

HÖHEPUNKTE

KUTNÁ HORA/KUTTENBERG
Die Stadt aus Silber mit der Barbara-Kathedrale, einem gotischen Wunderwerk von Weltrang: S. 114

KAČINA
Die Sommerresidenz der Grafen Chotek – ein Paradebeispiel für lupenreinen Klassizismus: S. 117

HRADEC KRÁLOVÉ/KÖNIGGRÄTZ
Abseits allen Schlachtenlärms: ein grandioser Hauptplatz und spannende moderne Architektur: S. 122

LITOMYŠL
Wo Smetana geboren wurde: ein Renaissanceschloss par excellence samt Theater mit über 200 Jahre alter Originalbühne: S. 126

NOVÉ MĚSTO
Ein musterhafter Marktplatz mit Laubenhäusern und ein mächtiges Schloss, in dem Mittelalter und moderne Innenarchitektur Hochzeit feiern: S. 128

ČESKÝ RÁJ
Das „Tschechische Paradies“ – ein dicht bewaldetes Wanderidyll mit romantischen Felstürmen, Burgruinen und Bauerndörfern: S. 132

JABLONEC
Das Mekka der Glas- und Schmuckerzeugung – mit dem einschlägigen, soeben neu eröffneten Museum: S. 135

RIESENGEBIRGE
Rund um Tschechiens höchsten Berg – ein alpines Wander- und Wintersporteldorado: S. 136

FRÝDLANDT
Franz Kafkas und Albrecht von Wallensteins (Burg-)Schloss – eine grandiose Feste mit kostbarer Inneneinrichtung: S. 137

MLADÁ BOLESLAV
Am Stammsitz der traditionsreichen Škoda-Werke – 100-jährige Automobilgeschichte, eindrucksvoll dokumentiert im firmeneigenen Museum: S. 138

Ein beispielhaft entzückendes Stadtensemble: Hauptplatz und Schlossturm von Nové Město.

Route 5

OSTBÖHMISCHE STADTJUWELEN

Kuttenberg und Kolín, Königgrätz und Reichenberg

Es mag an der relativen Nähe zu Prag gelegen sein, dass viele der reichsten Adelsfamilien einst in diesem Landesteil ihre Residenzen hatten. Ob die Chotek in Kačina, die Harrach in Hrádek, die Rohan in Sychrov oder die Kinsky in Karlova Koruna – ihre baulichen Hinterlassenschaften bilden allerorten besichtigenswerte Etappenpunkte. Ähnlich hoch ist von der Elbe bis hinauf zur deutschen und polnischen Grenze die Dichte an geschichtsträchtigen und kunsthistorisch kostbaren Städten. Königgrätz zum Beispiel ist beileibe nicht nur Schauplatz einer Schlacht, sondern ein urbanistisches Juwel ersten Ranges, sowohl was alte Architektur als auch solche der Klassischen Moderne betrifft. Auch Kolín stellt weit mehr als einen Punkt auf der militärhistorischen Landkarte dar. Litomyšl mit seinem prunkvollen Renaissanceschloss wurde gar von der UNESCO geadelt. Gar nicht zu reden von Kutná Hora, der altehrwürdigen Silberstadt, deren – neuerdings wieder auf Hochglanz renovierte – Kirchen und Paläste eindrucksvoll vom einstigen Stolz und Reichtum künden. Unterwegs entzücken auch viele städtebauliche Kleinode, von Rychnov und Svitavy bis Nové Město, Kuks und Jičín. Als mindestens ebenbürtig entpuppt sich freilich, was ihre touristischen Reize betrifft, die Natur: Ob das „Tschechische Paradies“ und das „Braunauer Ländchen“ (Broumov) mit ihren pittoresken Sandsteinfelsen oder, ganz im Norden, das Riesengebirge mit seinen veritablen Gipfeln: an Gelegenheiten, sich ausführlich und in anmutiger Umgebung die Füße zu vertreten, mangelt es wahrlich nicht.

Die Barbara-Kathedrale von Kuttenberg (Kutná Hora): eines der großen Wunderwerke der Hochgotik.

Die Kathedrale in Seitenansicht: Der Ende des 14. Jh. von Peter Parler begonnene Bau wurde erst 1905 endgültig fertiggestellt.

1 KUTNÁ HORA

Die Herren Juroren von der UNESCO-Kommission wussten schon, was sie taten, als sie Kutná Hora 1995 zum Weltkulturerbe erklärten: Welcher andere böhmische Ort wäre dieses Adelsprädikats würdiger gewesen? Es mag auf den ersten Blick ein wenig verwundern, dass dieses heute nur 22.000 Einwohner zählende Städtchen im Spätmittelalter nach Prag die bedeutendste Siedlung des Königreichs Böhmens war. Wird man jedoch erst einmal der Fülle erlesener Kunstdenkmäler ansichtig, ahnt man seinen historischen Rang. Und versteht auch, weshalb man die Erkundung der nordöstlichen Landesteile am besten hier, rund 70 km östlich der tschechischen Hauptstadt, beginnt.

Kutná Hora, das unweit der Elbe in malerisches Hügelland gebettete deutsche Kuttenberg, verdankte Ruhm und Reichtum dem Silber. Um 1300 wurde das edle Metall erstmals in der Gegend gefördert und schon bald darauf in der Stadt der in ganz Europa gültige und ob seines 90%-igen Silbergehalts gefragte český groš, der „Böhmische Groschen", geprägt. Zur Blütezeit im 14. Jh., als in Kuttenberg 100.000 Menschen lebten, förderten an die 10.000 Knappen aus Minen, die bis zu 700 m tief waren, pro Jahr drei Millionen Kilogramm Silber zu Tage, was einem Drittel der in der gesamten Alten Welt abgebauten Menge entsprach.

Zusätzlichen Glanz verliehen die böhmischen Könige der Stadt, die mit Vorliebe hier residierten. 1409 erließ Wenzel IV. hier das „Kuttenberger Dekret", das die Verfassung der

Das Zentrum der Altstadt von Kutná Hora mit dem nach František Palacký (s. S. 29) benannten Marktplatz und der St.-Jakob-Kirche.

Prager Karlsuniversität, deren Rektor damals Jan Hus hieß, zugunsten der Tschechen änderte und den Auszug der deutschen Professoren und Studenten nach sich zog. Während der Hussitenkriege wurde Kutná Hora zweimal niedergebrannt. Bald darauf ließen billige Importe aus Amerika die Silberpreise verfallen. Unter solchen Umständen war es nur noch eine Frage der Zeit, bis Kuttenbergs montanistische Bedeutung schwand.

Das Herz der Altstadt, die sich ihr mittelalterliches Gepräge weitgehend erhalten hat, schlägt auf dem von schönen Renaissancehäusern gesäumten **Hauptplatz** (Palackého náměstí). Von ihm führt eine kleine Gasse zur St.-Jakobs-Kirche, einem gotischen Prachtbau mit einem 82 m hohen Turm und Maßwerk, dessen Feinheit auf die Mitarbeit der berühmten Parlerschen Bauhütte aus Prag hindeutet. Blickfänge in dem erhabenen, leider nur während Messen zugänglichen Innenraum sind die Altarbilder der Barockmaler Peter Brandl und Karel Škréta. Nebenan steht der **Welsche Hof** (Vlašský dvůr), benannt nach jenen Finanzfachleuten aus Florenz, die dem Ruf König Wenzel II. nach Kuttenberg gefolgt waren, um das hiesige Münzwesen zu managen. Der gesamte Komplex, der später zeitweise auch als königliche Residenz diente, wurde mehrmals aus- und umgebaut, am wesentlichsten kurz vor 1400. Damals entstand auch die Wenzelskapelle, eine zentrale Schöpfung der böhmischen Gotik, die mit ihren Kreuzrippen, dem Chorerker,

Die gotische, dem Hl. Jakob geweihte Stadtpfarrkirche beeindruckt durch ihr wuchtiges Äußeres. Innen wartet sie mit Gemälden der Barockmeister P. Brandl und K. Škréta auf.

Ein Prachtexemplar eines spätgotischen Steinbrunnens steht im Nordteil der Altstadt, auf dem Rejsekplatz.

Das Kastell (Hrádek) beherbergt heute das Bergbaumuseum.

Ein so einzigartiges wie makabres Kuriosum: das Beinhaus im Stadtteil Sedlec, dessen Innenraum mit echten Knochen von rund 40.000 Menschen „dekoriert" wurde.

den Flügelaltären und auch den Wandmalereien im Jugendstil ein Highlight jedes Rundgangs darstellt.

Nahebei erhebt sich das **Kastell** (Hrádek), eine alte, zur Zeit der Renaissance zum edlen Adelssitz erweiterte Festung. Sie beherbergt ein Museum zum örtlichen Bergbau und Münzwesen. Von speziellem Interesse: der mittelalterliche Schaustollen und das über 400 Jahre alte, hölzerne Göpelwerk.

Zwei, drei Minuten sind es von hier, vorbei an der monumentalen Fassade des ehemaligen Jesuitenkollegs und einer langen Reihe barocker Statuen, zum absoluten Höhepunkt der Stadtbesichtigung: der **St.-Barbara-Kathedrale**. Wem bei ihrem Anblick das Herz nicht höher schlägt, der hat wohl keines. Schon aus der Entfernung signalisiert das dreiteilige Zeltdach die Ungewöhnlichkeit des Baues. Beim Näherkommen erkennt man die ungemeine Feingliedrigkeit der Fassadengestaltung. Und vollends verzückt ist man beim Betreten des Inneren. Die Raumwirkung, hervorgerufen durch die fünf Schiffe, das hohe Netzgewölbe und die teilweise kostbaren Wandmalereien, hat auf tschechischem Boden nur im Prager Veits-Dom ihresgleichen. Ende des 14. Jh. entwarf Peter Parler im Auftrag der Minenbesitzer das Gotteshaus und begann mit dem Bau. Nach den Hussitenkriegen setzten Matthias Rejsek und später Benedikt Rieth die Arbeit fort. 1588 war das Wunderwerk vollbracht.

Für den Rückweg ins Stadtzentrum empfiehlt sich eine nördliche Route. Sie führt vorbei an dem herrlichen, spätgotischen **Steinbrunnen** (Kamenná kašna; auf dem Rejsekplatz), der barocken **St.-Nepomuk-Kirche** (in der Husova) und dem ebenfalls reich verzierten **Steinernen Haus** (Kamenný dům; auf dem Wenzelsplatz), und endet vor dem **Ursulinenkloster**, einer Schöpfung des böhmischen Barockgenies Kilian Ignaz Dientzenhofer. Die zugehörige Kirche schuf übrigens um 1900 im Stil des Neobarock der Wiener Architekt Friedrich Ohmann.

Ein absolutes Muss ist der Abstecher in den nordöstlichen Vorort **Sedlec**. Und zwar zum einen wegen der **Marienkirche**, einem fünfschiffigen Bau im Stil der zisterziensischen Gotik, dem Giovanni Santini um 1720, rund 400 Jahre nach seiner Einweihung, auf die für ihn charakteristische und sehr passende Weise barocke Elemente hinzufügte. Und zum zweiten wegen des so berühmten wie kuriosen **Beinhauses**, einer gotischen Kapelle, deren gesamtes Mobiliar – Altar, Lüster, Wappen etc. – aus den Knochen von 40.000 Pestopfern kunstvoll gestaltet sind.

Soeben von Grund auf renoviert: die überaus imposante gotische Klosterkirche Mariä Himmelfahrt mit Giovanni Santinis Barockgewölben, drei Gehminuten vom Beinhaus in Sedlec entfernt.

2 KAČINA

Nur wenige Kilometer nordöstlich, an der Straße nach Pardubice, liegt inmitten eines weitläufigen „Englischen Gartens" der wohl schönste klassizistische Bau Böhmens hingebreitet. Schloss Kacina wurde 1806–22 als Sommerresidenz für Jan Rudolf Chotek erbaut, der als aufgeklärter Politiker und Unternehmer der bedeutendste Vertreter jener Adelsfamilie war, die im 18. und 19. Jh. eine ganze Reihe von fähigen Staatsbeamten hervorgebracht hat. Es besteht aus einem Zentraltrakt mit antikischem Portikus, den zwei einstöckige Flügel halbkreisförmig einfassen. Die Anlage, in der sich in ihrer Jugend auch Sophie Gräfin Chotek, die spätere Gattin des österreichischen Thronfolgers Franz Ferdinand, häufig aufhielt, wurde im Zweiten Weltkrieg von der deutschen Wehrmacht beschlagnahmt und hernach zum staatlichen Landwirtschaftsmuseum degradiert. Seit einigen Jahren erstrahlt es in neuem, altem Glanz. Beeindruckend beim Rundgang durch die Räumlichkeiten sind das – allerdings leider nur zu kleinen Teilen originale – Interieur im lupenreinen Empirestil. Besondere Juwelen: der Tanzsaal, die historische Apotheke, das Schlosstheater und vor allem die 40.000 Bände umfassende Bibliothek.

Das klassizistische Prachtschloss von Kačina, in dem sich Sophie Gräfin Chotek, die spätere Gattin Franz Ferdinands, in ihrer Jugend häufig aufhielt.

Das Denkmal anlässlich des Sieges des habsburgischen Heeres über jenes der Preußen 1757 nahe dem Dorf Křečhoř.

Bild rechts: Mariensäule und neogotisch bemaltes Rathaus auf dem Marktplatz von Kolín.

3 KOLÍN

Natürlich ist die erste Assoziation eine militärische. Mitte Juni 1757, ein Jahr nach Beginn des Siebenjährigen Krieges, stürmten auf den weiten Feldern westlich der Stadt 90.000 preußische und österreichische Soldaten gegeneinander. Letztere obsiegten unter dem Kommando Leopold Graf von Dauns und sicherten Maria Theresia dadurch den Besitz von Böhmen. Doch an der Oberhoheit Friedrich II. über Schlesien änderte die Schlacht nichts. Auf einer Anhöhe unweit des Dorfes **Křečhoř** erinnert ein mit dem habsburgischen Adler bekröntes Denkmal an das blutige Geschehen von einst.

Um einiges interessanter ist allerdings Kolín selbst: Bereits seit Mitte des 13. Jh. im Rang einer Königsstadt, erlebte es Mitte des 19. Jh. dank seiner Lage an der Elbe und der Eisenbahnlinie Prag–Olmütz einen rasanten Aufstieg zum wichtigen Industriestandort mit den Schwerpunkten Maschinenbau, Petrochemie, Nahrungs- und Düngemittelerzeugung. Trotzdem und trotz heftiger Bombardements in den Jahren1944/45 hat sich die Stadt einen schmucken Kern bewahrt. Dessen Brennpunkt bildet der riesige, neuerdings wieder nach Karl IV. benannte **Marktplatz**. An seiner Westseite ziehen mehrere originelle Ba-

Der feingliedrige Chor der St.-Bartholomäus-Kirche von Kolín: Der Bau gilt als ein zentrales Werk der mitteleuropäischen Frühgotik.

rockgiebel und, schräg gegenüber, das mit schönen Sgraffiti verzierte Rathaus die Blicke auf sich. An die Existenz der einst bedeutenden jüdischen Gemeinde erinnern eine sorgsam restaurierte **Synagoge** (Na hradbach) und, zweimal um die Ecke (Kmochova), ein verwunschener **Friedhof**. Kunsthistorisches Glanzstück ist die in einem stillen Winkel am Südostrand der Altstadt – fast möchte man sagen, verborgene – **Bartholomäuskirche**. Mit ihrem Bau wurde 1261 begonnen, doch den stilistischen Stempel drückte ihr 100 Jahre später der berühmte Peter Parler auf, indem er den monumentalen, von sieben Kapellen umkränzten und mit kunstvollen Kreuzrippen überwölbten Chor schuf.

Zwei in Kolín geborene Künstlerpersönlichkeiten gilt es noch zu erwähnen: **František Kmoch**, den König der Böhmischen Blechblasmusik (1848–1912), zu dessen Ehren sich hier jedes letzte Juni-Wochenende einschlägige Ensembles aus dem ganzen Land ein dröhnendes Stelldichein geben; und **Jean Gaspard** alias **Deburau** (1796–1846), den „Vater der Pantomime" und „größten aller Pierrots", dem das alljährlich Anfang September abgehaltene Festival des nonverbalen Theaters Mimoriál gewidmet ist.

Das bronzene Reiterdenkmal für Georg von Poděbrad, im Hintergrund das einstige Schloss des Hussitenführers.

4 PODĚBRADY

Der Name des 15 km nordwestlich von Kolín an der Elbe gelegenen Städtchens ist für historisch Interessierte untrennbar mit Georg von Poděbrad verbunden. Das Schloss des Hussitenführers, der 1452 zum Reichsverweser des minderjährigen Ladislaus Postumus aufstieg, nach dessen Tod sechs Jahre später als letzter unter den Tschechen zum König gewählt wurde und heute in Bronze gegossen und hoch zu Ross über den Hauptplatz wacht, ist denn auch die örtliche Hauptattraktion. Der mächtige Renaissancebau, der auf eine zu Zeiten Ottokar II. Přemysl errichtete Festung zurückgeht und im 18. Jh. auf Geheiß Maria Theresias in ein barockes Jagdschloss umgebaut wurde, birgt – angeblich – König Georgs Geburtszimmer. Im 20. Jh. avancierte Poděbrady dank der Entdeckung von Mineralheilquellen zum Kurort. Parkanlagen, Kurhäuser, Wandelkolonnaden und ein Konzertpavillon prägen das Viertel nördlich der Altstadt.

5 CHLUMEC

In dem kleinen Ort an der Staatsstraße 11, die von Prag nach Hradec Králové führt, steht das wohl originellste **Barockschloss** des Landes: **Karlova Koruna** alias Karlskrone. In nur drei Jahren (1721–23) ließ sich Graf Franz Ferdinand Kinsky, Kanzler und oberster Jägermeister des Königreichs Böhmen, von dem genialischen Giovanni Santini diesen Prachtbau auf den höchsten Hügel seines 10 ha großen Landschaftsparks setzen. Er besteht aus einem zylindri-

Ausfahrt im Sechsspänner im traditionsreichen Gestüt von Kladruby.

schen, zweigeschossigen, überkuppelten Mittelbau, an den radial drei quadratische Flügel anschließen. Jede der drei Anbauten hat in beiden Stockwerken je drei Zimmer. Alle insgesamt 18 Zimmer sind von gleicher Größe, quadratisch und von der zentralen Sala terrena aus zugänglich. Das Schloss will wie eine barocke Plastik umschritten sein. Sein Inneres ist im Rahmen von Führungen zu besichtigen. Das Raumgefüge ist freilich ungleich interessanter als die Ausstellung zur Kinsky'schen Familiengeschichte.

Ein Sträßchen führt von Chlumec südwärts nach **Kladruby**. In dem Dorf an der Elbe rief Rudolf II. 1579 ein Gestüt zur Zucht von Kutschenpferden ins Leben. Die überdurchschnittlich langlebigen und großkopfigen Tiere sind bis heute hier zuhause und können samt benachbartem Barockschloss besichtigt werden.

Impressionen aus dem Schloss von Pardubice: die gut bestückte Glas- und Waffensammlung sowie einer von etlichen schön freskierten Sälen.

6 PARDUBICE

Zweigt man in Chlumec von der Straße Nr. 11 Richtung Südosten auf die 36er ab, erreicht man nach gut 25 km Ostböhmens Stadt der Pferdemärkte und -rennen. Seit 1874 findet hier jeden Herbst das berühmte „Große Pardubitzer Steeplechase", ein von Tierschützern heftig befehdetes Hindernisrennen, statt. Unter Pazifisten ähnlich berüchtigt ist seit zwei, drei Jahrzehnten die Chemiefabrik im Nachbardorf Semtín, wird doch dort tausendtonnenweise Semtex, jener für Röntgenkontrollen an Grenzen und Flughäfen unsichtbare Sprengstoff, erzeugt, mit dem Terroristen in aller Welt ihre politischen Ziele herbeizubomben trachten. All dies sollte freilich nicht von einer Visite der Altstadt abhalten. Im Gegenteil: Der **Marktplatz** mit seinen teilweise üppig stuckierten Giebelhäusern ist, wenngleich nicht von überragender Homogenität, so doch von beträchtlicher Anmut. Sehenswert

Der Kolossalkomplex des Pardubitzer Schlosses, einst eine Wasserburg, ist bis heute von mächtigen Wehrmauern und -gräben eingefasst.

sind weiters das Jugendstil-Stadttheater, die spätgotische **St.-Bartholomäus-Kirche** mit ihrem zahnstocherspitzen Dachreiter sowie das 60 m hohe Zelená brána, das **„Grüne Tor"**, von dessen Aussichtsplattform man dem ganzen Stadtkern ins Dekolleté spähen kann. Den Höhe- und Endpunkt des Rundgangs bildet das Schloss, das mit seinen imposanten Wehrmauern und -gräben, Toren und Bastionen eine größere Fläche als die gesamte Altstadt einnimmt. Der Renaissancebau mit seinen Sgraffiti, den Hofarkaden und schön freskierten Sälen datiert aus dem 16. Jh. und diente seinerzeit dem mächtigen Geschlecht derer von Pernštejn als Heimstatt. Beachtenswert: die Sammlungen von Glas, Waffen und über 4000 historischen Postkarten.

7 HRADEC KRÁLOVÉ (KÖNIGGRÄTZ)

Wie bei Kolín (s. S. 118), so denkt man auch bei dieser Stadt zunächst unweigerlich an Säbelrasseln. Königgrätz, wie Hradec Králové zu Deutsch heißt, hat sich als Ort der Entscheidungsschlacht des „Deutschen Krieges" tief ins kollektive Gedächtnis geprägt. Damals, am 3. Juli 1866, prallten unweit der Stadt 220.000 Preußen und fast ebenso viele Österreicher und Sachsen aufeinander. Erstere, angeführt von Helmuth von Moltke, waren mit modernen Zündnadelgewehren ausgestattet. Letztere, unter dem Kommando Ludwig August Ritter von Benedeks, schossen mit veralteten Vorderladern. Das bekannte Ergebnis: Preußen siegte und übernahm die Führung im Norddeutschen Bund. Österreich blieb endgültig von den anderen deutschen

Das Ostböhmische Museum, erbaut um 1910 nach Plänen Jan Kotěras.

Dachterasse der Galerie der Modernen Kunst.

Der schlanke Ziegelbau der Hl.-Geist-Kathedrale auf dem Marktplatz von Königgrätz.

Staaten getrennt und formte fortan mit Ungarn eine Doppelmonarchie.

Wer gerne auf kriegerischen Spuren wandelt, findet rund um das Dorf Chlum, 10 km nordwestlich, über die sanft gewellten Felder verstreut mehrere Denkmäler samt Militärfriedhof, Ossarium und einschlägigem Museum. Ungleich mehr Augenmerk verdient freilich die Stadt selbst. Immerhin bildete Hradec Králové bereits im Hochmittelalter den urbanen Mittelpunkt Ostböhmens. Ab dem 14. Jh. residierten in ihr die Witwen der Landeskönige, im 15. war sie eine Hochburg der Hussiten. Zur Zeit Maria Theresias und Josefs II. wurde sie, längst rekatholisiert und zum Bischofssitz erhoben, wegen ihrer eminent strategischen Lage auf dem Felsrücken über dem Zusammenfluss von Orlice (Adler) und Labe (Elbe) zur Festungsstadt ausgebaut. Mehr als 100 Jahre lang verunmöglichte das Korsett aus Bastionen und Wällen jegliche Ausdehnung. Erst nach deren Schleifung kamen die Städteplaner zum Zug. Sie schufen einen ganzen Ring neuer Bezirke – sehr grün und licht, durchsetzt mit etlichen Meilensteinen moderner Architektur, dank seiner Funktionalität von landesweiter Vorbildwirkung und dementsprechend als „Salon der Republik" tituliert.

Die Erkundung der Altstadt beginnt man sinnvollerweise am Velké náměstí, dem großen Marktplatz. Das dreieckige, mehrere hundert Meter lange Geviert ist rundum von stolzen Häusern aus mehreren Jahrhunderten gesäumt und in seiner Gesamtheit von grandioser Wirkung. Die Südfront wird von den Barockfassaden des Bischöflichen Palais, des Jesuitenkollegs und der Marienkirche beherrscht. Blickfang

Josef Gočárs Elektrizitätswerk an der Elbe: eines von etlichen architektonischen Meisterwerken, die Hradec Králové nach 1900 zu einem Mekka der modernen Baukunst machten.

Die in einem ehemaligen Bankgebäude von Osvald Polívka eingerichtete Galerie der Modernen Kunst bietet einen exquisiten Querschnitt der tschechischen Malerei des 20. Jh.

ist freilich das Gebäudeensemble an der Westseite mit seiner insgesamt fünftürmigen Silhouette. Zur Rechten erhebt sich der Renaissancebau des **Alten Rathauses** (Stará radnice) und daran angrenzend **Bílá věž**, der 72 m hohe „Weiße" Wach- und Glockenturm, von dessen Aussichtsplattform man die gesamte Altstadt überblickt. Links davon strebt die Hl.-Geist-Kathedrale himmelwärts, ein hoher, gotischer Ziegelbau, wie er eigentlich für die nördliche Nachbarregion Schlesien typisch ist. Gemessen an der äußeren Monumentalität, enttäuscht ihr Innenraum ein wenig: ein zinnernes Taufbecken (1406), ein Sakramentshäuschen, ein Tryptichon (beide spätgotisch) und Peter Brandls Barockbild des „Hl. Antonius" – die restliche Ausstattung ist neogotisch und medioker.

Wer sich für die Baukunst des 20. Jh. interessiert, wandele hinunter ans Ufer der Elbe. Dort hinterließ **Jan Kotěra**, seines Zeichens Schüler Otto Wagners und an den Prinzipien des Bauhaus orientierter Begründer der modernen tschechi-

Einen reizvollen stilistischen Kontrapunkt bildet auf dem Marktplatz das kurz vor dem Ersten Weltkrieg von Osvald Polívka im späten Jugendstil gestaltete ehemalige Gebäude der Kreditanstalt. Hinter dem von zwei monumentalen Bronzeallegorien Ladislav Šalouns flankierten Eingangsportal ist seit 1990 die **Galerie der Modernen Kunst** zuhause. Sie bietet auf vier Etagen einen umfassenden Überblick auf die tschechische Malerei und Bildhauerei der letzten 100 Jahre. Vertreten sind so gut wie alle Meister, unter ihnen Alfons Mucha, Jan Preisler und František Kupka, Bohumil Kubišta, Josef Čapek und Emil Filla.

Karl Fischer, der Architekt des neogotischen Schlosses Hrádek bei Nechanice, hat sich bei seinen Planungen offenkundig an neogotischen Vorbildern in England orientiert.

schen Architektur, in den Jahren 1909–12 eines seiner Hauptwerke: das – auch wegen seiner Exponate sehenswerte – **Ostböhmische Museum** (Muzeum východních Čech). Ebenfalls Kotěras Fantasie entstammen u.a. Pražský most, die südliche der beiden zentralen Brücken, und das Hotel Bystrica (Ecke Palackého/Čs. armády). Sein Schüler **Josef Gočár**, einer der Avantgarde-Architekten des Landes während und nach der Blüte des Kubismus, entwarf Ende der 20er Jahre für die Neustadt am westlichen Elbeufer jenen Flächennutzungsplan, der in der Folge Generationen von Urbanisten schöpferisch beflügelte. Von seinen Einzelbauten gehören u.a. das Elektrizitätswerk (ein Stück flussabwärts am linken Ufer), vis-à-vis der Komplex des Staatsgymnasiums, die Wohnhäuser am Masarykovo náměstí und der bestrickend transparente Bahnhof mit seinem schlanken Uhrturm vor den Vorhang.

8 HRÁDEK U NECHANIC

12 km westlich von Hradec Králové lohnt das mit kostbaren Möbeln, Gläsern und Gemälden gespickte **Schloss Hrádek** bei Nechanice einen Besuch. Sein Bauherr war Graf Franz Ernst Harrach, sein Architekt der Wiener Karl Fischer, sein Vorbild das neugotische Schloss Crewe Hall bei Liverpool. In entgegengesetzter Richtung, gen Osten, erreicht man nach ebenfalls 12 km die Ortschaft **Třebechovice pod Orebem**, zu Deutsch: Hohenbruck, in dem es eine einzigartige, weil sieben Meter lange, aus 400 beweglichen Figuren bestehende Weihnachtskrippe zu besichtigen gilt.

Das Schloss von Litomyšl, 1568–80 von den Gebrüdern Aostalli im Auftrag der Adelsfamilie Pernstein erbaut, gilt als ein Paradebeispiel für böhmische Renaissance-Architektur.

9 LITOMYŠL (LEITOMISCHL) & UMGEBUNG

Verlässt man Königgrätz auf der Staatsstraße Nr. 35 (E 442) Richtung Südosten, gelangt man nach cirka zehn Autominuten nach **Holice**, den Geburtsort Emil Holubs. An den berühmten Entdecker und Forscher (s. S. 23) und seine Expeditionen durch das südliche Afrika erinnert ein eigenes Museum.

Nach weiteren 30 km hat man **Litomyšl** erreicht – eine Stadt, die im Zuge der geistigen und kulturellen Wiedergeburt der tschechischen Nation im frühen 19. Jh. eine zentrale Rolle spielte. Und eine wunderschöne obendrein. Herzstück des alten Leitomischl, das sich im Laufe des 12. Jh. im Schatten einer slawischen Burgstätte und eines Prämonstratenserklosters zu bilden begann und nach 1470 als ein Zentrum der radikal-reformerischen Böhmischen Brüderunität galt, ist der schmale, fast 500 m lange **Marktplatz**. Er trägt den Namen Friedrich Smetanas, des großen Sohnes der Stadt, und ist von einem Spalier frisch und farbenfroh getünchter Laubenhäuser gesäumt. Ob seiner reich verzierten Renaissancefassade hervorhebenswert ist das Haus Zu den Rittern (Dům U Rytířů; Nr. 110), ein Schmuckstück auch, vis-à-vis, das Alte Rathaus. Ein sehenswertes Kuriosum ist das östlich der Altstadt gelegene so genannte **Portmoneum**: In dem kleinen, seit 1993 als Museum öffentlich zugänglichen Haus bemalte der Autodidakt Josef Váchal in den 1920er Jahren Wände und Decken zweier Zimmer mit grellbunten Bilderfolgen, deren Stil irgendwo zwischen Marc Chagall und Art Brut angesiedelt scheint.

Das Schloss ist über und über mit prachtvollen Sgraffiti verziert.

Aus der Luft lässt sich die enorme Länge des leicht gekrümmten Marktplatzes erst richtig erkennen.

Litomyšls alles überstrahlende Attraktion ist freilich sein **Schloss**. Der vierflügelige, nahezu quadratische Komplex wurde in der zweiten Hälfte des 16. Jh. von Vratislav von Pernstein, Böhmens damaligem Obersten Kanzler, erbaut und steht als „ein vollendetes Beispiel einer mitteleuropäischen Adelsresidenz im Zeitalter der Renaissance“ auf der UNESCO-Liste der Weltkulturstätten. Seine äußeren Markenzeichen sind die bemalten Fassaden und der reiche Sgraffito-Schmuck auf den Schornsteinen und Ziergiebeln. Hinter den dreigeschossigen Arkaden seines Innenhofs wartet es auf mit kostbarem Mobiliar, einer Bildergalerie und Bibliothek und, als besonderes Zuckerl, einem klassizistischen Theater, dessen Dekorationen und Bühnentechnik, wie in Tschechien sonst nur in Krumau, original erhalten sind. In der benachbarten **Schlossbrauerei**, dem einstigen Elternhaus Friedrich Smetanas, informiert eine Dauerausstellung über Leben und Werk des Nationalkomponisten (s. S. 31). Die Reithalle nebenan beherbergt ein „Museum der antiken Bildhauerkunst und Architektur“.

Eine Tafel an der dem Schloss benachbarten Brauerei erinnert daran, dass hier die Eltern Smetana mit dem kleinen Friedrich wohnten.

Ein kurzer Abstecher Richtung Südosten führt in die Heimatorte zweier weiterer prägender Persönlichkeiten. In **Polička** wurde der Komponist Bohuslav Martinů geboren (1890) und begraben (1959). In **Svitavy** (Zwittau) erblickte 1908 Oskar Schindler, jener durch Steven Spielbergs Film post mortem zu Weltruhm gelangte Unternehmer das Licht der Welt, der während des Krieges, obzwar Mitglied der NSDAP, 1200 Juden das Leben rettete (mehr zum Thema im Stadtmuseum).

Das Schloss von Neustadt an der Mettau besitzt nicht nur eine äußerst sehenswerte Innenausstattung, sondern auch stattliche Gärten.

Wenn man, anstatt auf demselben Weg nach Königgrätz zurückzukehren, die Hauptstadt Ostböhmens gegen den Uhrzeigersinn umkreist, gelangt man nördlich von Litomyšl auf der Staatsstraße Nr. 14 zunächst nach **Rychnov nad Kněžou**/ Reichenau. Die altehrwürdige Tuchmacherstadt liegt an den Ausläufern des Adlergebirges und besitzt ein schönes Barockschloss, an dem, wie an der zugehörigen Kirche, Giovanni Santini planerisch beteiligt war. Seine Gemäldegalerie umfasst über 500 Werke Alter Meister. Ebenfalls besuchenswert ist 8 km südwestlich, in **Častolovice**, das Renaissanceschloss derer von Sternberg mit seiner erlesenen Waffensammlung.

Die Umgebung von Nové Město bietet romantische Ausflugsziele wie dieses.

10 NOVÉ MĚSTO NAD METUJÍ (NEUSTADT)

Der am nordwestlichen Ende des Adlergebirges auf einem Felssporn gelegene, an drei Seiten von der Mettau umflossene 10.000-Seelen-Ort besitzt eine der malerischsten Altstädte des Landes. Nur wenige Marktplätze besitzen ein rundum ähnlich geschlossenes Ensemble von Laubenhäusern im Stil der Renaissance (wobei die Schwalbenschwanzgiebel an der Nordseite freilich Rekonstruktionen sind). Es entstand, nachdem 1526 eine Feuersbrunst die gesamte Stadt zerstört hatte, auf Initiative der örtlichen Herrschaft, der Grafen von Pernštejn. Auch das benachbarte, alles überragende **Schloss** erhielt seine heutige äußere Form im 16. Jh. Die Inneneinrichtung jedoch ist das Ergebnis umfangreicher Renovierungen aus der Zeit kurz vor dem Ers-

Nové Město liegt malerisch auf einem von der Mettau umflossenen Felssporn.

Der Lokalaugenschein verschafft Gewissheit: Die mittelalterliche Altstadt von Nové Město zählt zu den schönsten Nordostböhmens. Im Bild: der von Laubenhäusern begrenzte Marktplatz.

ten Weltkrieg. 1908 hatte der Textilfabrikant Cyril Bartoň den stark verfallenen Adelssitz gekauft und den slowakischen Architekten Dušan Jurkovič mit der Neugestaltung beauftragt. Dieser schuf durch die kühne Kombination mittelalterlicher und barocker Elemente mit zeitgenössischen Kunstwerken sowie Möbeln des späten Jugendstils und frühen Funktionalismus ein überaus spektakuläres Interieur (Führung nicht versäumen!). Zugleich verlieh er Schlossterrassen und Park, die Bartoň mit zwei Dutzend Steinzwergen des berühmten Barockbildhauers Matthias Braun bevölkerte, ein neues Gesicht. Übrigens sollte man wegen des Panoramablickes unbedingt den Schlossturm erklimmen.

11 NÁCHOD

Über die Maßen attraktiv ist das nahe dem so genannten Landtor, einem seit Urzeiten von Fernhändlern benutzten Grenzübergang nach Polen, gelegene Industriestädtchen zwar nicht. Doch das imposante, von einem gotischen Rundturm überragte **Renaissanceschloss** mit seinen barockisierten Räumlichkeiten lohnt einen Zwischenstopp allemal. Etwas kurios muten unten, in der Mitte des charmanten Marktplatzes, die beiden mit Holzschindeln gedeckten Zwiebeltürme der gotischen **Laurentiuskirche** an. Einen stilistischen Gegenpol bildet direkt gegenüber das Jugendstilhotel „Zum Lamm" (U Beránka), dessen recht schickes Café zur Einkehr lädt.

Das barocke Schloss von Náchod birgt eine stattliche Sammlung kostbarer Gobelins aus Flandern.

12 ADERSBACHER & WEKELSDORFER FELSEN

Einen Kontrapunkt zu den dicht gesäten kulturellen Sehenswürdigkeiten setzen in der nordöstlichsten Ecke des Landes die berühmten „Felsenstädte“ von Adršpach und Teplice (Wekelsdorf). Durch tektonischen Druck und Erosion entstanden, beflügeln ihre bis zu 70 m hohen, bizarren Formationen die Fantasie. Auf zwei-, dreistündigen Wanderungen auf gut markierten Wegen nimmt man Dutzenden Felstürmen, -nadeln und -brücken die Parade ab. Auch an einem idyllischen Bergsee und einem „Rübezahl“-Wasserfall kommt man vorbei. Das gesamte Gebiet steht wegen seiner raren Fauna und Flora unter Naturschutz.

Unweit von Jaroměř harrt eine spätbarocke, von Joseph II. in Auftrag gegebene Festungsstadt, komplett mit Kasernen, Kasematten und Kirche der Besichtigung. Ihr wenig überraschender Name: Josefov.

13 JAROMĚŘ & JOSEFOV

Das knapp 20 km vor Hradec Králové gelegene Städtchen besitzt einen malerischen, krummen, mit Kopfstein gepflasterten Hauptplatz. Architekturfreunden mit einem Faible für die klassische Moderne wartet es unten an der Staatsstraße 33 mit einem wichtigen Werk aus Josef Gočárs frühkubistischer Phase, dem Kaufhaus Wenke, auf. Dieses beherbergt heute eine dem Werk dreier lokaler Künstlergrößen gewidmete Galerie.

Eine völlig konträre, extrem triste Atmosphäre verströmt 1 km südlich die Siedlung Josefov. Ihr Namenspatron, der Habsburgerkaiser Joseph II., ließ hier, an der Mündung der Metuje (Mettau) in die Elbe, um die Reichsgrenze gegen den neuen, preußischen Feind zu sichern, eine **spätbarocke Festungsstadt** aus dem Boden stampfen. Deren Straßenraster ist von erbarmungsloser Rechtwinkeligkeit und nur von der Kirche auf dem Hauptplatz durchbrochen. Während der zweite Stützpunkt dieser Art, Terezín/Theresienstadt, bekanntlich von den Nazis als Vorzeige-KZ missbraucht und später zum Gedenken an das Grauen als eine Art Freilichtmuseum adaptiert wurde (s. S. 108), gab man die Josefstadt dem Verfall preis. Roma-Familien haben in den desolaten Mietkasernen Quartier bezogen. Stiernackige, stoppelglatzige Jungmänner am Straßenrand machen, dass man die Türsperre im Innern des Autos aktiviert. Doch lehrreich ist der Abstecher auf solch eine Schattenseite des schönen Böhmen allemal. Und wer will, kann sich von Schauspielersoldaten in historischen Kostümen durch die labyrinthischen, mit Kerzen notdürftig beleuchteten Kasematten der Festung geleiten lassen.

Die Skulpturensammlung in dem ehemaligen Kurort Kuks lässt Freunden barocker Bildhauerkunst die Herzen höher schlagen.

14 KUKS

Kuks: Matthias Bernhard Braun schuf hier, 5 km nördlich von Jaroměř, im Auftrag von Reichsgraf Franz Anton Sporck im frühen 18. Jh. eine Vielzahl allegorischer Plastiken.

Gänzlich anderen, nämlich die Gesundheit fördernden Zwecken diente, was vor gut 300 Jahren 5 km nördlich von Jaroměř ein gewisser Reichsgraf Franz Anton von Sporck an das Elbufer stellte: ein privates Kurbad, gespeist von mehreren Heilquellen und komplett, mit Konzerthalle, Kirche, Pferderennbahn, Hospital und Heckenlabyrinth ausgestattet. Zwei Jahre nach dem Tod des philanthropischen Freigeists riss ein Hochwassers fast die ganze Pracht mit sich. Doch selbst das Wenige, was blieb, lohnt den Umweg: das Krankenhaus mit barocker Apotheke und Himmelfahrtskirche (allesamt Werke Giovanni Battista Alliprandis) und auf der vorgelagerten Terrasse eine lange Reihe allegorischer Statuen von Matthias Bernhard Braun.

Cirka 3 km westlich, im Wald, stößt man auf eine weitere Gruppe von beinahe 30 Statuen und auch Reliefs des Barockbildhauers. Wegen der zentralen Krippen-Szene taufte man den trotz der starken Verwitterung der meisten Skulpturen überaus eindrucksvollen Ort auf den Namen **Betlém** (Bethlehem).

In Jičín wurde Karl Kraus geboren. Die das Städtchen prägende historische Gestalt war freilich der hier abgebildete Albrecht von Wallenstein.

15 JIČÍN

Sprachfetischisten wird interessieren, dass am 28. April 1874 Karl Kraus in Jitschin den – gewiss schon unüberhörbar pointiert-scharfen – ersten Schrei seines Lebens tat. Für das Gros der Reisenden, insbesondere Wanderlustige, bildet dieses nach Judith (Jitka), der Gemahlin Wenzels II., benannte Städtchen das Tor zum Tschechischen Paradies (s.u.). Historisch ist Jičín in mehrfacher Hinsicht von Belang: Zum einen, weil Albrecht von Wallenstein es 1621 zur Hauptstadt seines Herzogtums Friedland erkor. Der berühmt-berüchtigte Fürst und Feldherr schuf sich hier ein stattliches Schloss und eine Münzstätte. Und nur seine Ermordung 1634 in Eger verhinderte, das er weitere, hochtrabendere Pläne, nämlich die Gründung eines Bistums und einer Universität, verwirklichte. Im Konferenzsaal des Schlosses, das die Südseite des schönen Marktplatzes dominiert, schmiedeten 1813 Zar Alexander I., Österreichs Kaiser Franz I. und Preußenkönig Friedrich Wilhelm III. die „Heilige Allianz“ gegen Napoleon. Sieben Jahre zuvor, als die napoleonischen Truppen in Österreich und Böhmen einmarschiert waren, hatte man in geheimer Aktion die Reichsschätze aus Prag und Wien nach Jitschin gebracht und hier, auf mehrere Kirchen verteilt, verborgen.

Unter den Baudenkmälern verdienen, neben dem Schloss, die turmlose frühbarocke **Jakobskirche** und, als letzter Rest der alten Stadtbefestigung, das 52 m hohe, für jedermann besteigbare **Waldlitzer Tor** (Valdická brána) spezielle Erwähnung. Reizvoll ist die aus Wallensteins Zeit stammende vierreihige **Lindenallee**, die nordöstlich der Altstadt 2,5 km weit Richtung Semily führt. Weniger reizvoll ist am Ende der Baumreihe die zu dem halbverfallenen Lustschlösschen Libosad gehörige Loggia – ein zwar frisch renoviertes, aber allzu klobig-monumentales Beispiel des italienischen Manierismus.

Wanderer, Ästheten und Kletterer kommen zwischen und auf den Sandsteinfelsen des „Tschechischen Paradieses“ gleichermaßen auf ihre Rechnung.

16 ČESKÝ RÁJ

Als „Tschechisches Paradies“ wird jener Landstrich bezeichnet, der innerhalb des von den Städten Turnov, Jičín und Mnichovo Hradiště umschriebenen Dreiecks liegt. Dicht bewaldete, von Wanderwegen durchzogene Hügel, bizarre Sandsteintürme, romantische Burgruinen und Bauerndörfer machen die Gegend zu einem populären Ausflugsziel vor

Einen Besuchermagnet ersten Ranges bildet am Südrand des „Tschechischen Paradieses“ die gotische Feste Kost.

allem der Prager. Geeignetster Startpunkt für seine Erkundung ist das für die Schmuckherstellung aus böhmischem Granat bekannte Turnov (wertvolle Sammlung von Halbedelsteinen im örtlichen Museum!). Das Wahrzeichen der Region ist die Zwillingsruine von **Trosky** – zwei ehemalige Wohntürme, die von einem fast 500 m hohen Basaltfelsen wie die kariösen Zahnstümpfe eines Riesen weithin ins Land grüßen. Als weitere Highlights gelten: **Valdštejn**, die Stammburg des Geschlechts derer von Waldstein, die Felsformationen von **Malá** und **Hrubá Skála** (Klein- und Groß-Skal) und **Kost**, ein Prachtexemplar einer gotischen Burg. Der beste Weg, all die Pracht in Augenschein zu nehmen, ist der rund 100 km lange „Goldene Pfad“ (Zlatá stezka).

17 LIBEREC (REICHENBERG)

Die Zeiten, da sich Generationen von später berühmten Wiener Burgschauspielern im hiesigen Stadttheater – wie auch in Troppau, Teplitz, Brüx oder Komotau – ihre ersten Sporen verdienten, sind längst vorbei. Die Nachkommen der seinerzeit zahlreichen deutschsprachigen Bewohner, von denen wohl viele noch 1938–45 stolz auf den Status ihrer Heimat als Hauptstadt des Gaues Sudetenland waren, leben erzwungenermaßen längst anderswo, im Ausland. Und auch der Bausubstanz sieht man ihr wechselvolles Schicksal deutlich an. Die Lage indes an der Lausitzer

Reichenbergs Neorenaissance-Rathaus auf dem Altstädter Platz ist eine verkleinerte Kopie des Rathauses von Wien.

Das Nordböhmische Museum. 1873 gegründet, präsentiert es Tschechiens älteste Kunstgewerbe-Sammlung.

Neiße (Lužická Nisa), zwischen dem Isergebirge (Jizereské hory) und dem über 1000 m hohen, von einem futuristisch anmutenden Fernsehturm bekrönten Jeschken (Ještěd), ist trotz Plattenbausiedlungen, Shoppingzentren und manch desolater Fabrik immer noch hübsch.

Im ausgehenden 13. Jh. gegründet, hatte sich Reichenberg rasch zu einem florierenden Zentrum der Tuchweberei entwickelt. Später mehrten vor allem Glaserzeugnisse und Maschinen den Ruf des „böhmischen Manchester“ als Industriezentrum. Die schönsten Baudenkmäler finden sich am **Altstädter Platz** (Benešovo náměstí): das von dem unermüdlichen Architektenduo Fellner & Helmer erbaute **Stadttheater**, an dessen Innendekoration übrigens der blutjunge Gustav Klimt beteiligt war; gegenüber das **Kaffeehaus Pošta** im so pompös wie entzückenden Neorokoko; und, alles überragend in der Mitte, das **Rathaus**, eine Ende des 19. Jh. im Stil der flämischen Renaissance erbaute, verkleinerte Nachbildung des Neuen Rathauses in Wien. Ein kleines Stück westlich, auf dem Neu-

Das Museum umfasst regionalgeschichtliche, ethnografische und naturwissenschaftliche Sammlungen.

städter Platz, haben sich einige malerische Fachwerkbauten aus dem frühen 17. Jh., genannt Wallensteinhäuser (Valdštejnské domky), erhalten. Die barocke Heiligkreuzkirche nebenan birgt ein Altarbild, eine „Anna Selbdritt", das Albrecht Dürer zugeschrieben wird. Östlich des Stadtkerns steht ein um 1600 von den Grafen Clam-Gallas erbautes **Renaissanceschloss**. Es beherbergt eine reichhaltige Musterschau der böhmischen Glasindustrie. Alte Meister und Klassische Moderne tschechischer Provenienz präsentiert die benachbarte **Regionalgalerie**, Kunstgewerbe diverser Metiers hingegen das an der Peripherie gelegene **Nordböhmische Museum**. Attraktionen für Jung und Alt sind der **Zoo**, immerhin der älteste im Land, und, unweit davon, der unlängst modernisierte **Botanische Garten**. Wanderern beziehungsweise Wintersportlern empfiehlt sich die Fahrt per Seilbahn auf den Gipfel des eingangs erwähnten Jeschken.

Das Gablonzer Glas- und Bijouterie-Museum ist in einem auffälligen Jugendstilbau untergebracht und wurde nach einem Generalumbau im Herbst 2004 wieder eröffnet.

18 JABLONEC

Nur 10 km östlich von Reichenberg, ebenfalls an der Neiße, liegt Gablonz, dessen Name untrennbar mit der Erzeugung von Glas und Bijouterie verbunden ist. Die erste Glashütte wurde Mitte des 16. Jh. gegründet. Zur „Hauptstadt des Handels mit Glaskorallen und Perlen" mit Geschäftsverbindungen in alle Welt stieg das Städtchen vor allem dank Siedlern aus Sachsen im Laufe des 19. Jh. auf. Um 1870 belieferten über 200 Unternehmen mit 16.000 Angestellten die Märkte in Europa und Übersee. Am Vor-

Der Stadtkern von Gablonz mit dem Anfang der 1930er Jahre erbauten Neuen Rathaus.

Glas- und Schmuck, wohin man blickt. Doch das neue Museum umfasst auch Medaillenkunst und Münzprägewesen.

abend des Ersten Weltkriegs zählte Gablonz 32.000 Einwohner. Davon waren neun Zehntel Deutsche, die eine Generation später aus ihrer Heimat vertrieben wurden (und im schwäbischen Kaufbeuren den Ortsteil Neugablonz und eine bald erneut boomende Glas- und Schmuckwarenindustrie gründen sollten). Die örtlichen Fabriken haben sich in kommunistischer Zeit mehr recht als schlecht mit Massenware über Wasser gehalten.

Vom überbordenden Wohlstand der Vorkriegszeit zeugen in der mittlerweile wieder auf 50.000 Einwohner angewachsenen Stadt noch etliche historistische und sezessionistische Mietshäuser und Villen. Dominierend: das Stadttheater – wie zu erwarten ein Fellner & Helmer-Bau, das Alte und das funktionalistische Neue Rathaus. Anziehungspunkt Nummer einst ist freilich das in einem palastartigen Jugendstilbau beheimatete **Museum für Glas und Bijouterie** (Muzeum skla a bižuterie). Es wurde im Herbst 2004 nach mehrjährigem Generalumbau wieder eröffnet und präsentiert mit modernsten didaktischen Methoden Werden und Höhepunkte der örtlichen Fabrikation. Eine Er-

Auf den kahlen Höhenzügen des Riesengebirges (Krkonoše) lässt sich bestens und mit herrlicher Fernsicht wandern.

Das **RIESENGEBIRGE (Krkonoše)**, das Reich des legendären Rübezahl, besitzt mit der **Schneekoppe** (Sněžka; 1602 m) den höchsten Gipfel der Tschechischen Republik. Sein 35 km langer Hauptkamm markiert die Grenze mit Polen. Knapp 400 km² des von der UNESCO zum Biosphärenreservat erklärten Gebiets bilden den ältesten Nationalpark des Landes, dem man nach den flächendeckenden Neupflanzungen kaum mehr ansieht, dass er noch vor zehn Jahren vom Sauren Regen devastiert war. Die gesamte Region ist mit Wanderwegen gut erschlossen und dank zahlreicher Lifte auch ein beliebtes Wintersportgebiet. Zu den meistbesuchten Urlaubsorten in den tiefen Quertälern zählen **Harrachov**, **Špindlerův Mlýn**, **Rokytnice nad Jizerou** und als Kurort **Janské Lázně**. Ausgangspunkt für Touren auf die Schneekoppe ist **Pec pod Sněžkou**, in den Ostteil des Höhenzuges das Städtchen **Trutnov**. In **Vrchlabí** befindet sich das Riesengebirge-Museum. Als besonders malerisch gelten die Wanderung durch das **Elbtal** (Labský Důl) zum **Pančava-Wasserfall** und von Harrachov zum **Mummelfall** (Mumlavský vodopád).

Auf Burg Friedland, die einst Albrecht von Wallenstein und später den Grafen Clam-Gallas gehörte, gibt es so viel Prächtiges zu besichtigen, dass Führungen über 1 1/2 Stunden dauern.

gänzung für spezieller Interessierte bilden die – allerdings nur während der Sommermonate geöffnete – **Gedenkstätte** der Glasmacherei in **Kristiánov** sowie das **Glasmuseum** in **Harrachov**. Das gesamte **Isergebirge** (Jizerské hory), ein 350 km² großes Naturschutzgebiet nördlich von Gablonz und Reichenberg, ist von einem dichten Netz aus Rad- und Wanderwegen durchzogen. Etliche historische Aussichtswarten gewähren erhebende Panoramablicke.

19 FRÝDLANT (FRIEDLAND)

Unbedingt – wohlgemerkt: unbedingt! – sollte man von Reichenberg die 23 km Richtung polnische Grenze nach Frýdlant fahren. Das mächtige Burgschloss, das dort mitsamt seinem 60 m hohen Rundturm auf einem Basaltfelsen über dem Flüsschen Wittig (Smědá) thront, diente, so wird gemutmaßt, Franz Kafka als Vorlage für sein virtuelles Roman-Schloss. Schon gut 100 Jahre früher war der Adelssitz, der um 1240 gegründet und im 15./16. Jh. im Renaissancestil ausgebaut worden war, als Objekt eines Stücks Weltliteratur zu Ruhm gelangt: Albrecht von Waldstein, der kaiserliche Heerführer, der von Jičín aus (s. S. 132) seine riesigen Besitzungen in Nord- und Ostböhmen verwaltete, hatte Friedland zu seinem Lieblingsaufenthaltsort erkoren und 1625 die Herrschaft von Ferdinand II. zum erblichen Herzogtum erhoben bekommen. Schillers Drama über Aufstieg und Fall des Generalissimus rückte die Feste dermaßen ins öffentliche Rampenlicht, dass ihre damaligen Besitzer, die Grafen Clam-Gallas, sie bereits 1801 als eines der ersten Burgmuseen Mitteleuropas zur Besichtigung freigaben. Heutige Besucher bekommen im Rahmen ausgedehnter Führungen (über 1 1/2 Stunden!) alle Highlights, die kost-

Die Burg, von der aus Albrecht von Wallenstein einst über sein Herzogtum Friedland herrschte, kam als Schauplatz von Schillers Drama über Aufstieg und Fall des Generalissimus zu Weltruhm.

bar ausgestatteten Säle und Salons, die Glas- und Gemälde-, Waffen-, Trophäen- und Keramiksammlungen, aber auch die aufschlussreichen Nebenräume gezeigt.

20 SYCHROV

Auf dem Rückweg Richtung Süden lohnt kurz vor Turnov **Schloss Sychrov** einen Zwischenstopp. Der Ende des 17. Jh. erbaute Komplex mit seinen weit ausladenden Flügeln diente der Adelsfamilie Rohan, die während der Französischen Revolution nach Böhmen emigriert war, als Residenz. Sie verlieh ihm in den 1860er Jahren sein neogotisch-romantisches Aussehen und umgab es mit einem exotisch bepflanzten Landschaftspark. Antonín Dvořáks Naheverhältnis zum Verwalter der Rohans und seine zahlreichen Aufenthalte in Sychrov sind Thema einer Dauerausstellung und Anlass für das alljährlich im Schloss veranstaltete Musikfestival.

Ebenfalls besichtigenswert ist, knapp 20 km weiter, das Schloss von **Mnichovo Hradiště** (Münchengrätz). Es ist kostbar möbliert und enthält die reichhaltige Bibliothek aus dem Casanova-Schloss Duchcov (Dux). In einer Kapelle der Schlosskirche fand Albrecht von Wallenstein seine endgültige Ruhe.

Jungbunzlau ist seit 100 Jahren ein Zentrum der Auto-Industrie. Im Werkmuseum ist die komplette Modell-Palette von Škoda zu bewundern.

21 MLADÁ BOLESLAV

Nein, also touristische Reize kann man dieser auf halbem Weg zwischen Liberec und Prag gelegenen Stadt wohl

Motorisierung einst und heute: In Mladá Boleslav (Jungbunzlau) rollen täglich tausendfach die neuesten Škoda-Modelle vom Band.

beim besten Willen nicht unterstellen. Zwar reichen die Wurzeln von Jungbunzlau, so sein altösterreichischer Name, extrem weit, nämlich bis ins 10. Jh. zurück. Doch zu sehen ist von solch historischem Erbe bis auf ein Jugendstiltheater, einige Laubenhäuser, ein Rathaus und ein eher mittelprächtiges Schloss aus der Renaissance kaum etwas. Dafür besitzt die Stadt, gemessen an ihren 50.000 Einwohnern, gewaltige wirtschaftliche Potenz: Industrieanlagen wohin man blickt.

Kurz vor Weihnachten des Jahres 1895 hatten der Mechaniker Václav Laurin und der Buchhändler Václav Klement mit der Produktion von Fahrrädern der Marke Slavia begonnen. Schon vier Jahre später bauten die beiden das erste Motorrad der Monarchie. 1905 folgte mit der „Voiturette A" das erste Automobil. 1925 fusionierte man mit den Pilsener Škoda-Werken. Bald darauf liefen neben PKWs auch Lastwägen, Busse, Flugzeugmotoren und Agrarmaschinen vom Band. Während kommunistischen Zeiten gelang es, innerhalb des Ostblocks den Rang eines Vorzeige-Industriebetriebs zu halten. Mitte der Neunziger schließlich trat Škoda, nunmehr unter marktwirtschaftlichen Bedingungen und als 100-Prozent-Tochter des deutschen Volkswagen-Konzerns, in Konkurrenz mit den führenden Weltmarken.

Weshalb an dieser Stelle die Firmenchronologie? Weil sich die gesamte 100-jährige Erfolgsgeschichte anhand Dutzender zwei- und vierrädriger Modelle, vom ersten Fahrrad bis zum **Škoda** Felicia und Octavia in einem überaus sehenswerten **Werksmuseum** dokumentiert findet (Eingang: tříoda Václava Klementa 294).

HÖHEPUNKTE

BRNO (BRÜNN)
Die aus dem touristischen Dornröschenschlaf erwachte südmährische Metropole, noch ein Geheimtipp für Kunstfreunde und Lebenskünstler: S. 142

PERNŠTEJN
Eine der größten und am besten erhaltenen Festungen Tschechiens, im Inneren eine elegante Adelsresidenz im Stil der Renaissance: S. 148

ŽDÁR NAD SÁZAVOU
Die Nepomuk-Kirche auf dem Grünen Berg – ein Geniestreich von Giovanni Santini-Aichel im Stil der barocken Gotik: S. 149

OLOMOUC (OLMÜTZ)
Die altehrwürdige Bischofsstadt – eine Fundgrube für Freunde barocker Sakralarchitektur: S. 150

BOUZOV (BUSAU)
Eine Burg wie aus dem Bilderbuch – der romantische, reich möblierte Zeremonialsitz des Deutschen Ordens: S.155

PŘÍBOR
Auf den Spuren eines Weltgenies – der Geburtsort Sigmund Freuds: S. 159

KOPŘIVNICE
Pflichtstation für Auto- und Technikfans – das Werkmuseum der Traditionsfirma Tatra: S. 161

ROŽNOV POD RADHOŠTĚM
Die malerische Kleinstadt am Fuße der Beskiden und ihr Freilichtmuseum der walachischen Holzarchitektur: S. 162

ZLÍN
Ein urbanistisches Gesamtkunstwerk der Moderne: die ideale Industriestadt von Tomáš Baťa, dem „Henry Ford des Schuhwerks“: S. 162

KROMĚŘÍŽ (KREMSIER)
Die ehemalige Residenz der Olmützer (Erz-)Bischöfe – mit kostbarer Gemäldegalerie und prachtvollen Gärten: S. 165

Ein Burgbau von beispielhafter Mächtigkeit: Bouzov, ehemals Sitz des Deutschen Ordens.

Route 6

DURCH MÄHREN

Von Brünn in den kurzweiligen Osten

Von der mährischen Metropole über die altehrwürdige Bischofsstadt Olmütz und am Fuß des herrlich naturbelassenen Altvatergebirges entlang in das geschichtsträchtige Industrierevier nahe der polnischen Grenze; von dort, unweit der slowakischen Grenze, an den Ausläufern der Beskiden vorbei, in südlicher Schleife zurück an den Ausgangspunkt: Diese Rundfahrt macht mit dem faszinierenden Ostteil des Landes bekannt, offenbart mit Brünn eine oft unterschätzte Kulturhauptstadt, in der in den letzten Jahren spannende Museen und Galerien, Musikklubs und Szenelokale wie Pilze aus dem Boden schossen, und mit Zlín, der Schöpfung des Schuhkönigs Baťa, die industrielle Idealstadt der Zwischenkriegszeit schlechthin. Stationen wie Troppau, Austerlitz, Kremsier oder das mit barockem Prunk üppig gesegnete Olmütz erinnern an Schlüsselereignisse der habsburgischen Geschichte. Während man in Ostrava und Frýdek-Místek das imposante Industrieerbe der Montanpioniere und in Ungarisch-Hradisch Relikte der Großmährischen Frühgeschichte zu Gesicht bekommt. Auf den Spuren von Geistesgrößen wie Gregor Mendel, Sigmund Freud und Leoš Janáček lässt sich wandeln. Abstecher führen zu spektakulären Burgen wie Pernštejn oder Bouzov und sogar zu architektonischem Weltkulturerbe wie der Wallfahrtskirche von Zelená Hora bei Žďár. Und zwischendurch lockt ein entspannendes Bad in berühmten Kurorten wie Jeseník, Velké Losiny oder Luhačovice.

Barock, wie hier auf dem Krautmarkt (Zelný trh), bestimmt das Aussehen weiter Teile der Altstadt von Brünn. Besonders beeindruckend ist auf besagtem Platz die Reduta, das vermutlich älteste Theatergebäude Mitteleuropas (um 1600).

1 BRNO (BRÜNN)

Das Paris von Mähren oder eine Vorstadt Wiens, ein großes Dorf oder „zünftiges Städtl", ein Mekka der modernen Architektur, der Messen und Motorradrennen, die Stadt von Mendel und Janáček ... Die Attribute für die mit rund 380.000 Einwohnern zweitgrößte Stadt der Tschechischen Republik sind ebenso mannigfach wie widersprüchlich. Tatsache ist, dass die südmährische Industriemetropole, die einst dank ihrer vielen Textilfabriken sowie der Steinkohleförderung und Schafzucht im Umland den Beinamen „mährisches Manchester" trug, mit ihrem dichten Kranz vielstöckiger Plattenbauten, den berüchtigten paneláky, Neuankömmlinge auf den ersten Blick nicht eben bezirzt. Tatsache ist aber auch, dass sie sich nach dem schlimmen Aderlass, den die Vertreibung ihrer deutschen Bewohner im Jahr 1945 bedeutete, in jüngsten Jahren gehörig herausgeputzt hat. Mit ihren zahlreichen neuen Cafés, Geschäften und Galerien, mehreren qualitätsvollen Bühnenhäusern und einem mittlerweile recht veritablen Nachtleben verströmt sie echte Großstadtluft. Nicht zuletzt dank etlicher Kunstdenkmäler von Rang und reich bestückter Museen verdient sie mindestens ein, zwei Tage eingehender Erkundung. Nicht mitgerechnet die zahlreichen Sehenswürdigkeiten, mit denen ihr nahes Umland aufwartet.

Im Zentrum der Aufmerksamkeit steht naturgemäß der historische, wohltuenderweise weitgehend verkehrsbefreite

Ein Wahrzeichen von Brünn: das Alte Rathaus, heute Sitz der Tourismusinformation, mit seinem Turm und der schönen Renaissanceloggia im Innenhof.

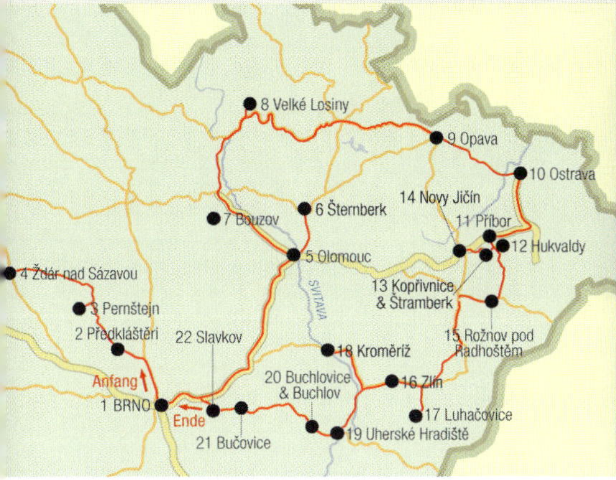

Stadtkern. Seinen Mittelpunkt markiert seit dem 12./13. Jh., als deutsche und flandrische Kolonisten gemeinsam mit den ursprünglichen, slawischen Bewohnern den Markt zum Blühen brachten und König Václav/Wenzel I. ihm das Stadtrecht verlieh (1243), der Náměstí Svobody alias Freiheitsplatz. Die Geschäftshäuser rund um diesen ehemaligen Kreuzungspunkt uralter Handelswege bilden einen architektonischen Stilmix, der mehr als vier Jahrhunderte umfasst. Schmuckstücke sind in der Südwestecke das vierstöckige Renaissancehaus des Weinhändlers Schwartz und, vis-à-vis, das späthistoristische Haus „Zu den vier Karyatiden". Durch die Masarykova, die Hauptachse der Brünner Altstadt, gelangt man in die malerische Radnická, zum **Alten Rathaus**. Dieser älteste und zugleich interessanteste welt-

In Leoš Janáčeks Wohnhaus richteten die Brünner zum 150. Geburtstag des Komponisten im Jahr 2004 eine Gedenkstätte ein.

In Brno erblickten viele Berühmtheiten aus Kunst und Wissenschaft das Licht der Welt, u.a. die Schriftsteller Bohumil Hrabal und Milan Kundera, die Architekten Jan Kotěra und Adolf Loos, der Physiker und Philosoph Ernst Mach, der Mathematiker Kurt Gödel sowie Viktor Kaplan, der Erfinder der Wasserturbine. Zu Ehren von **Leoš Janáček**, der hier sein gesamtes Erwachsenenleben verbrachte und auf dem Brünner Zentralfriedhof bestattet liegt, hat man zu seinem 150. Geburtstag 2004 in dessen Wohnhaus eine sehenswerte **Gedenkstätte** eingerichtet (Smetanova 14).

An Stelle einer alten slawischen Burg steht heute auf dem Petrov, dem Petersberg, hoch über der Altstadt der Dom St. Peter und Paul. Seine Außenmauern wurden um 1910 nach Zerstörungen im gotischen Stil wieder aufgebaut.

liche Bau der Stadt war von 1343 bis kurz vor dem Zweiten Weltkrieg Sitz der kommunalen Verwaltung. Heute beherbergt er das Büro der Touristeninformation. Sein feines, spätgotisches Portal schuf im Jahr 1511 Meister Pilgram, seines Zeichens Dombaumeister zu St. Stephan in Wien. Dahinter, im Durchgang, baumelt ein kurioses Maskottchen von der Decke: der „Brünner Drache", in Wahrheit ein ausgestopftes Krokodil, um das sich allerlei Mythen ranken. Deren glaubwürdigster besagt, das für mährische Verhältnisse höchst exotische Vieh sei ein Geschenk des osmanischen Sultan an Erzherzog Matthias, den Bruder Rudolf II., gewesen.

Ganz in der Nähe öffnet sich ein weiterer zentraler Platz, der **Krautmarkt, Zelný trh**. In seiner Mitte erhebt sich, werktags von Obst- und Gemüseständen umsäumt, der Parnass-Brunnen, dessen überschäumende Barockformen kein Geringerer als Johann Bernhard Fischer von Erlach entwarf. Die Ostseite schmückt die um 1730 erbaute Redoute, das älteste Theater der Stadt. Daneben steht die Kirche der Kapuziner, in deren Gruft die Mönche, wie ihre Ordensbrüder etwa auch in Palermo und Wien, die Kunst, Leichname langfristig zu konservieren, ebenso eindrucksvoll wie gruselig zur Schau stellen. Die Südseite dominiert das Palais Dietrichstein, von dem aus der Kardinal gleichen Namens nach der Schlacht am Weißen Berg die Rekatholisierung Mährens administrierte. Heute birgt der stattliche Barockbau im Verbund mit dem benachbarten Alten Bischöflichen Palais das **Mährische Landesmuseum**. Dessen ganzer Stolz sind die Gemäldegalerie (u.a. mit Werken von Cranach, Rubens und Maulpertsch), die weltweit größte Kollektion von Zikaden sowie die Sammlung frühgeschichtlicher Funde, deren Glanzstück die „Venus von Věs-

Das Janaček-Theater am östlichen Rand der Altstadt: um 1960 mit der damals modernsten Bühnentechnik des Landes erbaut.

tonice", ein rund 25.000 Jahre altes, tönernes Fruchtbarkeitsidol aus dem Aurignacien, darstellt.

Hinter dem Museum führt ein Weg auf den **Petrov-Hügel**. Hier erhebt sich auf den Fundamenten einer altslawischen Burgstätte und einer romanischen Basilika der Dom zu St. Peter und Paul. Sein gotischer Vorgänger aus dem 15. Jh. fiel, wie so vieles, 1645 während der Belagerung durch die Schweden unter General Torstensson in Trümmer. In der Folge im Barockstil wieder aufgebaut, wurde er vor 100 Jahren regotisiert. Wer zuvor den Turm des Alten Rathauses nicht erklommen hat, sollte unbedingt eine der beiden filigranen Nadelspitzen der Brünns Silhouette prägenden Kathedrale besteigen. Von oben hat man die Stadt wie auf dem Servierbrett vor sich liegen; nimmt den herausragenden Sehenswürdigkeiten der Altstadt, von der Dominikanerkirche im Westen über St. Thomas und St. Jakob im Norden bis zu Kirche und Kloster der Minoriten im Ostteil optisch die Parade ab; lässt südwärts den Blick über Bahnhof und Neustadt und über die fruchtbare Ebene weit ins Österreichische, Richtung Wien, schweifen. Und rückt schließlich westlich der Altstadt den **Spielberg** (Špilberk) ins Visier. Auf jenem knapp 300 m hohen, strategisch günstigen Hügel errichtete bereits König Ottokar II. Přemysl um 1270 eine Burg. Während des Dreißigjährigen Krieges bauten Italiener sie zu einer mächtigen Zitadelle aus, in deren berüchtigten unterirdischen Kerkern später zahllose Gegner der Habsburger schmachteten. Von Mitte des 19. bis Mitte des 20. Jh. diente die Anlage als Kaserne, heute beherbergt sie das Städtische Museum. Von den fünf Dauerausstellungen sind die Kunstsammlung „Von der Renaissance zur Moderne" und die Leistungsschau der Brünner Architektur der Zwischenkriegszeit am lohnendsten.

Das Portal des Alten Rathauses: ein spätgotisches Werk des Meister Pilgram.

Eine von vielen idyllischen und geschichtsträchtigen Ecken in der weitläufigen Altstadt von Brünn.

Südwestlich des Burgbergs, unweit jener Furt am Fluss Svratka, an der schon im 9. Jh. die Siedlung Staré Brno (Altbrünn) entstanden war, stiftete Anfang des 14. Jh. Königin Elisabeth eine Nonnenabtei. In diesem später von den Augustinern übernommenen Kloster machte der Prälat Gregor Johann Mendel (s. S. 27) seine berühmten Kreuzungsversuche an Erbsen und Bohnen und leitete daraus seine Vererbungsgesetze ab. Im Westtrakt der schönen gotischen Anlage erinnert das **Mendelianum** mit einer Dauerausstellung und einem Denkmal an den innovativen Pater. Ein Stück westlich erstreckt sich das in den 1920er Jahren angelegte **Messegelände**. Es bietet nicht nur das wirtschaftlich wichtigste Handelsforum des Landes, sondern zugleich eine Leistungsschau des funktionalistischen Bauens der Zwischenkriegszeit. Mit Werken vertreten sind u.a. Josef

Kunstgenuss in der mährischen Metropole: Freunde von Oper und Ballett pilgern ins **Janáček-Theater** (Dvořákova 11), jene von Kammermusik in die **JAMU-Akademie** (Komenského nám. 6). Brünns repräsentatives Orchester, die **Staatliche Philharmonie,** hat ihre Heimstatt im Vereinshaus (Besední dům). Musicals und Operette werden im **Stadttheater** (Lidická 16) geboten. Schauspiel gibt es im renommierten Mahen-Theater und auch die zahlreichen Kleinbühnen sind wegen der unüberwindlichen Sprachbarriere von geringem Reiz. International verstanden wird die in **Musikklubs** gepflogene Sprache. Als diesbezüglich aktuelle Adressen gelten derzeit: die Klubs Fléda (www.fleda.cz), Šelepova (www.selepova.cz) und Semilasso (Palackého třída 126). Folkloristisches bringt der Klub Leitnerova zu Gehör (www.volny.cz/leitnerka).
Top-Adressen für Bildende Kunst sind: die **Mährische Galerie** im Palais Pražák mit dem zugehörigen Kunstgewerbemuseum (Husova 18 u. 14), das **Haus der Künste** (Malinovského náměsti 2), das kürzlich generalrenovierte **Haus der Herren von Kunštát** mit der Galerie G 99 (Dominikánská 9) sowie das **Städtische Museum** auf dem Špilberk. Im Sommer und (Früh-)Herbst bietet die **Int. Biennale für Graphik und Design Brno** alljährlich Vertretern dieses Metiers aus Mitteleuropa ein viel beachtetes Forum (siehe auch: **Design Centrum Čr** in der Radnická 2). Besuchenswert ist das – angeblich weltweit einzigartige – **Museum für Roma-Kultur** (Bratislavská 67).

Ein Meilenstein der klassischen Moderne: Mies van der Rohes Villa Tugendhat im Cottage-Viertel von Brünn. Klare Flächen und viel Glas bestimmen diesen – besichtigbaren! – Pionierbau des Funktionalismus.

Kalous und die Kotěra-Schüler Josef Gočár und Bohuslav Fuchs. Das auf dem Areal erhaltene Empireschlösschen wurde von Adolf Loos umgestaltet.

Eine Weltikone des Funktionalismus, seit 2001 sogar ein UNESCO-Kulturdenkmal und für jedermann besichtigbar, ist die 1929/30 von dem Deutschen Ludwig Mies van der Rohe entworfene **Villa Tugendhat** im Cottageviertel Černá Pole. Wie Brünn überhaupt eine Fundgrube für stilistisch wegweisende Einfamilienhäuser darstellt. Diesbezüglich besonders ergiebig ist ein Spaziergang nördlich des Messegeländes entlang der Hlinky-Straße – auf Nr. 148 steht Leopold Bauers berühmte Reissig-Villa – und durch das angrenzende Masarykviertel auf dem Žlutý kopec, dem Gelben Berg. Fans moderne Architektur werden übrigens auch in der Innenstadt fündig: Hervorhebenswert sind etwa der Morava-Palast von Arnošt Wiesner in der Beneš-Straße, Hotel Avion (Česká 20), Alfa-Palast (Poštovská 4-8) und Haus der Künste (Malinovský-Platz 2), alle von B. Fuchs. Und schließlich begegnet man auch den aus dem gründerzeitlichen Wien bekannten Architekten: Ludwig Förster zum Beispiel, der den Generalplan für die Brünner Ringstraße entwarf, Heinrich Ferstel, der die evangelische Backsteinkirche auf dem Komenského-Platz schuf, Theophil Hansen als Schöpfer des Palais Pražák im für ihn typischen Stil der römischen Renaissance, und, wie könnte es anders sein, dem in der gesamten Monarchie allgegenwärtigen Duo Helmer & Fellner, die für das Mahen-Theater verantwortlich zeichnen.

Pernštejn: ein besonders spektakuläres Exemplar einer Burg, ursprünglich errichtet im 13. Jh.

Das reich geschmückte Westportal der Zisterzienserinnen-Abtei Porta coeli in Předklášteří bei Tišnov.

2 PŘEDKLÁŠTEŘÍ

Ein Halbtages-Ausflug sollte von der mährischen Metropole nordwestwärts in Richtung der – für Reisende imaginären – Grenze zu Ostböhmen führen. Erste Station ist nach 28 km, kurz hinter Tišnov im Ortsteil Předklášteří (Vorkloster), die Zisterzienserinnenabtei Porta coeli. Es ist eine Gründung Königin Konstanzes, der Witwe Přemysl Ottokar I., aus dem Jahr 1233 und nach dem prächtigen Portal seiner romanisch-gotischen Kirche, einer gemäß französischen Vorbildern überreich mit Figuren verzierten „Himmelspforte“, benannt. Neben dem Gotteshaus von Interesse sind Kreuzgang und Kapitelsaal sowie das in einem Nebentrakt installierte volkskundliche Museum.

3 PERNŠTEJN

Von Tišnov weitere 12 km durch das malerische Hügelland mäandrierend, erreicht man eine der spektakulärsten Burgen der an derartigen Wehrbauten wahrlich reich gesegneten Tschechischen Republik. Die auf einem Felssporn überaus kühn himmelwärts ragende Anlage befand sich vom späten 13. bis zum späten 16. Jh. im Besitz des damals sehr einflussreichen Geschlechts derer von Pernštejn. Ohne ihr spätgotisches Äußeres zu verändern, wurde sie in dieser Zeit sukzessive von einer mittelalterlichen Feste in einen luxuriösen Adelssitz im Stil der Renaissance verwandelt. In den im 18. und 19. Jh. abermals adaptierten Innenräumen findet sich eine aus anderen Burgen zusammengetragene Mixtur von Möbeln unterschiedlicher Stile und Qualität.

Aus verständlichen Gründen zum UNESCO-Welterbe erklärt: Giovanni Santinis Nepomukkirche auf dem „Grünen Berg“ (Zelená Hora) bei Ždár.

4 ŽDÁR NAD SÁZAVOU

Es sind noch einmal gut 30 km Richtung Westen, aber der Abstecher an die Sázava lohnt! Nicht, dass das Städtchen Ždár (Saar) an sich von sonderlichem Reiz wäre. Große Maschinenfabriken haben ihm einen dichten Kranz aus Plattenbauten und demgemäß einen eher schnöden Charme beschert. In dem 3 km nördlich gelegenen – und nicht eben gut beschilderten – Vorort Zámek Ždár hingegen fordert eine Sehenswürdigkeit Bewunderung, deren Originalität sogar die UNESCO zur Verleihung ihres Weltkulturerbe-Siegels bewog. Bereits Mitte des 13. Jh. hatten dort Zisterzienser ein Kloster gegründet. 450 Jahre später wurde dieses von Giovanni Santini alias Aichel barock umgestaltet. Die eigentliche architektonische Sensation des Ortes ist freilich die **Wallfahrtskirche** zu Ehren des heiligen Johannes von Nepomuk (vgl. S. 29), die ebenfalls Santini 1719–22 auf dem benachbarten **Zelená Hora**, dem „Grünen Berg“, hinstellte. Sie gilt als Geniestreich des böhmisch-italienischen Baumeisters und als Paradebeispiel der so genannten barocken Gotik, als deren Schöpfer und zugleich Meister Santini gilt. Die Kirche ist von einem Kreuzgang in der Form eines

MÄHRISCHER KARST: Moravský kras, das knapp 100 km² große, nördlich von Brünn und östlich des Flusses Svitava gelegene Gebiet ist dank seiner Naturdenkmäler ein beliebtes Ausflugsgebiet. Als spektakulärste Attraktionen gelten die **Katharinenhöhle** mit ihrem riesigen Dom und dem einzigartigen, von hauchdünnen, jedoch bis zu vier Meter langen Stalagmiten bestandenen „Bambuswäldchen“; weiters die so genannte **Stiefmutter (Macocha)-Schlucht**, ein gewaltiger Felskrater, sowie die **Punkva-Höhlen**, ein 30 km langes Grottenlabyrinth. Ausgangspunkt für die Erkundung des dicht bewaldeten, mit malerischen Dörfern durchsetzten Karstgebiets ist die Ortschaft **Blansko** (18 km von Brünn), Sitz eines zum Regionalmuseum umfunktionierten Renaissanceschlosses.

Barocke Gotik nennt man den von Santini entwickelten eigenwilligen Mischstil, den er in Ždár zur Perfektion trieb.

Der über sternförmigem Grundriss errichtete Bau erweist sich auch innen als höchst originell.

zehnzackigen Sternes umgeben. Sie steht, weil fünf Sterne das Attribut ihres Patrons darstellen, auf dem Grundriss eines Pentagramms. Der Kranz aus fünf eckigen und fünf ovalen Kapellen, die fünf Altäre, die fünf Engel am Hauptaltar entsprechen allesamt derselben Zahlensymbolik. Das Zentrum der – zur Zeit der Drucklegung dieses Buches allerdings eingerüsteten – Kuppel ziert eine überdimensionale Zunge, das zweite Nepomuk'sche Attribut, das man dem Unglücklichen, bevor man ihn von der Moldaubrücke stieß, als Strafe für sein standhaftes Schweigen als Beichtvater herausgerissen hat.

Um nochmals zum Schloss unten im Tal zurückzukehren: Dort sind die **Konventskirche** „Mariä Himmelfahrt" – übrigens das mit 76 m zweitlängste Gotteshaus in Mähren – und die Prälatur von speziellem Interesse. Letztere besitzt in ihrem Hauptsaal ein im doppelten Wortsinn kopfverdrehendes Deckenfresko (von K.F.A. Töpper) und diesem zu Füßen ein hochinteressantes **„Museum des Buches"** sowie eine kleine, feine Dokumentation zu Leben und Werk Santinis.

5 OLOMOUC (OLMÜTZ)

Ja, ja, die Quargeln ... Ihr Gestank ist wahrlich nicht imagefördernd. Als hätte die fünftgrößte Stadt Tschechiens nichts anderes zu bieten, kommen den meisten bei Nennung ihres Namens wohl erst einmal diese, gelinde gesagt, pikant duftenden, runden Käselaibchen in den Sinn. Manch einer erinnert sich vielleicht, in der Schule gelernt zu haben, dass Kaiser Ferdinand I. im Herbst 1848 vor den revoltierenden Wienern samt Familie und Hofstaat hierher geflohen ist und sich sein Nachfolger, der nur 18-jährige Neffe Franz Joseph, erst im darauffolgenden Mai wieder zurück in die Kaiserstadt wagte. Und irgendwo im Hinterkopf mag auch

Blickfänge auf dem Oberring, dem Hauptplatz von Olmütz, sind das Rathaus und die Dreifaltigkeitssäule.

gespeichert sein, dass die altehrwürdige Stadt lange Zeit Bischofsitz und als solcher eine Hochburg des Katholizismus war. Doch viel mehr Assoziationen ruft Olmütz nur selten hervor. Dabei besitzt es einen gut erhaltenen, mit imposanten Sehenswürdigkeiten gespickten historischen Kern, deren Erkundung einen Reisetag voll ausfüllt.

Entstanden ist die inmitten der fruchtbaren Hanna-Ebene an der March gelegene Stadt im 10. Jh. Bereits 1063 wurde sie zum Bistum, gut 100 Jahre später zur Hauptstadt Mährens erhoben – ein Status, den sie Mitte des 17. Jh. nach den von den schwedischen Besatzern verursachten Verheerungen des Dreißigjährigen Krieges an Brünn verlor. Kaiserin Maria Theresia verhalf Olmütz zu neuer Bedeutung, indem sie angesichts der preußischen Bedrohung seinen bereits zuvor begonnenen Umbau in eine Festungsstadt vollenden und ihm parallel ein prächtiges Barockkleid verpassen ließ. Erst Ende des 19. Jh. wurde die Stadt von ihrem Korsett aus Wehrmauern befreit, konnte verspätet ihre industrielle Entwicklung einsetzen. Neuerliche Rückschläge, von denen sie sich erst in jüngsten Jahren nachhaltig erholte, bedeuteten die Zerstörungen während des Zweiten Weltkriegs, an dessen Ende die Vertreibung der Deutschen stand, die bis dahin fast ein Viertel der Bevölkerung gestellt hatten, und die Stationierung einer großen sowjetischen Garnison von 1968 bis 1990.

Die Keimzelle der ob seiner üppigen Sakralarchitektur gerne als „Mährisches Salzburg“ apostrophierten Stadt lag im äußersten Osten des historischen Kerns, auf dem Fürstenberg: eine slawische, im 10. Jh. von den Přemysliden übernommene Burgstätte. An ihrer Stelle erhebt sich heute der **Wenzelsdom**. Sein Kern stammt aus dem frühen 12. Jh., ist also romanisch, doch seine heutige imposante Form

36 m hoch ist die Olmützer Dreifaltigkeitssäule, und mit unzähligen Skulpturen versehen – ein selten imposanter Beleg barocker Pracht und Macht.

mit den beiden Westtürmen und dem 100 m hohen Ostturm ist das Ergebnis einer neogotischen Umgestaltung und nur wenig mehr als 100 Jahre alt. Kunstgeschichtlich weit aufregender sind die Reste des romanischen **Bischofspalasts** (Zugang nördlich, neben der barocken Annenkapelle) und die erst vor wenigen Jahren im angrenzenden Klosterareal entdeckten Wandmalereien aus Gotik und Renaissance. Auf der gegenüberliegenden Seite des idyllischen Platzes erinnert an der Fassade der Dekanei eine Tafel daran, dass hier 1306 der jugendliche König Václav/Wenzel III. ermordet wurde, wodurch das Geschlecht der Přemysliden im Mannesstamm ausstarb.

Das Herzstück der heutigen Altstadt – und den logischen Ausgangspunkt für jeden Rundgang – bildet **Horní náměstí**, der Oberring. In seiner Mitte steht das **Rathaus**, ursprünglich ein Kauf- und Stapelhof, ausgestattet mit 70 m hohem Turm, gotischem Festsaal, Erker und einer Loggia im Stil der Spätrenaissance (unter deren Bögen die Tourismus-Information ihr Büro hat). Publikumsmagnet ist an seiner Nordwestseite die große Astronomische Uhr. Sie wurde, wie ihr berühmteres Prager Gegenstück, im frühen 15. Jh. von Meister Hanuš gebaut und im Zweiten Weltkrieg stark beschädigt. Die Mosaike und der „proletarische“ Figurenreigen stammen aus den 1950er Jahren.

In Sichtweite zieht die **Dreifaltigkeitssäule** alle Blicke auf sich: Mit ihren 36 m und zahlreichen Skulpturen das höchste und prächtigste Barockmonument dieser Art im Land und 1754 in Anwesenheit Maria Theresias höchstderoselbst eingeweiht, besitzt sie in ihrem Sockel sogar eine Kapelle. Kein Wunder, dass die UNESCO sie auf ihrer Liste des Weltkulturerbes führt. In Sichtweite steht jenes 1830 von Josef Kornhäusel erbaute, klassizistische **Theater** (Moravské divadlo), in dem Gustav Mahler seine Dirigentenlaufbahn begann. Vis-à-vis bringt der moderne **Arion-Brunnen** mit seinem bronzenen Delphin und der offenbar etwas verirrten Schildkröte Passanten zum Schmunzeln.

An den außerdem von zwei prächtigen Barockbrunnen bestückten Oberring schließt südlich der **Dolní náměstí**, der Niederring, an. Auch auf diesem leicht abschüssigen, kopfsteingepflasterten Geviert hinterließ der Barock seine Spuren – in Form zweier schöner Brunnen und einer Mariensäule. Speziell beachtenswert: am unteren Ende die Kapuzinerkirche und, Ecke Lafayettova, das **Haunschild-Palais**, hinter dessen Renaissance-Erker 1767, wie eine Gedenktafel bezeugt, wegen einer hartnäckigen Krankheit des kleinen Wolfgang mehrere Wochen lang die Mozarts logierten.

Ein Anziehungspunkt: die im Kern fast 600 Jahre alte Astronomische Uhr am Rathaus.

Rechts: Altstadtgasse, die von der St.-Michaels-Kirche hinab zum Niederring führt.

Zu den schönsten Sakralbauten der Stadt zählen, abgesehen vom Dom, die spätgotische **St.-Mauritius-Kirche** mit ihren beiden ungewöhnlichen, asymmetrischen Türmen, die **St.-Michaels-Kirche** mit ihren drei achteckigen Kuppeln und dem eben fertig restaurierten, in strahlendes Hochbarock getauchten Inneren, sowie, ganz in der Nähe, die neo-barocke **Gedächtniskapelle** für Jan **Sarkander**, einen 1995 von Papst Johannes Paul II. heilig gesprochenen Märtyrerpriester aus Schlesien. Das bauliche Bindeglied zum Revier der Erzbischöfe im Ostteil der Altstadt markiert die – erwartungsgemäß ebenfalls barocke – ehemalige **Jesuitenkirche Maria Schnee**. Ein Stückchen östlich von ihr erstreckt sich der Komplex des einstigen Jesuitenkollegs, heute Heimstatt der Olmützer Universität. Diese wurde 1573 gegründet, trägt mittlerweile den Namen des Historikers und Politikers František Palacký (s. S. 29), und beschert mit ihren Abertausenden Studenten dem von seiner Bausubstanz doch sehr katholischen, ergo steif-pompösen Bezirk wohltuend jugendlichen Schwung und eine Reihe netter Kneipen, Mode- und Musik-, Buch- und Trödelläden. Um die Ecke, auf dem Biskupské náměstí, steht jenes von Giebelfiguren bekrönte **Erzbischöfliche Palais**, in dem 1848 Franz Joseph zum Kaiser proklamiert wurde. Das benachbarte Studentencafé lädt Stadtflaneure zur stärkenden Rast. Eine Alternative für Koffeinisten bietet das Café im **Kunstmuseum** (Muzeum umění). Letzteres wartet mit allerlei Gemälden aus dem 14. bis 18. Jh., vor allem aber im neu adaptierten Dachgeschoss mit einer „Galerie des 20. Jahrhunderts“ auf. Diese ist prall gefüllt mit Modellen, Möbeln und Bildender Kunst aus der Blüte der Tschechischen Moderne, entworfen von Meistern wie Mucha, Gutfreund,

Unbedingt einen Besuch wert: das Kunstmuseum (Muzeum umění). Im Bild: die reich bestückte „Galerie des 20. Jh.“ in dessen Dachgeschoss.

Der Marienpilgerort Svatý Kopeček (Heiligberg) lohnt wegen seiner prächtigen Barockkirche einen Zwischenstopp auf dem Weg von Olmütz nach Šternberk.

Filla, Kubista u.v.m. Abschließend und als Ergänzung dazu empfiehlt sich der Gang durch die von etlichen feinen Jugendstil-Fassaden gesäumte **Riegrova** (westlich des Oberrings) und hinüber zu der um 1905 von Anton Hanak und Josef Hoffmann im Auftrag der Gründerfamilie der Wiener Werkstätte erbauten, leider noch ihrer Restaurierung harrenden **Villa Primavesi** (Univerzitní, neben der Michaelskirche).

Postskriptum: Wer nach der Olmützer Altstadt noch eine weitere Dosis Hochbarock verträgt, sollte unbedingt das 1 km nördlich, jenseits der March gelegene **Kloster Hradisko** besichtigen. 1078 auf Anregung eines Přemysliden von Benediktinern gegründet, bald darauf von Prämonstratensern übernommen, wurde es nach der Zerstörung durch die Schweden – vermutlich – nach Plänen Domenico Martinellis wieder aufgebaut und schließlich durch Joseph II. aufgehoben. Der monumentale Bau besitzt herrliche Stuckarbeiten und Wandmalereien, u.a. im Großen Saal ein Fresko von Paul Troger.

6 ŠTERNBERK

Ein kurzer Ausflug von Olmütz führt auf der Staatsstraße Nr. 46 nordwärts in das 15 km entfernte Städtchen Sternberg. Die dortige **Burg**, von deren über 700 Jahre alter Urahnin noch ein Rundturm mit bis zu 4 m dicken Wänden steht, erhielt ihre heutige, romantisch-historisierende Form im ausgehenden 19. Jh. durch ihre damaligen Besitzer, die Liechtensteins. Sehenswert ist die darin untergebrachte Sammlung mittelalterlicher Kunst und, mehr noch, das einzige **Uhrenmuseum** Tschechiens. Es präsentiert neben vielerlei exotischen und historischen Zeitmessern auch Taschen- und Armbanduhren des namhaften örtlichen Herstellers namens Prim. Auf halbem Weg von Olmütz hierher lohnt **Svatý Kopeček** alias Heiligberg einen Zwischenstopp. Die viel besuchte Marienwallfahrtsstätte thront mächtig auf einem Hügel über den Niederungen der Haná. Sie besteht aus einer monumentalen Barockkirche (hörenswert: die exzellente Orgel!) und einem von Domenico Martinelli gestalteten, ehemaligen Prämonstratenser-Kloster.

Walt Disney hätte seine Freude gehabt: Bouzov, ehemals Sitz des Deutschen Ordens, entspricht allen Vorstellungen einer Bilderbuchburg.

7 BOUZOV (BUSAU)

Eine knappe halbe Autostunde nordöstlich von Olmütz, hart an der böhmisch-mährischen Grenze, ragt eine Burg aus dem waldigen Hügelland, die jedem Disney-Film als Kulisse zur Ehre gereichte und den kurzen Umweg von der Hauptroute mehr als lohnt. Kurz nach 1300 erbaut und über mehrere Generationen im Besitz der Herren von Kunstadt, wurde der Bau im Dreißigjährigen Krieg stark zerstört und 1696 zusammen mit riesigen Ländereien in Nordmähren vom Deutschen Orden übernommen. Nachdem Napoleon den geistlichen Ritterorden verboten, Kaiser Franz I. ihn jedoch bereits 25 Jahre später in Österreich erneuert hatte, beschloss Ende des 19. Jh. Erzherzog Eugen von Habsburg als damaliger Hochmeister, Burg Busau zum repräsentativen Ordenssitz auszubauen. Nach Plänen Georg Hauberissers, dem Architekten des Münchner Rathauses, entstand ein romantisches Zeremonienschloss im Mischstil von Neogotik und -renaissance. Sein pseudomittelalterlicher Pomp mit all den Fahnen, Emblemen, dem wuchtigen Mobiliar fand nach dem Einmarsch 1938 höchsten Anklang bei den Nazis. Hitler machte die Burg Reichsführer SS Heinrich Himmler zum Geschenk. 1945 wurde sie zum Nationalen Kulturdenkmal erhoben. Im Rahmen detailreicher Führungen bekommt man einen Großteil der rund 150 mit erlesenem Originalinventar ausgestatteten Räume zu Gesicht, darunter Ritter-, Jagd-, Säulen- und Waffensaal, die Burgkapelle mit den Grabsteinen etlicher Hochmeister sowie deren Arbeits- und Schlafgemach mit seinen überaus prächtigen Barockmöbeln.

Fünf-Sterne-Attraktion des kleinen Kurortes Velké Losiny ist der Arkadenhof seines Renaissanceschlosses.

8 VELKÉ LOSINY

Der kleine Kurort Groß-Ullersdorf, 9 km nordöstlich von Šumperk gelegen, lockt mit zwei Attraktionen: einem **Renaissanceschloss** und einer einzigartigen **Papiermühle**. Ersteres, in einer parkähnlichen Idylle an einem Nebenarm des Flüsschens Desná gelegen, besitzt einen famosen, dreigeschossigen Arkadenhof und hervorragende Bestände an Gobelins, historischen Waffen, Büchern, Kachelöfen und Empiremobiliar. Seine Erbauer, die Adelsfamilie derer von Zierotín, mussten nach der Schlacht am Weißen Berg (1620) als Anhänger der aus den Hussiten hervorgegangenen und den Idealen des Urchristentums verpflichteten Gemeinschaft der Böhmischen Brüder das Land verlassen. Das leer stehende Schloss ging im ausgehenden 17. Jh. als Schauplatz eines grausigen Inquisitionstribunals in die Annalen ein, bei dem über 100 „Hexen“ den Tod fanden. Die Papiermühle ist landesweit der einzige existierende Ort, an dem man noch händisch Büttenpapier schöpft. Ein eigenes Museum informiert über diese rare Kunst.

In Gräfenberg, einem Vorort von Jeseník, haben sich Kurbäder aus der Gründerzeit erhalten.

Jeseníky/Altvatergebirge: Der bis 1500 m hohe Gebirgszug entlang der polnischen Grenze bildet den südöstlichsten Teil der fast 300 km langen Sudetenkette und ist dank seiner kaum berührten Natur ein Paradies für Erholungsbedürftige und Wanderer. Seine Landschaft ist von Schluchten, Felskesseln, dichten Wäldern, aber auch beinahe baumlosen Hochplateaus geprägt. Touristisches Zentrum der seit dem Exodus der deutschsprachigen Einwohner zu Kriegsende noch spärlicher bevölkerten Region ist das Städtchen **Jeseník** (Freiwaldau). Dessen Stadtteil **Lázně Jeseník** (Gräfenberg) konnte in monarchischen Zeiten dank seiner Heilquellen illustre Gäste aus halb Europa willkommen heißen. Heute locken die Tropfsteinhöhlen in der Umgebung Ausflügler an. Unmittelbar an der Grenze zu Polen, bei **Javorník**, erhebt sich das **Barockschloss Johannesberg** (Janský vrch). Die einstige Sommerresidenz der Breslauer Bischöfe, in der Ende des 18. Jh. 25 Jahre lang Carl Ditters von Dittersdorf als Hofkomponist wirkte, nennt eine große Pfeifensammlung und einen anmutigen Park sein eigen.

9 OPAVA (TROPPAU)

Wahrzeichen von Opava (Troppau), der einstigen Hauptstadt Österreich-Schlesiens, ist der 72 m hohe Stadtturm (Hláska).

Von der ersten Hälfte des 14. Jh. an war Schlesien, Slezsko auf Tschechisch, ein integraler Bestandteil der Böhmischen Krone. In ihrem ersten Krieg als Kaiserin (1740–42) verlor die junge Maria Theresia einen großen Teil an Preußen. Für den kleinen Rest, das „österreichische Schlesien", fungierte fortan Troppau als Kapitale. Im Zweiten Weltkrieg verlor die bereits um 1200 urkundlich als Kommende des Deutschen Ordens erwähnte Stadt an der Oppa (Opava) im Bombenhagel siebzig Prozent ihrer Bausubstanz, kurz darauf, wie so viele Kommunen im böhmisch-mährischen Grenzland, auch ihre bedeutsame deutschsprachige Minderheit. Erhalten haben sich aus der multikulturellen Vergangenheit immerhin eine Reihe stattlicher Baudenkmäler: etwa der Neorenaissance-Bau des **Schlesischen Landesmuseums**, das ehemalige Minoritenkloster mit seiner barocken Heiliggeist-Kirche, das ehemalige Jesuitenkolleg, in dem sich bis 1918 der Schlesische Landtag versammelte, die gotische **Mariä-Himmelfahrts-Kirche**, immerhin der größte Sakralbau des Landes aus Backstein, und, auf dem Horní náměstí, dem Oberring, das Schlesische Theater sowie Opavas Wahrzeichen, das so genannte Schmetterhaus mit dem 72 hohen **Hláska**, dem Stadtturm.

12 km östlich von Opava, nahe dem Dorf **Hrabyně**, ragen rechterhand unübersehbar zwei riesige Betonblöcke aus den Äckern. In den letzten Wochen des Zweiten Weltkriegs hatte die Rote Armee auf der strategisch bedeutsamen Anhöhe eine verlustreiche Schlacht zu fechten. Mit dem bombastischen Denkmal, vor dem das an solchen Orten offenbar unvermeidliche Paradierfeld, eine kahle Betonfläche, gähnt, ehrte das Prager Kommunistenregime in den achtziger Jahren die gefallenen „Brüder". Zugleich beschwor es damit, wie eine an schmeichlerischem Schwulst kaum überbietbare Inschrift bezeugt, die „wahrlich ewige, unverbrüchliche Freundschaft zwischen tschechischem und sowjetischem Volk".

Rund um den Oberring haben manch alte Baudenkmäler die Bomben des 2. Weltkriegs überstanden. Im Bild: das Schlesische Theater.

Eine der – nicht eben übermäßig vielen – Sehenswürdigkeiten der Industriemetropole Ostrava: das Neue Rathaus, errichtet zur Blütezeit des Funktionalismus.

10 OSTRAVA (OSTRAU)

Schlote, Hochöfen, Abraumhalden, Fördertürme, Fabrikhallen und Wohnsilos ... Das nur wenige Kilometer von der polnischen Grenze entfernte Mährisch-Ostrau ist zwar mit rund 330.000 Einwohnern die drittgrößte Stadt Tschechiens, aber von, gelinde gesagt, nur mäßigem touristischem Reiz. Einige wenige Gebäude rund um den Masarykplatz wie die gotische St.-Wenzel-Kirche und das alte Renaissance-Rathaus (heute Regionalmuseum) zeugen noch von jenen beschaulichen Zeiten, als die Bewohner der in der zweiten Hälfte des 13. Jh. von der Olmützer Diözese als Grenzfeste gegründeten Stadt ihr Geld vornehmlich mit der Herstellung feiner Tuche machten. Insgesamt ist der an seinen Rändern heillos ausgefranste Ballungsraum freilich unzweifelhaft ein Kind des Industriezeitalters. Nachdem 1767 im Umland erstmals Steinkohle und bald darauf auch Eisenerz gefunden worden waren, veränderten Zechen und Eisenhütten binnen kurzem das Gesicht der Stadt. Die Verlängerung der Bahnlinie Wien-Brünn bis Ostrau (1847) beschleunigte die Hinwendung zu Kohle und Stahl. Dafür arbeitete 1880 von den eine Generation zuvor noch 100 aktiven Webereien bloß noch eine einzige. Die Zahl der Einwohner hat sich zwischen 1843 und heute von 2000 auf rund 330.000 mehr als verhundertsechzigfacht. Einer von ihnen war übrigens Tennislegende Ivan Lendl (geb. 1960), der bis zu seinem 18. Lebensjahr in Ostrava lebte und trainierte. An Industriegeschichte Interessierte finden im Stadtteil Petřkovice ein Schaubergwerk samt montanistischer Ausstellung.

Der Hauptplatz von Příbor, dem anmutigen Geburtsstädtchen Sigmund Freuds.

11 PŘÍBOR

Gustav Mahler, Franz Kafka, Franz Werfel, Edmund Husserl, Erich Wolfgang Korngold ... Die Liste der auf tschechischem Boden geborenen jüdischen Geistesgrößen ließe sich fast beliebig lange fortsetzen. Die Wiege des wohl Prominentesten von allen stand hier, in Freiberg am Ufer des Flüsschens Lubina. Es war der 6. Mai 1856, da dem aus der Ostslowakei stammenden Kaufmann Jakob Freud ein Sohn geboren ward. Klein-Sigismund verbrachte zwar nur seine orale und anale Phase, sprich: die ersten vier Lebensjahre, in Mähren. Dann übersiedelte die Familie nach Wien. Doch „tief in ihm, unter vielen Schichten“ blieben, wie er als längst weltberühmter Nerven- und Seelenarzt 1931 dem hiesigen Bürgermeister schrieb, „dieses glückliche Freiberger Kind und dessen erste unvergessliche Erinnerung stets lebendig“.

In diesem Haus tat der Vater der Psychoanalyse seinen ersten Schrei.

Wie es sich gehört, hat man im ehemaligen Piaristenkloster, heute Städtisches Museum, einen Erinnerungsraum für den Vater der Psychoanalyse eingerichtet und zwei Gassen weiter ein Denkmal aufgestellt. An seinem Geburtshaus – das heute, nicht unpassend, ein Studio für Fußreflexzonenmassage birgt – prangt eine Gedenktafel. Und der verträumte Hauptplatz, dessen Arkadenhäuser aus Renaissance und Barock vom Geschmack und Wohlstand ihrer Erbauer, erfolgreicher Tuchweber, zeugen, trägt Sigmund Freuds Namen.

Das Geburtshaus von Leoš Janáček, heute eine charmante Gedenkstätte.

12 HUKVALDY

Apropos große Söhne: Im nahen Dorf **Hukvaldy**, 7 km östlich von Příbor, erblickte 1854 der Komponist Leoš Janáček (s. S. 25) das Licht der Welt. Sein Elternhaus, idyllisch, aber nicht eben leicht auffindbar am Ortsrand in einer Gartensiedlung gelegen, wurde rechtzeitig zum 150-Jahr-Jubiläum zu einer kleinen, aber feinen Gedenkstätte umgestaltet. Janáček zu Ehren veranstaltet man alljährlich im Mai in der örtlichen Burgruine ein Musikfestival.

Ein Muss für Automobil-Interessierte: das Tatra-Museum in Kopřivnice.

13 KOPŘIVNICE & ŠTRAMBERK

In dem wenig ansehnlichen Industrieort mit dem altösterreichischen Namen Nesselsdorf schlagen die Herzen von Automobilfreunden höher, ist er doch die Heimat der Traditionsfirma **Tatra**. Ihrer über 100-jährigen Geschichte zollt ein aufwändig gestaltetes, äußerst sehenswertes **Museum** Tribut. Es enthält an die 60 Fahrzeuge, vom ersten in der k.u.k.-Monarchie gebauten pferdelosen Gefährt namens „Präsident“ (1897) über die technisch bahnbrechenden Erfolgsmodelle der Zwischenkriegszeit bis zu manch kuriosen Experimentalkonstruktionen und den berüchtigten schwarzen Luxusschlitten der kommunistischen Bonzokraten.

Romantiker kommen zwei, drei Kilometer westlich, in **Štramberk**/Strallenberg auf ihre Rechnung: Das ob seiner malerischen Lage gelegentlich als „Mährisches Bethlehem“ bezeichnete, auch für seine fossilen und anthropologischen Funde bekannte Städtchen besitzt einen hübschen Haupt-

Für einen stimmungsvollen Spaziergang bestens geeignet: Štramberk, das „Mährische Bethlehem".

platz mit etlichen Häusern im Stil des so genannten „Volksbarock". Es wird von einem zum Aussichtsturm umfunktionierten Bergfried, dem einzigen Rest einer uralten Burg, überragt. Beachtenswert sind die im Ortskern verstreut erhaltenen, aus schwärzlichen Baumstämmen gezimmerten Häuser – authentische Zeugnisse wallachischer Architektur (s. S. 162, Rožnov p. Radhoštěm).

14 NOVÝ JIČÍN

Neutitschein, der Hauptort des so genannten Kuhländchens (Kravařsko), einer deutschen Sprachinsel, die sich nordwärts bis nach Fulnek erstreckte, ist für seine traditionsreiche Hutherstellung weithin bekannt. Folgerichtig wird im örtlichen Schloss eine hübsche Sammlung historischer Kopfbedeckungen zur Schau gestellt. Ende des 19. Jh. beschloss das heute knapp 30.000 Einwohner zählende Städtchen, nach dem viel bewunderten Vorbild der Wiener Ringstraße einen Pracht-Boulevard um seine Altstadt zu legen. Der Erste Weltkrieg vereitelte dessen Vollendung, doch immerhin zeugen ein Theater, ein Kreisgericht sowie etliche Villen und Miethäuser im historistischen Stil noch heute von dem ehrgeizigen Projekt. Hauptattraktion von Nový Jičín ist freilich sein von wunderschönen Arkadenhäusern gesäumter Marktplatz. Besonderes Schmuckstück: die Apotheke „Zum Weißen Engel" (Nr. 26) mit ihrer entzückenden Rokoko-Fassade.

Auch für Nicht-Ethnologen einen Besuch wert: das Walachische Freilichtmuseum in Rožnov pod Radhoštěm.

15 ROŽNOV POD RADHOŠTĚM

Die Kleinstadt Rosenau am Radegast dient Wanderern und Wintersportlern als Ausgangspunkt für Touren in die waldreichen Höhenrücken der Beskiden, im speziellen auf den gut 1100 m hohen Gipfel des Radhošt. Ihre Hauptsehenswürdigkeit ist das **Walachische Freilichtmuseum** („skanzen"): Auf einer Fläche von 66 ha finden sich über 120 sorgfältig rekonstruierte Objekte der für diese Grenzregion zur Slowakei charakteristischen Holzarchitektur, u.a. das alte Rožnover Rathaus und zwei über 200-jährige Wirtshäuser, ein komplettes Dorfensemble samt Kirche und Friedhof sowie mehrere Mühlen. Während der warmen Jahreszeit verlebendigen Folkloreveranstaltungen, Schauhandwerke und Spezialitätenverkostungen das Erbe der Wallachen, jener einst halbnomadischen Schafhirten, die sich im 15. Jh., aus Ostpolen und der Ukraine kommend, in dieser Gegend ansiedelten (Übersichtsplan am Eingang erhältlich).

16 ZLÍN

Die Geschichte liest sich wie ein modernes Märchen: Als Tomáš Baťa, Sohn eines Flickschusters (s. S. 20), im Jahr 1894 mit seinen Geschwistern Anna und Antonín einen Betrieb zwecks Erzeugung von Filzpantoffeln gründete, zählte sein Heimatdorf gerade 3000 Seelen. Heute erstreckt sich der Ort, der 1949–89 nach Klement Gottwald, Tschechiens erstem kommunistischen Staatspräsidenten, Gottwaldov hieß, kilometerweit entlang dem Flüsschen Dřevnice und hat 90.000 Einwohner. Der „Henry Ford des Schuh-

Zlín war in der Zwischenkriegszeit eine Musterstadt industriellen Fortschritts, das dort erzeugte Schuhwerk Inbegriff von Schick und Modernität.

werks" hatte im Ersten Weltkrieg als Lieferant von Soldatenstiefeln für die k. u. k.-Armee ein Vermögen gemacht und damit in den darauffolgenden Jahren eine Art funktionierende Utopie verwirklicht: die industrielle Idealstadt, wie es sie nirgendwo sonst auf der Welt gab. Der erklärte Wille des Schuhkönigs war es, seine Arbeiter mit guten Wohnungen, Schulen, Freizeiteinrichtungen und überdurchschnittlichen Löhnen zu versorgen. „Kollektiv arbeiten, individuell wohnen", „In der Geschwindigkeit ist Kraft", „Bewegung ist Leben, Stillstand ist Tod", lauteten einige seiner Slogans. In den späten Zwanzigerjahren entwarf der schweizerisch-französische Stararchitekt Le Corbusier einen Plan zur Erweiterung des urbanistischen Gesamtkunstwerks. Doch an seiner statt kam František Gahura, ein Schüler Jan Kotěras, zum Zug. Von seinem Gartenstadt-Konzept und dem modernen Menschenbild Tomáš Baťas, der übrigens mehrmals zum Bürgermeister von Zlín gewählt wurde, zeugen nach wie vor Tausende Schuhschachtel-Häuser aus roten Ziegeln, jedes mindestens 56 m^2 groß, mit Bad, WC, Fernwärme-Anschluss und einem Fleckchen Rasen umgeben. Auch die Gebäude der ehemaligen Internatsschule, des Speise- und des Krankenhauses, ein Hotel, ein Kaufhaus, ein Kino mit mehr als 2.000 Plätzen sowie die bereits 1911 von Kotěra selbst entworfene Villa der Baťas nördlich des Flusses und natürlich die Fabriksgebäude, allesamt in unverkennbarem Baťa-Stil mittels Eisenbetonskelett, rötlichem Füllmauerwerk und Tafelglas konstruiert, künden bis heute vom kühnen Fortschrittsgeist des

Henry Ford und dessen Effizienz-Ideale standen Pate für Tomáš Baťas Idealstadt.

Bauherren. Wahrzeichen war und ist das 16-stöckige Verwaltungsgebäude, schlicht „mrakodrap“ (Wolkenkratzer) genannt, mit jener Vorrichtung, die wohl zu den hübschesten in der Geschichte des Kapitalismus zählt: einem 6 x 6 m großen, gläsernen und klimatisierten Aufzug, der dem „šéf“ als Büro diente und mit dessen Hilfe er den Angestellten, die in den wandlosen Großraumbüros arbeiteten, ganz plötzlich wie ein Deus ex machina erscheinen konnte.

Der Firmengründer starb 1932 bei einem Flugzeugabsturz in der Nähe des Fabrikgeländes. Sein um 22 Jahre jüngerer Halbbruder Tomáš, den die Tschechen 1947 in absentia wegen Kollaboration mit den Nazis zu schwerem Kerker verurteilten, emigrierte bei Kriegsausbruch nach Kanada, wo er eine neue Baťa-Stadt namens Baťawa und ein neues Unternehmen gründete. In der Blütezeit Anfang der Dreißiger wurden in Zlín jährlich 35 Millionen Paar Schuhe hergestellt. Heute produziert die „Baťa shoe organization“ mit Sitz in Nordamerika in 110 Fabriken in 90 Ländern über 700 Mio. Schuhe pro Jahr. Der 1948 verstaatlichte und auf „Svit“ umbenannte mährische „Mutterkonzern“ kämpft ökonomisch ums Überleben. Seine Fabrikhallen sind wegen eines Materialfehlers im seinerzeit verwendeten Beton auch baulich mürbe geworden. Der „Wolkenkratzer“ immerhin wird, soeben fertig generalrenoviert, künftig der Stadt als Sitz der Kommunalverwaltung dienen. In einem Nebentrakt ist ein **Schuhmuseum** untergebracht. Es ist mit seinen Aberhunderten Exponaten, die, vom Fellstiefel sibirischer Jäger bis zum avantgardistischen Modeaccessoire der Gegenwart, die gesamte Geschichte der Fußbekleidung dokumentieren, neben dem urbanistischen Gesamtkonzept heute die Hauptattraktion der Stadt. Einer Stadt übrigens, in der, der Vollständigkeit halber sei's erwähnt, der englische Dramatiker Tom Stoppard und Ivana Trump, Ex-Skirennläuferin und Ex-Frau des New Yorker Immobilientycoons Donald Trump, das Licht der Welt erblickten.

Nervenzentrum und Sitz des Chefs war das 16-stöckige Verwaltungsgebäude, genannt „mrakodrap“, der Wolkenkratzer.

17 LUHAČOVICE

Luhačovice, das fünftgrößte Kurzentrum Tschechiens, ist bekannt für seine eigenwillige Architektur, eine Art ländlichen Jugendstil. Prägender Architekt war Dušan Jurkovič.

Wenn die Rede auf Kurbäder in Tschechien kommt, werden stets die großen drei in Nordwestböhmen, Marien-, Franzens- und Karlsbad, genannt. Ohne Zweifel sind sie die hellsten Sterne am balneologischen Firmament. Doch ganz unter den Tisch darf man ihre Mitbewerber in den übrigen Landesteilen auch nicht fallen lassen. Luhačovice, dieses in die waldigen, bis zu fast 1000 m hohen Hügel der Weißen Karpaten und des Wisowitzer Berglandes gebettete Kurbad besitzt 15 Quellen, deren Heilkraft schon seit 800 Jahren bekannt ist und neuerdings auch von ausländischen Gästen wieder genutzt wird. Vom Standpunkt des Sightseers sind vor allem die Kurgebäude des slowakischen Architekten Dušan Jurkovič interessant, in denen auf so originelle wie farbenfrohe Weise Elemente der traditionellen Bauweise der Walachen und des Jugendstils zu einer spezifisch regionalen Form der Nationalromantik verschmelzen.

18 KROMĚŘÍŽ (KREMSIER)

Nikolsburg, Olmütz, Troppau, Austerlitz, Kremsier – mehrere mährische Städte markieren Meilensteine der habsburgischen Geschichte des 19. Jh. Letztere ging als Tagungsort des österreichischen Reichstags in die Geschichte ein, auf dem die Monarchie 1848 als Reaktion auf die Revolutionswirren jene neue Verfassung erhielt, die den einzelnen Völkern eine Aufwertung im Sinne des Föderalismus und den Untertanen demokratische Bürgerrechte garantieren sollte, allerdings im März des Folgejahres nach der Thronbesteigung Franz Joseph I. umgehend widerrufen wurde. Historische Bedeutung besaß der Ort an der March freilich schon im Mittelalter. Und zwar als eine dem Bistum von Olmütz zugehörige, mit einer frühgotischen Burg stark befestigte Stadt. Während der Hussitenkriege, der Kämpfe zwischen Georg von Poděbrady und dem Ungarnkönig Matthias sowie der schwedischen Besatzung wechselte sie des öfteren

Im Herzen von Kroměříž: der Hauptplatz mit Mariensäule und erzbischöflichem Schloss.

Der Blumengarten (Květná zahrada) wurde nach dem Vorbild einer französischen Barockanlage gestaltet, Kuppelpavillon inklusive.

ihre Besitzer. Dabei litt die Bausubstanz schlimmen Schaden. Der große Aufschwung kam im ausgehenden 17. Jh., als Karl II. von Liechtenstein-Castelkorn, seines Zeichens Bischof von Olmütz, die alte Burg von zwei italienischen Baumeistern in ein dreistöckiges, von einem 86 m hohen Turm bekröntes **Barockschloss** verwandeln ließ. Seiner Kunstsinnigkeit und der seiner Amtsbrüder verdankt der Komplex die überaus kostbare Ausstattung. Sie umfasst eine Reihe prächtiger Repräsentationsräume, allen voran den Reichstagssaal, den Miloš Forman als Kulisse für seinen „Amadeus"-Film benützte, eine 40.000-bändige Bibliothek samt Münzsammlung und Musikarchiv, und eine **Gemäldegalerie**, die dank Werken u.a. von Tizian, Cranach, Dürer, van Dyck, Brueghel und Veronese als nach der Prager Nationalgalerie zweitwichtigste Sammlung des Landes gilt.

Zwei weitläufige Gärten komplettieren den Eindruck einer reichen ehemaligen Residenz, der die UNESCO 1998 den Rang eines Weltkulturerbes verlieh: der nach englischem Muster mit Teichen, Kanälen und Pavillons versehene **Schlossgarten** (Podzámecká zahrada); und, 500 m westlich, der 14 ha große, à la française mit barocken Rabatten und Hecken um eine Rotunde angelegte und mit einer von antiken Statuen aus Pompeji gesäumten Kolonnade ausgestattete **Blumengarten** (Květná zahrada). Vor lauter bischöflichem Prunk nicht missachten sollte man den stattlichen **Marktplatz** mit dem betürmten Rathaus, den schönen Arkadenhäusern sowie der Mariensäule und dem Triton-Brunnen in seiner Mitte. Stippvisiten lohnen außerdem: die barocke Johannes-, die gotische St.-Moritz-Kirche (letztere mit der Grabkapelle der Olmützer Bischöfe) und, auf dem Hauptplatz Nr. 38, das **Regionalmuseum**, das zum Gutteil dem Werk des Malers Max Švabinský (1873–1962), einem gebürtigen Kremsierer, gewidmet ist.

Die 233 m lange Kolonnade des Blumengartens ist ein weiteres Schmuckstück der zum Weltkulturerbe erklärten Stadt.

Die barocke Basilika des von Zisterziensern gegründeten Klosters Velehrad ist ein viel besuchtes Wallfahrtsziel.

19 UHERSKÉ HRADIŠTĚ

Ungarisch Hradisch, kleinstädtischer Mittelpunkt der weitgehend agrarisch geprägten so genannten Mährischen Slowakei, wäre in touristischer Hinsicht nicht weiter erwähnenswert, hätten Archäologen in seinem Boden nicht seit dem 19. Jh. erstaunliche Funde getätigt. In den nördlichen Vororten beiderseits der March förderten sie Gebäudefundamente zu Tage, die bis ins 6. Jh. zurückreichen. Dabei handelt es sich, so wird zumindest vermutet, um Reste der Hauptstadt jenes Großmährischen Reiches, das sich im späten 9. Jh. als erstes von Slawen regiertes Staatsgebilde in der Region herausbildete. Im Pamatník Velké Moravy, dem Informationszentrum der **„Gedenkstätte Großmähren"**, kann man faszinierende Relikte jener Frühzeit, von originalen Holzkähnen, Werkzeugen und Waffen bis Grabbeigaben, Gold- und Silberschmuck, bewundern. 5 km nordwestlich der Stadt, im **Freilichtmuseum Modrá**, hat man eine befestigte Siedlung von anno dazumal rekonstruiert.

Zwei Autominuten weiter liegt die wichtigste Wallfahrtstätte auf mährischem Boden: **Velehrad** ist eine zisterziensische Gründung aus dem Jahr 1205 und zieht alljährlich Abertausende, zum Teil auch ausländische Pilger an. Ihre kunstvoll barockisierte Basilika besitzt prächtige Deckengemälde und ein nicht minder prächtiges Chorgestühl. Dessen 60 Figuren aus Lindenholz schnitzte der u.a. durch seine Hinterlassenschaften in Heiligenkreuz berühmte Giovanni Giuliani.

Buchlovice lockt mit einem entzückenden Schloss im italienischen Stil, eingerahmt durch einen wunderschönen, weitläufigen Park.

20 BUCHLOVICE & BUCHLOV

Auf dem Weg von Uhereské Hradiště nach Brünn passiert man das Städtchen Buchlovice, dessen **Schloss** unbedingt einen Zwischenstopp erfordert. Die in warmem Gelb getünchte, aus zwei halbkreisförmigen Flügeln bestehende Anlage hat die Elegance und Intimität einer italienischen Villa, was wenig verwundert, ist doch sein Architekt kein Geringerer als Domenico Martinelli, der unter anderem in Wien das Liechtenstein'sche Garten- und auch Stadtpalais schuf. Keinesfalls versäumen sollte man einen Spaziergang durch den ausgedehnten, von Pfauen bevölkerten Schlosspark. Seine teilweise exotischen Baumriesen sind eine Augenweide.

Ebenfalls einen Halt verdient – nicht zuletzt wegen der dort zur Schau gestellten Kunstsammlung – die 2 km entfernt aus dem Wald ragende, im Kern über 700 Jahre alte **Burg Buchlov**.

21 BUČOVICE

Noch hämmern und zimmern an allen Ecken die Handwerker, wird Besuchern der Zutritt verwehrt. Doch nach Vollendung der Generalsanierung, die in Bälde zu erwarten ist, wird dieses knapp 30 km östlich von Brünn gelegene, von Jan Šembera von Butschowitz, einem der ehedem reichsten Magnaten der Region, erbaute Renaissance-Schloss auf der kunsthistorischen Landkarte als ein besonderes Juwel leuchten. Die von Ecktürmen flankierte Fassade mag ziemlich klobig wirken. Umso beeindruckender aber ist der Hof mit seinen dreistöckigen, italienisch anmutenden Arkaden und dem manieristischen Brunnen in der Mitte. Außergewöhnliche Grandezza werden nach ihrer Fertigstellung auch die üppig stuckierten und bemalten Innenräume verströmen.

Schloss Slavkov, einst im Besitz von Fürst Kaunitz-Rietberg, wurde kürzlich von Grund auf renoviert und beherbergt eine interessante Ausstellung zur napoleonischen Zeit.

22 SLAVKOV (AUSTERLITZ)

Für Hobbyhistoriker und „Schlachtenbummler" ist dieses Städtchen gewissermaßen eine Pflichtstation. Ja, jedes Jahr am 2. Dezember geben sich sogar Abertausende militärbegeisterte Herren aus halb Europa in historischen Kostümen und altertümlich bewaffnet hier ein Stelldichein, um jenes Gemetzel nachzustellen, von dem bis heute jedes Kind in der Schule lernt. Die Rede ist von der „Dreikaiserschlacht", bei der im Jahre 1805 französische Truppen unter Napoleon die verbündeten Heere des russischen Zaren Alexander I. und des österreichischen Kaisers Franz II./I. besiegten. Zur Erinnerung an die Gefallenen initiierte ein pazifistisch gesinnter Priester auf dem Mohyla míru, der seinerzeit heftig umkämpften Anhöhe östlich von Brünn, den Bau eines **Ehrenmals** in Gestalt einer altslawischen Grabstätte (sehenswert auch das zugehörige Museum). Es wurde mit staatlichen Geldern aus Wien, Paris und Petersburg errichtet und 1911 eingeweiht – drei Jahre, bevor die drei Nationen ihre Heere erneut gegeneinander ins Feld schickten.

Internationale Politik wurde in Austerlitz freilich schon früher betrieben: nämlich durch Fürst Kaunitz-Rietberg, Spross des seit Jahrhunderten hier ansässigen Adelsgeschlechts, der als Minister Kaiserin Maria Theresias das örtliche **Schloss** zu einem Brennpunkt der europäischen Diplomatie machte. In den Jahren 2004/05 wird der von einem Landschaftspark à l'anglaise umgebene Barockbau von Grund auf renoviert. Danach wird er mit seiner Gemäldegalerie, der prächtigen Bibliothek und der neu gestalteten Ausstellung über die napoleonische Zeit wohl noch mehr Besucher als bisher anziehen.

Mahnmal des Irrsinns: 7000 Franzosen sowie 27.000 Österreicher und Russen fanden bei der Schlacht von Austerlitz am 2. Dez. 1805 den Tod.

Sonderseiten

THERMAL- & KURBÄDER

1 Františkovy Lázně/Franzensbad

Kurstadt im Ambiente der Jahre um 1900 mit 23 hochwertigen, kohlesauren, stark alkalischen Mineralquellen sowie einem schwefel- und eisenhaltigen Moor.
Anwendung: Badekuren, Schlammpackungen, balneotherapeutische Behandlungen.
Indikationen: Bewegungstörungen, Gefäß- und Herzerkrankungen, Frauenleiden.
Tel. +420 254 543 162,
www.franzensbad.cz

2 Jáchymov/Joachimsthal

Das älteste Radon-Heilbad der Welt in einer alten Bergbaustadt.
Anwendungen: Badekuren.
Indikationen: Entzündliche und degenerative Erkrankungen des Bewegungsapparates, Nachbehandlung von Unfällen, postoperative Behandlungen, Erkrankungen des Nervensystems und Stoffwechselstörungen.
Tel. +420 353 811 379,
www.laznejachymov.cz

3 Janské Lázně

Am Fuß des Schwarzen Berges gelegen. Hier wurde 1935 das erste Sanatorium zur Behandlung von Kinderlähmung eröffnet. Zahlreiche Heilquellen.
Anwendungen: Badekuren, Bewegungstherapien.
Indikationen: Nervenleiden, Erkrankungen des Bewegungsapparates, Folgen der Kinderlähmung und bei Verbrennungen.
Tel. +420-499-860 113,
www.janskelazne.com

4 Jeseník

Erste wassertherapeutische Behandlungsanstalt der Welt und Wiege der modernen Balneologie.
Anwendungen: Balneotherapien, wassertherapeutische Behandlungen.
Indikationen: Erkrankungen der Atemwege, Kreislaufstörungen, Erkrankungen der Speicheldrüse, Geistes-, Frauen- und Hautkrankheiten, Bewegungsstörungen.
Tel. +420-584 491 111, www.jesenik.org

5 Karlovy Vary/Karlsbad

Größter und bedeutendster Kurtort Tschechiens. Prächtig ausgebaute, auf Repräsentation bedachte Kurstadt inmitten einer romantischen Hügellandschaft. Die Stadt ist zudem Schauplatz zahlreicher Festivals und Kongresse. Beliebte Souvenirs sind der Magenbitter Becherovká, das Mineralwasser Mattoni sowie die Karlsbader Oblaten. Zwölf heiße Heilquellen, eine kalte Mineralquelle, Naturgas, Schlamm und Moor.
Anwendung: Badekuren, Schlammpackungen, Inhalation.
Indikationen: Erkrankungen des Verdauungstraktes, des Bewegungsapparates und bei Stoffwechselerkrankungen.
Tel. +420 353 224 097, www.karlovyvary.cz

6 Luhačovice

Kurort mit 300-jähriger Tradition und 14 Natriumchlorid-Hydrogencarbonatquellen.
Anwendung: Balneotherapien, Badekuren, Bewegungstherapien.
Indikationen: Erkrankungen der Atmungsorgane, des Verdauungstraktes, Stoffwechselstörungen.
Tel. +420-577 133 980,
www.mesto.luhacovice.cz

7 Mariánské Lázně/Marienbad

Traditionsreiche Kurstadt mit reichem architektonischem Erbe von internationalem Ruf. Rund 100 kalte, eisenhaltige, kohlensaure Quellen.
Anwendung: Mineralquellen, Schlamm, Moor und Naturgas.
Indikationen: Erkrankungen der Nieren, Harnwege, Atemwege, bei Bewegungs- und Stoffwechselstörungen.
Tel. +420 354 622 474, www.marienbad.cz

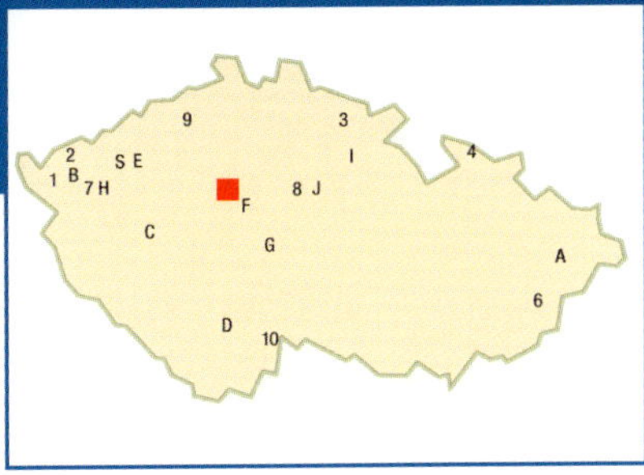

8 Poděbrady
50 Kilometer von Prag entfernt, mit mehreren Heilquellen, darunter einer mit hohem Kohlendioxid-, Magnesium- und Kalziumgehalt.
Anwendungen: Bade- und Trinkkuren.
Indikationen: Herz- und Gefäßerkrankungen, Diabetes mellitus.
Tel. +420-325 606 111,
www.lazne-podebrady.cz

9 Teplice/Teplitz
Ältestes Heilbad Tschechiens und zugleich das modernste mit natürlichen 39 Grad Celsius warmen Natriumhydrogencarbonatwasserquellen.
Anwendungen: Badekuren, Bewegungstherapien.
Indikationen: Erkrankungen des Bewegungsapparates, Kreislaufstörungen, Nervenleiden, Schlaganfälle, Hirnhaut- und Rückenmarkentzündung.
Tel. +420 417 510 666-8,
www.lazneteplice.cz

10 Třeboň
Historische Stadt, umgeben von Seen und Mooren.
Anwendungen: Schlammpackungen, Moorbäder, Balneotherapien.
Indikationen: Bewegungsstörungen und allgemeine Konditionsverbesserungen.
Tel. +420 384 721 169,
www.trebon-mesto.cz

GOLF: DIE 18 LOCH-PLÄTZE

A Prosper Golf Club Čeladná
Spielsaison: April-Oktober, Spielplatzlänge: 6583 m, Par: 72.
CZ 739 12 Čeladná 741,
www.prosper-golf.cz

B Cihelny Golf Club
Spielsaison: März-Oktober, Spielplatzlänge: 5533 m, Par: 70.
CZ 364 64 Bečov nad Teplou, Cihelny 7,
www.agc-cihelny.cz

C Golfklub Darovanský dvůr
Spielsaison: Mai-November, Spielplatzlänge: 6557 m, Par: 72.
CZ 301 49 Plzeň, Nádražní 28,
www.golfdarovanskydvur.cz

D Golfklub Hluboká nad Vltavou
Spielsaison: April-November, Spielplatzlänge: 5800 m, Par: 71.
CZ 373 41 Hluboká nad Vltavou, Masarykova 35, www.golfhluboka.cz

E Golf Club Karlovy Vary
Spielsaison: März-November, Spielplatzlänge: 6226 m, Par: 72.
CZ 360 01 Karlovy Vary, Pražská 125,
www.golfresort.cz

F Praha Karlštejn Golf Klub
Spielsaison: April-November, Spielplatzlänge: 6304 m, Par: 72.
CZ 140 00 Praha 4, Durychova 10,
www.karlstejn-golf.cz

G Golf Club Konopiště
Spielsaison: Mai-Oktober, Spielplatzlänge: 6056, Par 72.
CZ 256 01 Benešov, Tvoršovice 27,
www.gcko.cz

H Golf Club Mariánské Lázně
Spielsaison: Mai-Oktober, Spielplatzlänge: 6135 m, Par: 72.
CZ 353 01 Mariánské Lázně, P.O. Box 267,
www.golfml.cz

I Golf Resort & Country Club Nová Amerika
27(!)-Loch-Anlage, Spielsaison: März-November, Spielplatzlänge/Par: Woodland 3430 m/36, Maple Hills 2990 m/36, The Bohemian Gardens 2885/36, Akademie 1250/27.
CZ 551 01 Jaroměř, Zalaňov 45,
www.novagolf.cz

J Golf Club Podebrady
Spielsaison: ganzjährig, Spielplatzlänge 6004 m, Par 71.
CZ 290 80 Poděbrady, Na Střelnici,
www.golfpodebrady.cz

Wassersport & Bergerlebnis

WASSERSPORT AUF (STAU-)SEEN

1 Lipno
Teilweise innerhalb des Nationalparks Böhmerwald bietet der Stausee ideale Bedingungen für Segler und Ruderer. Zwischen den Ortschaften Lipno und Horní Planá gibt es viele Möglichkeiten, sich Ruder- oder Tretboote auszuleihen.
Info: www.lipensko.cz/hplana, www.jiznicechy.cz

2 Orlík
Ein malerischer und ruhiger Stausee, zugleich ein Zentrum für Windsurfer, Segler, Ruderer und Angler.
Info: www.icipisek.cz

3 Slapy
18 Kilometer westlich von Benešov gilt die Talsperre Slapy als Wassersportparadies. Schwimmer dürfen sich maximal 50 Meter vom Ufer entfernen. Der Rest des Stausees „gehört" Booten, Wasserskifahrern und Surfern.
Info: E-Mail: mu@sedlcany.cz

4 Jesenice
Beliebtes Ferien- und Wassersportzentrum nahe den Städten Cheb, Mariánské Lázně und Františkovy Lázně.
Info: www.mestocheb.cz

5 Hracholusky
Treffpunkt vor allem von Windsurfern und Seglern 19 Kilometer westlich von Plzeň.
Info: E-Mail: infocenter@mmp.plzen-city.cz

6 Skalka
Unweit von Františkovy Lázně finden sich beste Voraussetzungen für den Angelsport.
Info: www.mestocheb.cz

7 Nechranice
Idealer Ort für Segeln und Wasserskisport auf der Eger.
Info: E-Mail: galerie@kadan.cz

8 Mácha See
Natürliche Wasserfläche in Nordböhmen mit langen Sandstränden, mehrere Yachtklubs und Bootsverleihe.
Info: www.mesto-doksy.cz

9 Vranov
Der Stausee nahe Znojmo bietet eine Vielzahl an Buchten und damit perfekte Bedingungen für Angler, ist auch bei Surfern und Seglern sehr beliebt.
Info: www.znojmo.cz

10 Nové Mlýny
Drei große künstliche Wasserflächen an der Thaya, die für Segler ein perfektes Umfeld bieten.
Info: E-Mail: rtic@adonis.ndc.cz

11 Žermanice
Ein bei Schwimmern wie Seglern und Surfern beliebtes Wasserreservoir mit grasbewachsenen Stränden.
Info: www.beskydy.cz

KANUTOUREN

I Die Moldau: Nová Pec – České Budějovice
Gilt als schönster Wasserweg Tschechiens. Ein optischer Genuss ist der Übergang von der Böhmerwald-Landschaft ins südböhmische Becken.

II Lužnice: Tábor – Bechyně
Ruhige und sehr beliebte Strecke durch Südböhmen.

III Otava: Sušice – Písek
Romantische Wasserstrecke, die höhere Ansprüche an das Können stellt.

IV Ohře: Loket – Stráž nad Ohří
Markierte Wasserroute, die ab Karlsbad als Wildwasser gilt.

V Berounka: Plzeň – Karlštejn
Schneller Kurs durch felsenreiche und bewaldete Landschaft.

VI Sázava: Vilémovice – Pikovice
Abwechslungsreiche Strecke, die Dramatik birgt und bietet.

VII Morava: Hanušovice – Olomouc
Wunderschöne Strecke durch Auenlandschaft.

Info für alle: www.raft.cz

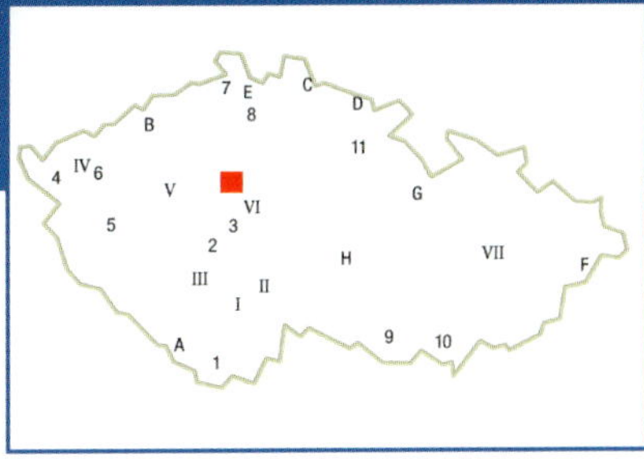

BERGERLEBNIS

A Šumava

Ein Eldorado für Wassersportler. Die Vydra gilt als der wildeste aller böhmischen Flüsse, sie bricht sich in einem tiefen Canyon durch den **Böhmerwald** Bahn. Die Quelle der Vltava befindet sich in einem 1170 Meter hoch gelegenen Hochmoor – ein idealer Ausgangspunkt für Wanderungen im Böhmerwald.
Info: www.holidayinfo.cz, www.sumavanet.cz, www.raft.cz

B Krušné hory

Günstige Windbedingungen ermöglichen Paraglidern kilometerweit über das **Erzgebirge** zu fliegen und in den Genuss des Panoramas aus Berggipfeln und Vulkankegeln in der Tiefebene zu kommen. Als Mekka des Paraglidings gilt Raná.
Info: www.krusnohori.cz, www.skyfly.cz

C Jiszerské hory

Die Hochebene des **Isergebirges** lässt sich am besten mit per Trekking- oder Mountainbike erkunden. Ein Erlebnis ist die Štolpich, eine Bergstraße mit vielen Granitstützwänden und Brücken. Beachtenswert sind die vielen Aussichtstürme, wie jener auf dem Ještěd, ein Bau in der Form eines rotierenden Hyperboloiden.
Info: www.jizerske-hory.cz

D Krkonoše/Riesengebirge

Eine Vielzahl von Wanderwegen führt unter anderem auf den 1602 Meter hohen Gipfel der Šněžka (Schneekoppe) oder zur Elbquelle (Pramen Labe). Mountainbiker finden im Bikepark von Špindlerův Mlýn (Spindlermühle) eine speziell präparierte Abfahrtspiste.
Info: www.holidayinfo.cz

E Český ráj und česke Švýcarsko

Die steil aufragenden Sandsteinfelsen des Český ráj (**Böhmisches Paradies**) gelten unter Kletterern und Bergsteigern als sportliche Herausforderung. Die höchsten und imposantesten Felstürme finden sich in Adršpach (Adersbach). Von Hřensko führen Wanderwege in das Gebiet der **Elbsandsteinfelsen**, unter anderem zur größten Felsenbrücke Europas (Pravčiká brána).
Info: www.ceskyraj.cz, www.ceskevycarsko.cz

F Beskydy

Die waldreichen **Beskiden** bieten Wanderern und Reitern eine Vielzahl an Touren am Fuße des Radhošt (Radegast), des höchsten Gipfels des Beskiden.
Info: www.holidayinfo.cz

G Orlické hory

Im **Adlergebirge** stoßen Wanderer auf die stärkste Festungsanlage Europas aus der Zeit vor dem Zweiten Weltkrieg. Der Öffentlichkeit zugänglich sind die Bastionen Dorošov, Hanička und Bouda.
Info: www.orlickehory.cz

H Böhmisch-Mährische Höhe

Die malerische Umgebung von Telč und Jihlava bietet in erster Linie Ruhe. Unter dem Mährischen Karst aber gibt es mehr als tausend große und kleine Höhlen. Ein Teil des Höhlensystems kann von Booten auf dem unterirdischen Fluss Punkava besichtigt werden.

Die UNESCO-Stätten

1 Český Krumlov (Krumau)
Die südböhmische Stadt gilt als einzigartiges Beispiel des mittelalterlichen Städtebaus. Sie und die oberhalb auf einem Fels thronende Burg waren vom 13.–16. Jh. Sitz des mächtigsten böhmischen Adelsgeschlechts – der Rosenbergs (Rožmberks), der „Herren von der Rose“. Deren späterem Niedergang ist zu verdanken, dass Český Krumlov vor den unsensiblen Umbaumaßnahmen jüngerer Zeiten verschont blieb und sich bis heute seine ursprüngliche Ausstrahlung erhalten hat.

2 Prag
Das historische Stadtzentrum verkörpert eine einzigartige Symbiose aller Architekturstile. Zu sehen ist hier alles – von romanischen Rotunden über gotische Türme, renaissancezeitliche Adelspaläste und barocke Dome bis zu Mietshäusern im Jugendstil, funktionalistischen Villen und den modernen Schöpfungen weltberühmter zeitgenössischer Architekten wie Jean Nouvel und Frank Gehry.

3 Telč
Telč (Teltsch) kann sich eines der schönsten Marktplätze Tschechiens rühmen. Die einmalig gut erhaltene Front historischer Bürgerhäuser mit Laubengängen schlägt jeden Betrachter in ihren Bann. Ein Denkmal von erstrangiger Bedeutung ist auch das Telčer Schloss, das früher den Herren von Hradec gehörte. Diese ließen die ehemalige Wasserburg im 16. Jh. in einen eleganten Adelssitz umbauen.

4 Holašovice
Diese südböhmische Gemeinde ist ein typisches Beispiel eines traditionellen mitteleuropäischen Dorfes. In der Nähe des Fischteichs inmitten eines geräumigen, rechteckigen Angers ist ein einzigartiger Komplex von ursprünglichen Bauerngehöften erhalten geblieben. Ihren eigentümlichen Baustil mit den charakteristischen Umfriedungsmauern, den gewölbten Torbögen der Einfahrten und den reich verzierten Giebeln taufte man Bauernbarock.

5 Lednice-Valtice (Eisgrub-Feldsberg)
Der Raum Lednice-Valtice ist ein kaum zu übertreffendes landschaftsarchitektonisches Gesamtkunstwerk von europäischem Rang. Auf über 180 km^2 entstand im 18. und 19. Jh. ein wunderschöner Park mit vielen interessanten Naturdenkmälern und beeindruckenden romantischen Bauwerken.

6 Zelená Hora (Grünberg)
Die Wallfahrtskirche Sv. Jana Nepomuckého (St. Johann von Nepomuk) auf dem Grünberg bei Žďár nad Sázavou (Saar an der Sazawa) gilt als der vermutlich bedeutendste Barockbau Tschechiens. Sie ist das Werk des genialen Prager Architekten Jan Blažej (Blasius) Santini-Aichl, der auf absolut originäre Weise barocke und gotische Architektur zu kombinieren wusste.

7 Kutná Hora (Kuttenberg)
Silberschatzkammer des Königreichs Böhmen hat man diese Stadt im Mittelalter genannt, als hier der Silberbergbau blühte. Zu ihren wichtigsten Architekturdenkmälern zählen die gotische Kathedrale, die nach der Patronin der Bergknappen, der Hl. Barbara, benannt ist; weiters Vlašský dvůr, der Walachische Hof, in dem die königliche Münzpräge ihren Sitz hatte, sowie etliche Patrizierhäuser. In einem „Kleine Burg“ (Hrádek) genannten Gebäude, das Bestandteil der ehemaligen Stadtbefestigung war, befindet sich das Bergbaumuseum, das auch einen originalen mittelalterlichen Stollen umfasst.

8 Kroměříž (Kremsier)
Hauptattraktion der altehrwürdigen Bischofsstadt ist das frühbarocke Schloss mit seinem weitläufigen Park und dem einzigartigen Blumengarten. Die streng symmetrische Anlage mit geometrisch geschnittenen Beeten, einem eleganten oktogonalen Pavillon im Zentrum und einer über 200 m langen Arkadenloggia ist das beste Beispiel für barocke Gartenkunst in ganz Tschechien.

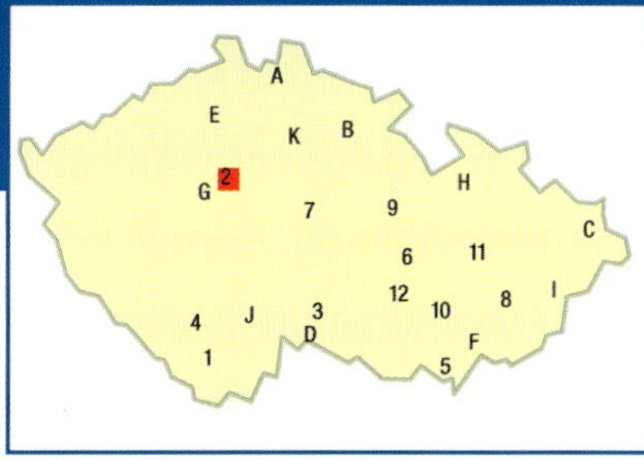

9 Litomyšl (Leitomischl)
Das örtliche Schloss gilt als das schönste in ganz Ostböhmen. Es wurde anstelle der älteren Grenzburg im Jahre 1568 von Vratislav z Pernštejna (von Pernstein) begründet. Trotz späterer architektonischer Umbauten im Innern blieb sein Äußeres mit dem reich verzierten Sgraffitoputz aus der Renaissancezeit nahezu unverändert erhalten.

10 Villa Tugendhat in Brno (Brünn)
Die berühmte gläserne Privatvilla, Ludwig Mies van der Rohes Schlüsselbau aus der Pionierzeit der funktionalistischen Architektur (1929/30), ist zum ersten Denkmal moderner Baukunst in Tschechien und zum vierten weltweit geworden, das in die UNESCO-Weltkulturerbeliste Eingang gefunden hat.

11 Olomouc (Olmütz)
Die Residenz der mährischen (Erz-)Bischöfe war ab dem Mittelalter ein wichtiges Kultur- und Verwaltungszentrum. Die Bedeutung der Stadt spiegelt sich auch in der Tatsache wider, dass sie nach Prag das zweitgrößte Denkmalschutzgebiet des Landes umfasst. Wichtige Bauwerke sind u.a. der romanische Přemyslidenpalast, das barocke Prämonstratenserkloster Hradisko (Hradisch) und die befestigte gotische St.-Moritz-Kirche. Zum Weltkulturerbe erkoren wurde Olomouc freilich in erster Linie wegen der über 30 m hohen Dreifaltigkeitssäule, einem unvergleichlichen Ausdruck barocker Frömmigkeit.

12 Třebíč (Trebitsch)
Diese Stadt ist eines der raren, wenigstens baulich erhaltenen Zeugnisse für die viele Jahrhunderte währende friedliche Koexistenz christlicher und jüdischer Kultur. Das einstige jüdische Viertel Zámostí, das über 120 Häuser zählt, blieb beinahe komplett bewahrt. Třebíč ist das allererste jüdische Denkmal außerhalb Israels, das für sich genommen in die UNESCO-Liste Eingang fand.

WEITERE KANDIDATEN, DIE IN BÄLDE WELTKULTURERBE WERDEN SOLLEN:

A Funk- und Aussichtsturm auf dem Gipfel des **Ještěd** (Jeschken) bei Liberec aus den späten 60er Jahren

B Matthias Brauns **Weinachtskrippe** – Barockskulpturen mitten im Wald bei Kuks

C Bergwerksgelände Hlubina im Abbaugebiet von Vítkovice

D Renaissancehäuser von **Slavonice** (Zlabings)

E Festungsstadt und ehemaliges Ghetto **Terezín** (Theresienstadt)

F Großmährische **Burgen von Mikulčice**

G Gotische **Burg Karlštejn** (Karlstein)

H Papierwerk von **Velké Losiny** (Groß-Ullersdorf)

I Jugendstilkurort **Luhačovice**

J Teichbauten in der Region **Třeboň** (Wittingau)

K Felsenstadt, ein Sandsteinlabyrinth, im **Böhmischen Paradies** (Český Ráj)

Spannende Kunst- & Kulturfestivals

1 Prag

Vier + vier Tage in Bewegung (Mai): Internationales Festival des Bewegungstheaters. www.ctyridny.cz

Internationales Folklorefestival der Nationen und nationaler Minderheiten **(Mai)**: Aus dem Versuch, ethnische Konflikte zu entschärfen, entstand dieses erfolgreiche und multikulturelle Festival mit einer Reihe von Konzerten. www.limbora.cz

Prager Frühling (Mai/Juni): International besetztes und renommiertes Musikfestival. www.festival.cz

Prager Herbst (Sept./Okt.): ein mittlerweile unverzichtbarer Bestandteil der Prager wie der europäischen Musikszene. Alljährlich finden 20 Konzerte in- und ausländischer Symphonie- und Kammerorchester statt, die von rund einer Viertelmillion Menschen besucht werden. www.pragueautumn.cz

Weihnachtskonzerte (alle zwei Jahre, **Dez./Januar**): Unter der Beteiligung aller zehn tschechischen Opernorchester gelangen im Nationaltheater, dem Ständetheater und der Staatsoper Opern zur Aufführung. www.divadlo.cz

2 Brno/Brünn

Osterfestival geistlicher Musik (März/April): sechs Konzerte während der Osterzeit, die ausschließlich der geistlichen Musik gewidmet sind. www.mhfb.cz

Kultursommer (Juni-Sept.): Dramaturgisch offenes Theater- und Musikfestival für die Bewohner und Besucher von Brno. www.brno.kultura.cz

Mährischer Herbst (Sept./Okt.): Symphonie- und Kammermusikfestival. www.mhfb.cz

3 České Budějovice/Budweis

Rock for People (Juli): eines der größten und renommiertesten Open-Air-Festivals Tschechiens unter Beteiligung der tschechischen Rock-Elite. www.rockforpeople.cz

4 Český Krumlov/Krumau

Feste der fünfblättrigen Rose (Juni): Renaissancefest, in dessen Verlauf die Stadt in die Zeit der Renaissance zurückkehrt. www.ckrumlov.cz

Internationales Musikfestival (Juli/August): Festival alter und „ernster“ Musik mit Interpreten von Weltgeltung. www.czechmusicfestival.com

Jazz zum Sommerende (August): Internationales Festival für Jazz und Alternativmusik, in Sälen, Lokalen, Cafés und auf den Straßen der Stadt. www.jazz-krumlov.cz

5 Hukvaldy

Janáčeks Hukvaldy (Juni-August): Internationales Musikfestival klassischer Musik in den Räumen der mittelalterlichen Burg von Hukvaldy. www.janackovy-hukvaldy.cz

6 Jihlava/Iglau

Festival der Autorendokumentarfilme (Okt.): das einzige Festival seiner Art in Tschechien. Präsentiert werden einheimische und internationale Dokumentationen. Wichtigstes Nebenereignis ist die Themenbörse, das geschäftliche Treffen von Autoren, Regisseuren und Produzenten. Das Festival spielt sich nicht nur in den Kinosälen ab, sondern greift auf die ganze Stadt über. www.dokument-festival.cz

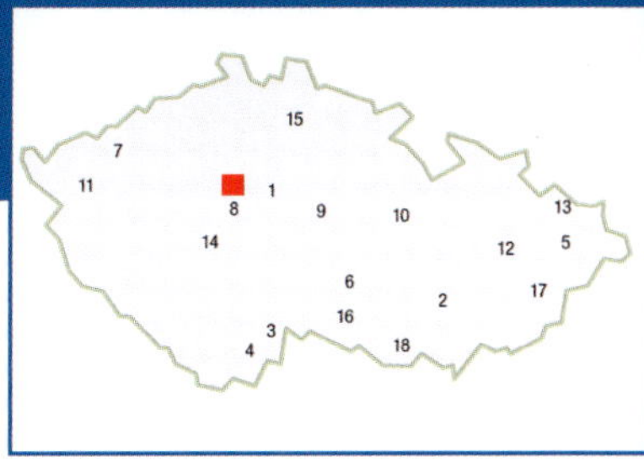

7 Karlovy Vary/Karlsbad

Internationales Filmfestival (Juli): alljährlich wiederkehrendes renommiertes Festival unter nationaler und internationaler Beteiligung. www.iffkv.cz

Jazzfest Karlovy Vary (Okt.): Internationales Festival für traditionellen und modernen Jazz. Tel.+420 353 220 286

8 Karlštejn

Weinlese auf Burg Karlštejn (Sept.): Historischer Umzug Kaiser Karls IV., Schau-Fechten, Wein- und Sturmverkostungen. www.obeckarlstejn.cz

9 Kutná Hora/Kuttenberg

Musikfestival (Sept.): Musikalische Werke von der Gotik bis in die Gegenwart inmitten gotischer Architektur. www.kh.cz

10 Litomýsl/Leitomischl

Internationales Opernfestival (Juni/Juli): Schwerpunkt Smetana. www.smetanalitomysl.cz

11 Mariánské Lázně/Marienbad

Chopin Festival (August): Internationales Festival unter Beteiligung von Künstlern, die sich auf Chopin spezialisiert haben. www.chopinfestival.cz

12 Olomouc/Olmütz

Dvořáks Olmütz (Mai): Internationales Festival klassischer Musik unter der Ägide der Mährischen Philharmonie. www.mfo.cz

Kulturfrühling (Juni-Sept.): genreübergreifende Veranstaltungen, Konzerte, Ausstellungen, Lesungen, Theateraufführungen, die während der Sommermonate jeden Donnerstag im historischen Stadtkern unter freiem Himmel stattfinden.

13 Ostrava/Ostrau

Colours of Ostrava (Juli): Festival für moderne Musik. www.colours.cz

14 Příbram

Antonín Dvořák Musikfestival (Mai): Dvořák-Festival in untypischen, dafür umso attraktiveren Räumlichkeiten in der Stadt und ihrer Umgebung. Etwa in der Basilika auf Svata Hora, im Neorenaissanceschlösschen in Vysoká oder auf Schloss Ernestin. www.mfad.cz

15 Sychrov

Dvořáks Turnov und Sychrov (Juni): Musikfestival, das sich mit dem auf Schloss Sychrov geschaffenen Musikwerk des Komponisten beschäftigt. www.zamek-sychrov.cz

16 Telč

Frühlingsfeiern (Ostern): Vorführungen von Telčer Ensembles auf dem Markt von Telč, mit Ostermarkt auf dem Ring náměstí Zachariáě z Hradec. www.telcetc.cz

17 Zlín

Int. Filmfestival für Kinder und Jugend (Mai-Juni): Filmfestival unter der Schirmherrschaft des Kulturministers der Tschechischen Republik sowie der Tschechischen Kommission für UNESCO. Das Festival hat sich zu einem internationalen Treffpunkt von Autoren, Produzenten und Schauspielern entwickelt. Das Programm umfasst einen internationalen Wettbewerb. www.zlinfest.cz

18 Znojmo/Znaim

Weinlese (September): traditionelles historisches Fest mit Umzug und Begleitveranstaltungen. www.znojemskevinobrani.cz

Wein- & Biergenuss

WEIN

1 Weinregion Prag
Registrierte Weinbergflächen:
18,7 ha, 4 Gemeinden.
Vor allem Rieslingsorten, teils auch Kerner und Müller-Thurgau. Zunehmend populär werden Schaumweine aus Karlštejn.
www.prague-info.cz

2 Mělník
Registrierte Weinbergflächen:
173 ha, 8 Gemeinden.
Rotweine, in erster Linie Rulandské Modré und Mordrý Portugal. Sehenswert: Die Kellereien auf Schloss Lobkowicz.
www.melnik.cz

3 Roudnice
Registrierte Weinfläche:
57 ha, 6 Gemeinden.
Bei zunehmenden Alter reiche und vollmundige, harmonische Weine. Vor allem Müller Thurgau und Modrý Portugal.
E-Mail: info@mk-roudnice.cz

4 Žernoseky
Registrierte Weinfläche:
76 ha, 7 Gemeinden.
In erster Linie Weißweine (Müller-Thurgau, Ryzlink Rýský, Rulandské Modré) mit reichem Aroma und einem vollen Geschmack. Im September: Traditionelles Weinfest in Litoměřice. www.litomerice.cz

5 Most
Registrierte Weinfläche:
62 ha, 11 Gemeinden.
Sowohl Weißweine (Müller-Thurgau und Ryzlink Rýský) als auch Rotweine (Zweigeltrebe). Die Winzer in Chrámec sind die einzigen in Tschechien, die koschere Weine produzieren. www.web.telecom.cz/tractour

6 Časlav
Registrierte Weinfläche:
22 ha, 9 Gemeinden.
Fast ausschließliche Müller-Thurgau und andere, frühreifende weiße Rebsorten.
www.caslasvko.cz

7 Znojmo/Znaim
Registrierte Weinfläche:
1913 ha, 76 Gemeinden.
Hier findet man vor allem Veltliner, Müller-Thurgau, Rhein Riesling und andere Weißweine. Vor allem der Veltliner besticht durch seinen Geschmack und sein reiches Bouquet. E-Mail: marie.radova@oku-zn.cz

8 Mikulov/Nikolsburg
Registrierte Weinfläche:
2947 ha, 30 Gemeinden.
Das größte Weinbaugebiet Tschechiens bietet vor allem Weißweine, Veltliner, Riesling, Chardonnay. E-Mail: tic@mikulov.cz

9 Velké Pavlovice
Registrierte Weinfläche:
2562 ha, 34 Gemeinden.
Weißweine wie Veltliner, Müller-Thurgau und Rotweine wie Frankovka und Modrý Portugal mit einem etwas höheren Säureanteil. www.velke-pavlovice.cz

10 Muténice
Registrierte Weinfläche:
930 ha, 14 Gemeinden.
Sowohl Weiß- wie auch Rotweine in einer breiten Varietät der Sorten.

11 Podluží
Registrierte Weinfläche:
598 ha, 13 Gemeinden.
Vor allem Weißweine wie Rheinriesling, Müller-Thurgau, Veltliner, Sauvignon und Chardonnay. In Moravská Nová Ves hat das Collegium Vinitorum, ein Verband von Qualitätswinzern, seinen Sitz.

12 Bzenec
Registrierte Weinfläche:
387 ha, 13 Gemeinden.
Am bekanntesten sind hier die Riesling-Weine, die unter der Bezeichnung Bezencká Lipka gekeltert werden.

13 Kyjov
Registrierte Weinfläche:
450 ha, 30 Gemeinden.
Gilt gleichsam als Spiegelbild der Region Bezenec. www.kyjov.cz

14 Strážnice
Registrierte Weinfläche:
616 ha, 18 Gemeinden.
Weißweine mit sehr vollem Körper und ausgeprägtem Charakter.

15 Uherské Hradiště
Registrierte Weinfläche:
175 ha, 28 Gemeinden.
Unter den lokalen Weinen stechen Müller-Thurgau und Muškat Moravský hervor.
www.uh.cz

16 Brno
Registrierte Weinfläche:
632 ha, 49 Gemeinden.
Die meistangebaute Rebsorte ist Svatovavřinecké, ein Rotwein, gefolgt von Veltliner und Müller-Thurgau.

BIER

A Prag und Umgebung
Von Touristen überrannt, dennoch ein Muss: Das **„U Fleků"**, die älteste und berühmteste Brauerei Prags. Sehenswert auch für eine Verkostung verschiedener Biere wie dem Imperial, dem Mušketyr oder dem schwarzen Bier, ist die **Královsky pivovar Krušovice.**
www.pivo-krusovice.cz

B Südböhmen
Alljährlich im Juli finden auf dem Messegelände von **Česke Budějovice** die Bierfeierlichkeiten statt, in deren Rahmen Brauereien zu einer Reihe von Wettbewerben antreten (www.c-budejovice.cz). Auf keinen Fall auslassen darf man einen Besuch in der weltberühmten und vor allem originalen Budweiser Brauerei.
www.budweiser.cz

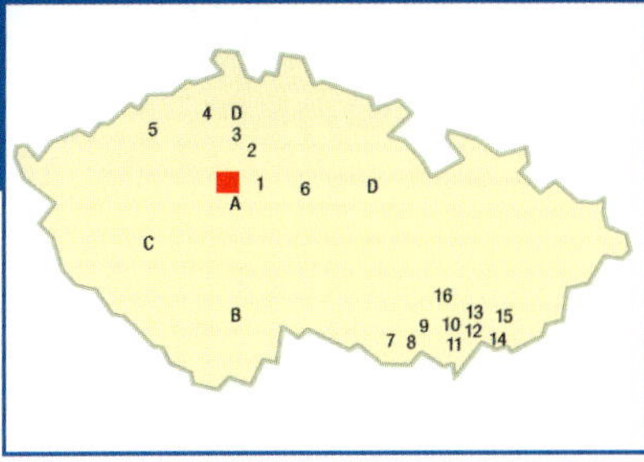

C Westböhmen
Die Brauerei Chodovar in **Chodová Planá** ist die älteste Brauerei Westböhmens und bietet in ihrem Sortiment unter anderem das 13%-ige Zámecký ležák Chodovar. Sehenswert sind die Granitkeller.
www.chodovar.cz
Unverzichtbar: Ein Besuch der Pilsner Urquell Beer World in **Plzeň**, wo man alles über Herkunft und Geschichte des Pilseners erfährt. www.pilsner-urquell.com

D Nordböhmen
Die hellen Lagerbiere nach Pilsener Art der Brauerei von **Litoměřice** wurden um 1900 bis in die USA exportiert und international ausgezeichnet.
E-Mail: korunnipivovar@worldonline.cz
Bekannt für seine dunklen Speziallagerbiere ist die Brauerei Konrad in **Liberec**. In der Brauereischänke können zudem das traditionelle 11% helle und das exklusive 12% helle Lagerbier verkostet werden.
www.pivo-konrad.cz

D Ostböhmen
Zu den Spezialitäten der **Pernštejn Brauerei** zählen sehr kräftige Biere, wie das dunkle Bier Porter mit 19% aber auch leichtere, wie das halbdunkle 10% Persink-Schankbier oder das helle Lagerbier Granát. www.pernstejn.cz
Eine Reihe untergäriger Biere mit vollem schnittigen Geschmack und einer leichten Bitternote werden unter der Bezeichnung „Primator" in **Náchod** gebraut, darunter das stärkste Bier Tschechiens, das Primator 24% Double. www.primator.cz

Tschechiens Fünf- & Vier-Stern-Hotels (eine Auswahl)

1 Benešov
Amber Hotel Konopiště: Benešov u Prahy 20, Tel. +420 317 722 732, www.legner.cz

2 Beroun
Hotel Apartmánový Dům PUK: Kostelní 4, Tel. +420 311 621 636, www.adpuk.cz

3 Brno/Brünn
Holiday Inn Brno (5 Stern): Křížkovského 20, Tel. +420 543 122 111, www.hibrno.cz
Parkhotel: Veslařská 250, Tel. +420 543 236 350, www.parkhotel.cz
Hotel Slavia: Solniční 17/15, Tel. +420 542 321 249, www.slaviabrno.cz
Hotel Voroněž: Křížkovského 47, Tel. +420 543 141 111, www.voronez.cz

4 Boskovice
Hotel Moravia: Lasákův mlýn – Dukelská 77, T. +420 516 454 441, www.boskowan.cz

5 České Budějovice/Budweis
Hotel Gomel: Pražská 14, Tel. +420 389 102 111, www.gomel.cz
Grand Hotel Zvon – Náměstí Přemysla Otakara II. 28, T. +420 387 311 384, www.hotel-zvon.cz

6 Český Krumlov/Krumau
Hotel U Města Vídně: Latrán 77, Tel. +420 380 720 111, www.hmv.cz
Hotel Zlatý Anděl: Náměstí Svornosti 11, Tel. +420 380 720 111, www.hotelzlatyandel.cz

7 Františkovy Lázně/Franzensbad
Lázenšký dům Imperial: Dr. Pohoreckého 3/151, Tel. +420 354 206 600, www.franzensbad.cz
Monti Thermae a.s.: Kollárova 4/170, Tel. +420 354 205 500, www.franzensbad.cz

8 Hluboká nad Vltavou
Hotel Apartement Hluboká: Masarykova 972, Tel. +420 387 967 777, www.kamille.cz
Hotel Štekl: Bezručova 141, Tel. +420 387 967 491, www.bohemiagold.cz

9 Hradec Králové/Königgrätz
U Královny Elišky: Malé náměstí 117, Tel. +420 495 518 052, www.euroagnetur.cz

10 Hřensko
Hotel Praha Khj, a.s.: Hřensko 37, Tel. +420 412 554 006, www.hotel-hrensko.cz

11 Jablonec nad Nisou/Gablonz
Hotel Zlatý Lev: Kostelní 1/19, Tel. +420 483 333 000, www.zlatylevjbc.cz

12 Jindřichův Hradec
Hotel Concertino: Zlatá Husa – nám. Míru 141, Tel. +420 384 362 320, www.concertino.cz
Hotel Frankův Dvůr: Jemčinská 125/IV, Tel. +420 777 996 666, www.frankuv-dvur.cz

13 Kašperské Hory
Parkhotel Tosch: Náměstí 1, Tel. +420 376 582 592, www.tosch-parkhotel.cz

14 Karlovy Vary/Karlsbad
Grandhotel Pupp (5 Stern): Mírové náměstí 2, Tel. +420 353 109 111, www.pupp.cz
Hotel Aberg: Doubská Hora 887, Tel. +420 353 332 543, www.volny.cz/aberg
Aura Palace: Spa Hotel – Moravská 2093/2 , Tel. +420 353 169 500, www.aura-palace.cz

15 Kutná Hora/Kuttenberg
Hotel Zlatá Stoupa: Tylova 426, Tel. +420 327 511 540, http://web.telecom.cz/zlatastoupa

16 Liberec/Reichenberg
Hotel Babylon: Košická 6, Tel. +420 485 251 599, www.centrumbabylon.cz
Grandhotel Zlatý Lev: Gutenbergova 3/126, Tel. +420 485 256 700, www.zlaylev.cz

17 Litoměřice/Leitmeritz
Hotel Salva Guarda: Mírové nám. 12, Tel. +420 416 732 506, www.slava-guarda.cz

18 Luhačovice
Spa Hotel Miramare: Bezručova 338, Tel. +420 577 659 111, www.miramare.luhacovice.cz

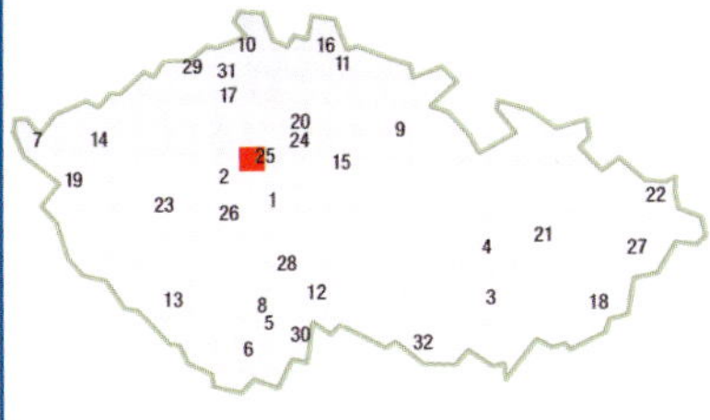

19 Mariánské Lázně/Marienbad
Esplanade (5 Stern): Karlovarská 438, Tel. +420 354 676 111, www.esplanade-marienbad.cz
Hotel Bohemia + Dependance Anglický Dvůr, Orea Hotels: Hlavní tř. 100, Tel. +420 354 610 111, www.orea.cz/bohemia

20 Nymburk
Hotel Ostrov: Na Ostrově 432, Tel. +420 325 513 325, www.hotelostrov.cz

21 Olomouc/Olmütz
Hotel Gemo: Pavelčákova 22, Tel. +420 585 222 115, www.hotel-gemo.cz

22 Ostrava
Hotel Atom Ostrava: Zkrácená 2703, Tel. +420 596 702 111, www.atom.cz
Hotel Imperial: Tyršova 6, Tel. +420 599 099 099, www.imperial.cz

23 Plzeň/Pilsen
Hotel Central: Náměstí Republiky 33, Tel. +420 377 226 757, www.central-hotel.cz
Hotel Gondola: Pallova 12, Tel. +420 377 994 216, www.hotelgondola.cz
Hotel Irida: Na Poříčí 3/398, Tel. +420 373 729 612, www.irida.cz

24 Poděbrady
Hotel Bellevue-Tlapák: nám. T.G. Masaryka III/654, Tel. +420 325 616 483, www.belvedere.cz
Retro P. – TGM 573, T. +420 736 679 830, www.retro-p.cz

25 Prag
Alchymist Hotel Residence (5 Stern): Tržiště 19, Tel. +420 257 286 011, www.alchymistresidence.com
Ambassador-Zlatá Husa (5 Stern): Václavské nám. 5, Tel. +420 224 193 111, www.anbassador.cz
Carlo IV. Boscolo Luxury Hotel (5 Stern): Senovážné nám. 13, Tel. +420 224 593 111, www.boscolohotels.com
Esplanade Hotel Praha (5 Stern): Washingtonova 1600/19, Tel. +420 224 501 111, www.esplanade.cz
Hotel Le Palais (5 Stern): U Zvonařky 1, Tel. +420 234 634 111, www.palaishotel.cz
Hotel Paris (5 Stern): U Obecního domu 1, Tel. +420 222 195 195, www.hotel-paris.cz
Hotel Praha (5 Stern): Sušická 20, Tel. +420 224 341 111, www.htlpraha.cz
Hotel Savoy (5 Stern): Keplerova 218/6, Tel. +420 224 302 430, www.hotel-savoy.cz
Andel's hotel Prague: Stroupežnického 21, Tel. +420 296 889 688, www.andelshotel.com
Art Hotel Praha: Nad Královskou oborou 53, Tel. +420 233 101 331, www.arthotel.cz
K + K Hotel Central: Hybernská 10, Tel. +420 225 022 000, www.kkhotels.com

26 Přibram
Hotel Belvedere: Legionářů 401, Tel. +420 318 625 743, www.belvedere-hotel.cz

27 Rožnov pod Radhoštěm
Hotel Eroplan: Horní Paseky 451, Tel. +420 571 648 014, www.eroplan.cz

28 Tábor
Hotel Dvořák: Hradební 3037, Tel. +420 381 251 290, www.dvorakta.genea2000.cz

29 Teplice
Hotel Prince de Ligne: Zámecké náměstí 136, Tel. +420 417 514 111, www.princdeligne.cz

30 Třeboň
Zlatá hvězda: Masarykovo náměstí 107, Tel. +420 384 757 111, www.zhvezda.cz

31 Ústí nad Labem
Hotel Vladimir Best Western: Masarykova 36, Tel. +420 475 209 222, www.hotelvladimir.cz

32 Znojmo/Znaim
Hotel Prestige: Pražská 100, Tel. +420 515 224 595, www.hotel-prestige.cz

Kunstgalerien

1 Brno/Brünn
Mährische Galerie: tschechische Kunst d. 20. Jh., Europäische Kunst von der Gotik bis Ende 19. Jh., Kunstgewerbe, Grafik, Fotografie; aufgeteilt auf mehrere Häuser. www.moravska-galerie.cz

2 Havlíčkův Brod
Galerie der Schönen Künste: zeitgenössische tschechische Kunst. Havlíčkovo náměstí 18, Tel. +420 451 211 52

3 Schloss Hluboká
Alšovajihčeské galerie: umfassende Sammlung von der Gotik bis in das 20. Jh., Zweigstellen: Galerie Wortner (České Budějovice, U Černé věže 22) und Keramikmuseum in der ehemaligen Schlossbrauerei von Bechyně (Zámecký pivovar). www.volny.cz/ajghluboka

4 Hodonín
Galerie der Schönen Künste: Bilder, Plastiken, Objekte vom späten 19. Jh. bis heute. Uprkova 2, www.ccsystem.cz/gvuhodonin

5 Hradec Králové/Königgrätz
Galerie der Modernen Kunst: tschechische Künstler (A. Mucha, J. Preisler, F. Kupka, u.a.) im Jugendstilbau von Osvald Polívka. Velké náměstí 139-140, Tel. +420 49 551 48 93

6 Cheb/Eger
Galerie der Schönen Künste: tschechische Kunst des 20. Jh. Náměstí krále Jiřího z Poděbrad 16, Tel. +420 166 4225 50

7 Jihlava/Iglau
Regionalgalerie des Böhmisch-Mährischen Hügellandes: tschechische Kunst des 19. und 20. Jh. Komenského 10, Tel. +420 66 730 16 80

8 Karlovy Vary/Karlsbad
Kunstgalerie: Zeitgenössische tschechische Kunst des 20. Jh. Goethova stezka 6, Tel. +420 17 322 43 87

9 Klatovy/Klattau
Kunstgalerie: Schwerpunkt auf Arbeiten von V. Vrbovás-Kotrbová sowie tschechischen Künstlern des 20. Jh. www.galerie-klatovy.cz

10 Liberec/Reichenberg
Regionale Kunstgalerie: niederländische Malerei, französische Landschaftsmalerei, tschechische Gegenwartskünstler. U tiskárny 1, Tel. +420 48 510 63 25

11 Litoměřice/Leitomischl
Galerie der Schönen Künste: tschechische Kunst der Gotik, der Renaissance, des Barock sowie des 19. und 20. Jh. www.galerie-ltm.cz

12 Louny
Benedikt-Rieth-Galerie: tschechische Kunst des 20. Jh. Pivovarská 29, Tel. +420 359 65 26 34

13 Náchod
Galerie der Schönen Künste: russische Malerei des 19. Jh. Smiřických 272, Tel. +420 441 42 32 45

14 Nové Město na Moravě
Horácká galerie: tschechische Bildhauer des späten 19. und des 20. Jh; Glaskunst aus dem, und Landschaftskunst im Hochland. www.nmnm.cz-hg

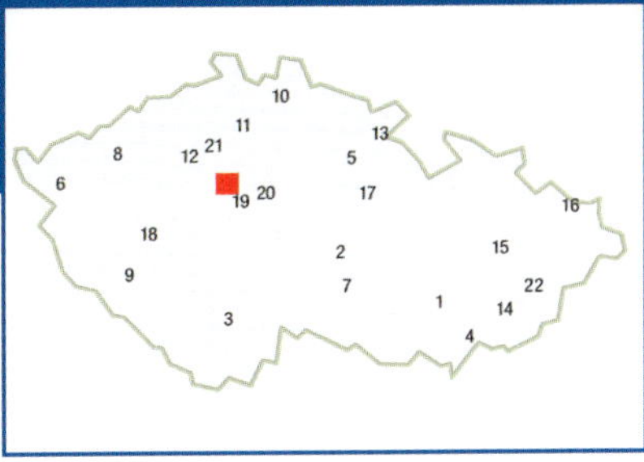

15 Olomouc/Olmütz

Galerie der Schönen Künste: niederländische Malerei des 16. bis 18. Jh., 100 Jahre der Schönen Künste von 1889 bis 1989. www.olmuart.cz

16 Ostrava/Ostrau

Galerie der Schönen Künste: jährlich wechselnde Ausstellungen mit den Schwerpunkten zeitgenössische tschechische Kunst und europäische Gegenwartsmalerei. www.mujweb.cz/kultura/gvuostrava

17 Pardubice

Ostböhmische Galerie: tschechische Kunst des 19. und 20. Jhs. Zámek 3, Tel. +420 40 51 88 97

18 Plzeň/Pilsen

Westböhmische Galerie: tschechische Malerei des 19. Jh. www.zpc-galerie.cz

19 Prag – NATIONALGALERIE

Die Národní galerie ist auf folgende sieben Standorte aufgeteilt:

Palais Sternberk: 1, Hradčanské náměstí 15 (Burg); Alte Meister – Florentiner, Venezianer, Cranach, Tintoretto, Goya, El Greco, Rembrandt, Rubens u.a. – im Barockpalais.

St.-Georgs-Kloster: 1, Jiřse náměstí 33 (Burg); böhmische Maler und Bildhauer des Barock – u.a. Jan Kupecký, W.L. Reiner, J.C. Liška – sowie eine Kollektion manieristischer Werke der Spätrenaissance.

St.-Agnes-Kloster: U Milosdmých 17; mittelalterliche geistliche Kunst aus Böhmen und Zentraleuropa. Die Madonnen- und Heiligenstatuen, Reliquiare, Altarbilder, Votiv- und Schnitztafeln sind von teilweise allerhöchster Qualität.

Museum Moderner und Gegenwartskunst: Dukelských hrdinů 47; im lichtdurchfluteten Messepalast aus den 20er Jahren, einem sechsstöckigen Bau aus Beton, Stahl und Glas, finden sich u.a. Werke von Rodin, Mucha, Klimt, Schiele, Kokoschka, Munch, Picasso, Braque, Kupka, Filla, Kubišta und der Fotografenlegende Josef Sudek.

Schloss Zbraslav: 5, Bartoňova 5; exquisite Sammlung asiatischer Kunst aus allen Kulturkreisen zwischen der Türkei und Japan.

Kinsky Palais: 1, Staroměstské náměstí 12; 2005 eröffnet in dem prachtvollen Barockbau eine Dauerausstellung tschechischer Landschaftsmalerei aus den letzten drei Jahrhunderten.

Waldstein-Reitschule: 1, Valdštejnská 3; im Reitschulgebäude finden von Zeit zu Zeit Sonderausstellungen der Nationalgalerie statt.

Für alle: www.ngprague.cz

20 Prag

Tschechisches Museum der Schönen Künste: im Haus „Zur Schwarzen Mutter Gottes" – Dauerschau mit Werken des tschechischen Kubismus, dazu Wechselausstellungen zu Spezialthemen in Josef Gočárs Klassiker der kubistischen Architektur am Alten Obstmarkt. www.ecn.cz/cmvu

21 Roudnice nad Labem

Galerie Moderner Kunst: tschechische Moderne Kunst von 1890 bis in die Gegenwart. Očkova 5, Tel. +420 411 83 73 01

22 Zlín

Kunstgalerie: tschechische Kunst des 20. Jh., „Das Kabinett der Drucke". www.avonet.cz/sgz/sgz

Die 100 schönsten Museen

BECHYNĚ
Südböhmische Galerie Aleš und Keramikmuseum (im Schloss, Zámecký pivovar čp. 135)
BEROUN
Museum des Böhmischen Karstes (Husovo nám. 87)
BRNO / BRÜNN
Mährisches Landesmuseum (Biskupský dvůr Muzejní 1; mit div. Außenstellen)
Mendelianum (Údolní 39)
Leoš-Janaček-Gedenkstätte (Smetanova 14)
Ethnografisches Institut (Kobližna 1)
Kindermuseum (Zelný trh 8)
Museum der Stadt Brünn (Špilberk; Kasematten, Villa Tugendhat u.a. Orte)
Pavillon Anthropos (Pisárecký park)
Technisches Museum (Holzova 4)
Roma-Museum (Bratislavská 67)
Haus der Kunst (Haus der Herren von Kunštát, Dominikánská 9)
CHEB / EGER
Bezirksmuseum (Wallenstein-Haus; nám. Krále Jiřího z Poděbrad 3)
ČESKÁ SKALICE
Museum der Dichterin Božena Němcová (Maloskalická 47)
ČESKÉ BUDĚJOVICE
Südböhmisches Museum (Dukelská třída 1)
Motorradmuseum (Piaristické nám.)
Museum der Pferdeeisenbahn (Mánesova 10)
Südböhm. Aleš-Galerie (U Černé věže 22)
ČESKÝ BROD
Museum der Hussitenschlacht bei Lipany
ČESKÝ KRUMLOV
Egon-Schiele-Art-Centrum (Široká 71)
Haus der Fotografie (Satlavská 141)
Regionalmuseum (Horní 152)
ÁZNĚ Stadtmuseum (Dr. Pohoreckého 10)
FRÝDEK-MÍSTEK
Museum der Beskiden (Hluboká 66)
HARRACHOV
Glasmuseum (Nový svět 96)
HOLICE
Afrika-Museum (mit Emil-Holub-Gedenkraum; Holubova 768)
HORNÍ PLANÁ
Adalbert-Stifter-Geburtshaus (Palackého 21)
HRADCE KRÁLOVÉ / KÖNIGGRÄTZ
Ostböhmisches Museum (Eliščino nábř. 465)
HUKVALDY
Janáček-Geburtshaus (Velká Strana č. 79)
HUSINEC
Jan-Hus-Geburtshaus (Husova 36)
JABLONEC NAD NISOU / GABLONZ
Glas- und Bijouteriemuseum (U muzea 398)
JAROMĚŘ
Eisenbahnmuseum (Nádražní 222)
JIČÍN
Regionalmuseum & Galerie (Valštejnovo nám. 1)
JIHLAVA
Museum der Böhmisch-Mährischen Höhe (Masarykovo nám. 57–58)
Mahler-Gedenkstätte (Kosmákova ulice 9)
JINDŘICHŮV HRADEC
Bezirksmuseum (U Balbínovo nám. 19)
KARLOVY VARY
Karlsbad-Museum (Nová Louka 23)
Kunstgalerie (Goethova stezka)
Jan-Becher-Museum (T. G. Masaryka 57)
KAŠPERSKÉ HORY
Böhmerwaldmuseum (Náměstí 140)
Motorrad- u. Spielzeugmuseum (Vimperská 12)
KLATOVY / KLATTAU
Kreismuseum Klattau (Hostasova 1)
Barock-Apotheke (nám. Míru 149)
KOLÍN
Regionalmuseum (Karlovo nám. 8)
Synagoge (Židovská ulice)
KOPŘIVNICE
Technisches Museum der Tatra-Werke (Záhumenní 369)
KRATOCHVÍLE
Puppen- & Zeichentrickfilm-Museum (im Schloss)
KROMĚŘÍŽ / KREMSIER
Regionalmuseum mit Max-Švabinský-Gedenkstätte (Velké náměstí 38)
Gemäldegalerie (im Schloss, Sněmovní náměstí 1)
KUKS
Apothekenmuseum (im Schloss)
KUTNÁ HORA
Bergbaumuseum (Barborská 28)
Kunsthandwerksmuseum (im Steinernen Haus; Václávské nám. 183)
Alchemie-Museum (Palackého nám. 377)
LIBEREC / REICHENBERG
Nordböhmisches Museum (Masarykova 11)
Regionalgalerie (U tiskárny 1)
LITOMĚŘICE / LEITMERITZ
Galerie der Bildenden Künste (Michalská 7)
LITOMYŠL / LEITOMISCHL
Regionalmuseum (Jiráskova 9)
Portmoneum (Terézy Novákové 75)
LUHAČOVICE
Museum des Luhačovicer Waldwinkels (Lázeňské náměstí 95)
MARIÁNSKÉ LÁZNĚ
Stadtmuseum (Goethovo nám. 11/11)
MĚLNÍK
Regionalmuseum (nám. Míru 54)
MIKULOV / NIKOLSBURG
Regionalmuseum (im Schloss/ Zámek)
MLADÁ BOLESLAV / JUNGBUNZLAU
Škoda-Museum (tř. V. Klementa 294)

MODRÁ
Archäologisches Freilichtmuseum (bei Uherské Hradiště)
MORAVSKÝ KRUMLOV
Alfons Muchas „Slawisches Epos" (Schloss, Zámecká 1)
NELAHOZEVES
Dvořák-Geburtshaus (Proti nádraží 12)
NEPOMUK
Nepomuk-Museum (nám. A. Němejce 126)
OLOMOUC / OLMÜTZ
Kunstmuseum (Denisova 47)
Volkskundemuseum (nám. Republiky 5)
Erzdiözesanmuseum (Přemyslidenburg; Václavské náměstí)
OPAVA / TROPPAU
Schlesisches Landesmuseum (Tyršova 5)
OSTRAVA / OSTRAU
Bergbaumuseum (Petřkovice; Pod Landekem 64)
PARDUBICE
Ostböhmisches Museum & Galerie (im Schloss/ Zámek)
PLZEŇ / PILSEN
Westböhmisches Museum (Kopeckého sady 2)
Diözesanmuseum (Františkánská)
Ethnografisches Museum (nám. Republíky 13)
Škoda-Museum (Korandova 4)
Brauerei-Museum (Veleslavínova ulice 6)
PRACHATICE
Regionalmuseum (Neumannova 13)
PRAHA / PRAG
Bertramka: Mozartsammlung (Mozartova 169)
Dvořák-Museum (Ne Karlovu 20)
Jüdisches Museum (U staré skolý 1)
Kampa-Museum (U Sovových mlýnů 2)
Kunstgewerbemuseum (Listopadu 2)
Mucha-Museum (Panská 7)
Museum der Stadt Prag (Na Poříčí 52)
Museum des Kommunismus (Na Příkopě 10)
Náprstek-Museum (Betlémské náměstí 1)
Nationalmuseum (Wenzelsplatz 68)
Palais Lobkowitz (Burg, Jiřská 3)
Rudolfinum-Galerie (Alšovo nábřeží 12)
Smetana-Museum (Novotného lávka 1)
Spielzeugmuseum (Burg, Jiřská 6)
Technisches Nationalmuseum (Kostelni 42)
PŘÍBOR
Stadtmuseum (mit Freud-Gedenkraum; Lidická 50)
PŘÍBRAM
Bergbaumuseum (nám Hynka Klicky, Ortsteil Březové hory)
ROŽNOV POD RADHOŠTĚM
Walachisches Freilichtmuseum (Palackého 147)
RYCHNOV NAD KNĚŽNOU
Museum des Adlergebirges (im Schloss)
SLAVKOV / AUSTERLITZ
Historisches Museum (Schloss; Palackého náměstí 1)
SLAVONICE
Stadtmuseum (nám. Míru 476)
SUŠICE / SCHÜTTENHOFEN
Böhmerwaldmuseum (Nám. Svobody 40)
SVITAVY
Stadtmuseum (mit Oskar Schindler-Gedenkraum; Máchova alej 1)
TÁBOR
Hussitenmuseum (Žižkovo nám. 1)
TELČ
Stadtmuseum ((nám. Zachariášě z Hradceč 1)
Jan-Zrzavý-Galerie (im Schloss, Státní zámek)
TEPLICE
Regionalmuseum (Zámecké nám. 14)
TEREZÍN / THERESIENSTADT
Ghetto-Museum (Komenského 150)
Gedenkstätte Theresienstadt (Principova alej 304)
TŘEBECHOVICE POD OREBEM
Weihnachtskrippenmuseum (Masarykovo nám. 24)
TŘEBIČ
Hintere Synagoge (Subakova 44)
Jüdischer Friedhof (Hrádek 14)
Museum des Hochlandes Třebíč (Zámek 1)
TURNOV
Museum des Böhm. Paradieses (mit Großgemälde von M. Aleš; Skálova 71)
UHERSKÝ BROD
J. A. Komenský-Museum
UHERSKÉ HRADIŠTĚ
Slowakisches Museum (Smetanovy Sady 130)
Galerie des Slowakischen Museums (Otakarova 103)
VELKÉ LOSINY
Papiermühle (Lukavice čp. 21)
VYŠŠÍ BROD / HOHENFURTH
Postmuseum (im Zisterzienserkloster, Klášter 382))
ZLÍN
Schuhmuseum (Fabriksareal)
Museum Südostmährens (Soudni 1)
Staatsgalerie Zlín (náměstí T.G.M. 2570)
ZNOJMO / ZNAIM
Mährisches Landesmuseum (Schloss Jevišovice)
Südmährisches Museum (Burg u. Haus der Kunst, Masarykovo nám. 11)
Technisches Museum & Wassermühle (Slup, Jaroslavice)
ŽDÁR NAD SÁZAVOU
Museum des Buches + Ausstellung „300 Jahre Klavier" (im Schloss)
Regionalmuseum (Tvrz 8)
ŽELENÁ RUDA
Museum des Böhmerwaldes (Javorská 154)

Anthologien

DEMETZ, Peter (Hg.): Geschichten aus dem alten Prag (Insel, 1994), Fin de siècle. Tschechische Novellen und Erzählungen (DVA, 2004)

HALAMIČKOVA, Jana (Hg.) Prag (Insel, 1993)

KUNDERA, Ludvík (Hg.): Adieu Musen. Anthologie des Poetismus (DVA)

KUNSTMANN, Heinrich (Hg.): Tschechische Erzählkunst im 20. Jahrhundert (Böhlau, 1974)

NĚMCOVÁ, Božena u. JAROSCH, Günther (Hg.): Das goldene Spinnrad und andere tschechische und slowakische Märchen (List, 1967)

NIEDERLE, Helmuth A. (Hg.): Prag. Aus der Reihe „Europa Erlesen“ (Wieser, 1998)

SACHER, Peter (Hg.): Tschechische Erzähler des 19. und 20. Jahrhunderts (Manesse, 1990)

SIROVÁTKA, Oldrich (Hg.): Tschechische Volksmärchen (Diederichs, 1969)

SUDHOFF, Dieter u. SCHARDT, Michael M. (Hg.): Prager deutsche Erzählungen (Reclam, 1992)

ULBRICH, Rolf: Tschechische Erzähler (Schünemann, 1958)

TIPPNER, Anja (Hg.): Gartenfest. Dramen von Havel, Klíma, Kohout, Topol, Uhde (DVA, 2000)

WAGNEROVÁ, Alena (Hg.): Smetana, Dvořák, Janáček. Musikerbriefe (DVA)

Romane, Erzählungen, Lyrik, Essays

ČAPEK, Karel: Hordubal (Klett-Cotta, 1984), Das Jahr des Gärtners (Aufbau, 2001), Gespräche mit Masaryk (DVA, 2001)

ČEP, Jan: Der Mensch auf der Landstraße (DVA)

COMENIUS, Johann Amos: Das Labyrinth der Welt (DVA)

DURYCH, Jaroslav: Gottes Regenbogen (DVA)

FILIP, Ota: Das Café an der Straße zum Friedhof (Fischer, 1982), Café Slavia (Fischer, 1988/Herbig, 2001), ... doch die Märchen sprechen deutsch (Langen Müller, 1996)

FRANK, Michael: Nepomuken, die auf die Brücken spucken. Prager Hintergedanken (Picus Lesereisen, 2001)

HAŠEK, Die Abenteuer des braven Soldaten Schwejk (Rowohlt, 1960)

HAVEL, Václav: Versuch, in der Wahrheit zu leben (Rowohlt), Briefe an Olga (Rowohlt, 1989), Vaněk-Trilogie. Audienz – Vernissage – Protest. Theaterstücke (Rowohlt, 1989)

HAVLIČEK, Karel: Polemische Schriften (DVA)

HRABAL, Bohumil: Die Schur (Suhrkamp, 1989), Tanzstunden für Erwachsene und Fortgeschrittene (Suhrkamp, 1989), Ich habe den englischen König bedient (Suhrkamp, 1990), Leben ohne Smoking (Suhrkamp, 1993), Das Städtchen, in dem die Zeit stehenblieb (Suhrkamp, 1997), Die Katze Autitschko (Insel, 2001) u.v.m.

JEDLIČKA, Josef: Blut ist kein Wasser (DVA)

KANTŮRKOVÁ, Eva: Freundinnen aus dem Haus der Traurigkeit (DVA)

KLÍMA, Ivan: Liebende für eine Nacht/einen Tag (Hanser, 1993), Liebe und Müll (dtv, 1995), Liebesgespräche (Zsolnay, 2002)

KOHOUT, Pavel: Wo der Hund begraben liegt (Btb bei Goldmann, 1997), Meine Frau und ihr Mann (Knaus, 1998), Ende der großen Ferien (Btb, 1999)

KRATOCHVIL, Jiří: Unsterbliche Geschichte (Ammann, 2000)

KRUNTORAD, Paul: Kafka, das Schloss und die Schuhfabrik. Tschechische Kostbarkeiten (Picus Lesereisen, 2004)

KUNDERA, Milan: Die unerträgliche Leichtigkeit des Seins (Fischer, 1987), Der Scherz (dtv, 1998), Abschiedswalzer (dtv, 1998)

LEGÁTOVÁ, Kveta: Der Mann aus Želary (dtv, 2004)

MÁCHA, Karel Hynek: Die Liebe ging mit mir. Prosa, Poesie, Tagebücher (DVA)

MONÍKOVÁ, Libuše: Treibeis (dtv, 1997), Eine Schädigung (dtv, 1990), Die Fassade (dtv, 2003)

NĚMCOVÁ, Božena: Die Großmutter/Babička (Vitalis, 2002), Aus einer kleinen Stadt (Kiepenheuer, 1960)

NERUDA, Jan: Geschichten aus dem alten Prag (Reclam, 1992)

REINEROVÁ, Lenka: Das Traumcafé einer Pragerin (Aufbau, 1996), Zu Hause in Prag, manchmal auch anderswo (Aufbau, 2000), Alle Farben der Sonne und der Nacht (Aufbau, 2003)

SEIFERT, Jaroslav: Alle Schönheit dieser Welt (Knaus, 1985), Der Regenschirm vom Picca-

dilly, u. a Gedichte (Schneekluth, 1985), Ein Himmel voller Raben (Knaus, 1986) u.v.m.
SKÁCEL, Jan: Fährgeld für Charon. Gedichte (Merlin, 1996)
ŠKVORECKÝ, Josef: Die Moldau. Eine politische Liebesgeschichte (Rowohlt, 1986), Feiglinge (Deuticke, 2000), Der Seeleningenieur (Deuticke, 2002)
SOUČKOVÁ, Milada: Der unbekannte Mensch (DVA)
TOPOL, Jáchym: Nachtarbeit (Suhrkamp, 2003), Die Schwester (Suhrkamp, 2004)
URBAN, Miloš: Die Rache der Baumeister. Ein Kriminalroman aus Prag (Rowohlt, 2003)
VANCURA, Vladislav: Der Bäcker Jan Marhoul (DVA, 2000)
VIEWEGH, Michal: Erziehung von Mädchen in Böhmen (Deuticke, 1998), Geschichten über Sex und Ehe (Deuticke, 2004)
WEIL, Jiří: Leben mit dem Stern (DVA)

Sachbücher
DEMETZ, Peter: Prag in Schwarz und Gold (Piper, 1998)
GLOTZ, Peter: Die Vertreibung. Böhmen als Lehrstück (Ullstein, 2003)
GRUSA, Jiří: Gebrauchsanweisung für Tschechien und Prag (Piper)
GRUSA, Jiří: Glücklich heimatlos. Einblicke und Rückblicke eines tschechischen Nachbarn (Hohenheim Verlag, Stuttgart/Leipzig, 2002)
HAGEDORN, Ludger (Hg.): Tschechische Philosophen von Hus bis Masaryk (DVA)
HEMMO, Klaus: Der weite Weg nach Europa. Die Deutschen und ihre slawischen Nachbarn (Patmos/Artemis & Winkler, 2004)
ROTHMEIER, Christa: Die entzauberte Idylle. 160 Jahre Wien in der tschechischen Literatur (Verlag der Österr. Akademie der Wissenschaften, 2004)
SALFELLNER, Harald: Franz Kafka und Prag (Vitalis)
SCHWARZ, Karl-Peter: Tschechen und Slowaken. Der lange Weg zur friedlichen Trennung (Europaverlag, 1993)
WAGENBACH, Klaus: Kafkas Prag. Ein Reiselesebuch (Wagenbach)
WINTER, ZIKMUND: Magister Kampanus. Ein Historienbild (DVA)

Adressen:
Tschechische Zentrale für Tourismus
www.czechtourism.com

... in Deutschland
in: D-10969 Berlin-Kreuzberg,
Friedrichstr. 206
Tel./Fax (030) 204 47 70
info1-de@czechtourism.com

in: D-80335 München, Karlsplatz 3
Tel. (089) 548 859 14
Fax (089) 548 859 15
info2-de@czechtourism.com

... in Österreich
A-1010 Wien, Herrengasse 17
Tel. (01) 533 219 33
Fax (01) 533 219 34
info-at@czechtourism.com

... in der Schweiz
Tschechische Zentrale für Tourismus/Čedok Zürich
CH-8002 Zürich, Am Schanzengraben 11
Tel. (01) 287 33 44
Fax (01) 287 33 45
info-ch@czechtourism.com

... in Prag
Prager Informationsdienst (PIS)
Per Telefon: (+420) 12 444, Mo-Fr 8-19 Uhr
Per E-Mail: tourinfo@pis.cz
Online: www.prague-info.cz
Per Post: **Pražská informační služba (PIS)**, Bétlémské náměstí 2, 11698 Prag 1, Tschechische Republik

Ortsregister